古典文獻研究輯刊

三四編

潘美月・杜潔祥 主編

第34冊

杜詩闡
（第三冊）

陳 開 林 校 證

國家圖書館出版品預行編目資料

杜詩闡（第三冊）／陳開林 校證 -- 初版 -- 新北市：花木蘭
文化事業有限公司，2022〔民111〕
目 12+200 面；19×26 公分
（古典文獻研究輯刊 三四編；第 34 冊）
ISBN 978-986-518-889-4（精裝）
1.CST：杜詩闡 2.CST：校勘
011.08   110022686

ISBN-978-986-518-889-4

9 789865 188894

古典文獻研究輯刊
三四編 第三四冊   ISBN：978-986-518-889-4

杜詩闡（第三冊）

作　　者	陳開林 校證	
主　　編	潘美月、杜潔祥	
總 編 輯	杜潔祥	
副總編輯	楊嘉樂	
編輯主任	許郁翎	
編　　輯	張雅淋、潘玟靜、劉子瑄　美術編輯　陳逸婷	
出　　版	花木蘭文化事業有限公司	
發 行 人	高小娟	
聯絡地址	235 新北市中和區中安街七二號十三樓	
	電話：02-2923-1455 ／傳真：02-2923-1452	
網　　址	http://www.huamulan.tw 信箱 service@huamulans.com	
印　　刷	普羅文化出版廣告事業	
初　　版	2022 年 3 月	
定　　價	三四編 51 冊（精裝）台幣 130,000 元	

杜詩闡
（第三冊）

陳開林　校證

目次

卷十八

成都詩 廣德二年

韋諷錄事宅觀曹將軍畫馬圖引

國初以來畫鞍馬，神妙獨數江都王。將軍得名三十載，人間又見真乘黃。四句總起。曾貌先帝照夜白，龍池十日飛霹靂。內府殷紅瑪瑙盤，婕好傳詔才人索。盤賜將軍拜舞歸，輕紈細綺相追飛。貴戚權門得筆跡，始覺屏障生光輝。以上舊圖。昔時太宗拳毛騧，近時郭家獅子花。今之新圖有二馬，復令識者久歎嗟。此皆騎戰一敵萬，縞素漠漠開風沙。其餘七匹亦殊絕，迴若寒空動煙雪。霜蹄蹴踏長楸間，馬官廝養森成列。可憐九馬皆神駿，顧視清高氣深穩。借問苦心愛者誰，後有韋諷前支遁。以上新圖。以下更轉入舊圖。憶昔巡幸新豐宮，翠華拂天來向東。騰驤磊落三萬匹，皆與此圖筋骨同。自從獻寶朝河宗，無復射蛟江水中。君不見金粟堆前松柏裏，龍媒去盡鳥嘷風。一段借馬追思先帝。

　　昔江都王名緒者，多材多藝，所畫鞍馬，獨步國初。曹將軍能得其神妙，擅名既久，畫馬疑真將軍。畫馬有新舊圖二者。今錄事家所藏者，新圖也。將軍畫馬，不自新圖始。猶憶先帝有馬名照夜白，曾詔將軍下筆，一時神妙，感動龍池。真龍形於絹素，霹靂起於池內，不但天顏有喜，因而賜金。直使筆跡所傳，無不生色。往者先帝時，將軍舊圖神妙有如此。新圖何如？先乎照夜白，有太宗之拳毛騧；後乎照夜白，有今上所賜郭子儀之獅子花。新圖有九馬，而拳毛騧、獅子花尤為傑出。拳毛騧曾騎

以破劉黑闥，一敵萬矣；獅子花曾騎以平安、史亂，一敵萬矣。二馬神駿，彷彿有此。其餘七匹，亦皆殊絕。合看九馬，顧視清高，超然牝牡驪黃之外，氣質深穩，絕無泛駕之形。將軍新圖神妙至此。宜乎韋諷酷愛，同於支遁哉！新圖尚存，舊圖安在？當年先帝騎照夜白幸新豐宮，翠華東來，拂天而下。此時王毛仲為大奴，張景順為太僕，一時從騎如雲，有三萬匹之盛，與此新圖九馬筋骨相同。不料穆滿昇遐，空傳獻寶之歲；武皇殂落，不見射蛟之人。池內真龍，隨鼎湖而俱去；圖中畫馬，望烏號而不歸。生前金粟山岡，便思埋我；歿後太陵松柏，不見乘黃。呼風之鳥空聞，照夜之姿何在。所由對新圖，回憶舊圖也。

送韋諷上閬州錄事參軍

國步猶艱難，兵革未衰息。萬方哀啟蟄，十載供軍食。庶官務割剝，不暇憂反側。誅求何多門，賢者貴為德。敘時事。韋生富春秋，洞澈有清識。操持紀綱地，喜見朱絲直。當令豪奪吏，自此無顏色。必若救瘡痍，先應去蟊賊。勉韋。揮淚臨大江，天高意悽惻。行行樹佳政，慰我深相憶。送別。

　　國步反正，猶然艱難；兵革漸消，未盡衰息。當此萬姓哀蟄，十載徵調之後，奈何為吏者乘勢侵漁，置反側不問，而誅求多門。苟有賢者出而濟時，亦易見德耳。韋生年富識清，處參軍紀綱之地，秉朱絲耿直之節。屬吏之務割剝、多誅求者，自當削色。蓋欲撫窮民，先懲豪吏也。我臨江揮淚，仰天太息。此行誠樹佳政，如我所言，去蟊賊，救瘡痍，豈獨閬民幸。即我相憶之懷，用遙慰云。○閬為公舊遊地，深知閬民疾苦，由於豪吏蟊賊，故於臨行，勉其為德，勸其峻法。

丹青引贈曹將軍霸

將軍魏武之子孫，於今為庶為清門。英雄割據雖已矣，文采風流今尚存。四句總起。學書初學衛夫人，但恨無過王右軍。借書形畫。丹青不知老將至，富貴於我如浮雲。伏末段。開元之中常引見，承恩數上南薰殿。凌煙功臣少顏色，將軍下筆開生面。良相頭上進賢冠，猛將腰間大羽箭。褒公鄂公毛髮動，英姿颯爽來酣戰。以上畫功臣。先帝天馬玉花驄，畫工如山貌不同。是日牽來赤墀下，迥立閶闔生長風。詔謂將軍拂絹素，意匠慘澹經營中。斯須九重真龍出，一洗萬古凡馬空。玉花卻在御榻上，榻上庭前屹相向。至尊含笑催賜金，圉人太僕皆惆悵。以上畫馬。弟子韓幹早入室，亦能畫馬窮殊相。幹惟畫肉不畫骨，忍使驊騮氣

凋喪。四句結畫馬一段。將軍盡善蓋有神，必逢佳士亦寫真。即今漂泊干戈際，屢貌尋常行路人。四句結畫人一段。途窮反遭俗眼白，世上未有如公貧。但看古來盛名下，終日坎壈纏其身。挽首段結。

　　將軍非他人，魏武子孫也。今雖降為庶姓，猶然清門。於今為庶，當年魏武割據，事業已休矣。猶為清門，至今文采風流依稀尚存也。文采風流何如？人知將軍善畫，將軍亦嘗學書，但書非所長。雖登衛夫人之堂，未入王右軍之室。至於丹青，則沉酣其中，直不知老之將至。夫老之將至尚且不知，又何有於浮雲富貴哉！大抵人之於藝，苟有所僻，一切都忘。生老病死、窮通得喪皆不足以奪其所嗜，故一生精神志趣悉聚於此，其為業必工，即傳世亦可久。此將軍之畫為獨絕耳。將軍固浮雲富貴，然亦嘗富貴矣。往者開元年間，引見至尊。此時凌煙圖畫，顏色久渲，將軍下筆，忽開生面。畫良相冠而毛髮動，畫猛將箭而酣戰來。先帝以將軍能畫功臣，必能畫馬。有天馬名玉花驄者，先是畫工如山，總莫能肖。是日牽來墀下，奕奕風生。先帝詔曰：「將軍為朕圖此。」遂拂絹素，慘澹經營，匠心一入，真龍躍出。於時，榻上真龍與墀前天馬屹然相向，不能復辨，而天顏動，朱提賜矣。在將軍，浮雲富貴，何心於天子之賜金。在圍人，俗眼相看，猶以將軍所得為過寵甚矣。至尊含笑，將軍能見知於天子；圍人惆悵，將軍反見忌於凡夫也。所以然者，將軍畫馬，畫骨不畫肉。能畫馬於無馬處，故空馬於凡馬中。但令驊騮氣伸，不在窮極殊相。幹不能然，故雖入室，終讓將軍耳。至於畫人，志在寫真。苟非其人，亦不輕寫。胡為今日，漂泊干戈，並尋常路人亦屢為圖畫耶？傷哉，貧也！時來則至尊賜金，途窮則俗眼為白。有絕技必有奇窮，有盛名必有極困，獨曹將軍然哉！○看「英雄割據」句，公以割據目曹，分明以正統予劉，足訂陳壽之謬。「貌」，貌其形也。「貌得山僧及童子」〔註1〕、「曾貌先帝照夜白」、「畫工如山貌不同」、「屢貌尋常行路人」，用法一例。

寄李十四員外布十二韻公自注：「新除司議郎、萬州別駕。雖尚伏枕，已聞理裝。」名參漢望苑，職述景題輿。巫峽將之郡，荊門好附書。遠行無自苦，內熱比何如。六句題面及自注。正是炎天闊，那堪野館疎。黃牛平駕浪，畫鷁上凌虛。試待盤渦歇，方期解纜初。六句欲緩其行，應「遠行無自苦」意。悶能過小徑，自為摘嘉蔬。渚柳元幽僻，村花不掃除。宿陰繁素柰，過雨亂紅蕖。寂寂夏先晚，泠泠風有餘。江清心可瑩，竹冷髮堪梳。直作移巾幾，秋帆發敝廬。以上欲其敝廬養屙，應「內熱北何如」句。

〔註1〕《杜詩闡》卷三《奉先劉少府新畫山水障歌》。

昔漢武置博望苑，以通賓客。員外今除議郎，是名參漢苑矣。周景題陳仲舉之輿，曰別駕員外。今兼別駕，是職述題輿矣。由巫峽將之萬州任，萬州為荊楚上游，此行便於附書。但如此遠行，尚患內熱。今當伏枕，未便理裝也。不見炎天闊絕，野館蕭疎？破浪而行，黃牛甚險；凌虛而上，畫鵾維艱。庶幾水勢少退，行人安穩。員外何汲汲然遠行，徒自苦耶？與其值炎天，就野館之蕭疎，不如過小徑，摘嘉蔬以暫款。不見敝廬前，渚柳幽矣，可供伏枕者之逍遙；敝廬外，村花落矣，可資伏枕者之排遣？素柰繁，紅蕖亂，暑將退矣。夏先晚，涼有餘，病可蘇矣。秋江既清，心亦可瑩；秋竹既冷，髮亦可梳。此時伏枕霍然，將作之官之計；輕裝已就，即懸巫峽之帆，豈不快絕！吾憂子「內熱比何如」者，正欲子待秋涼而發也。○朱本編大曆四年湘江詩內，因有「上凌虛」句，成都至萬州，非上水也。

寄董卿嘉榮十韻

聞道君牙帳，防秋近赤霄。下臨千雪嶺，卻背五繩橋。四句防守之處。海內久戎服，京師今晏朝。犬羊曾爛熳，宮闕尚蕭條。四句時事。猛將宜嘗膽，龍泉必在腰。黃圖遭污辱，月窟可焚燒。會取干戈利，無令斥堠驕。居然雙捕虜，自是一嫖姚。以上勉其進勤。落日思輕騎，秋天憶射鵰。二句寄懷。雲臺畫形象，皆為掃氛妖。二句勸之。

聞道君之牙帳，防訊西山。扼險於最高處，臨雪嶺，背繩橋，其嚴如此者。以海內之亂，自安、史至今，朝廷宵旰不聞，使吐蕃入寇，復遭焚掠也。君為猛將，必當臥薪嘗膽，枕戈寢甲，以圖報復。蓋由前此，黃圖已遭污辱；今日王庭，盡堪焚燒。然則防守西山，何如直追漠北耶！彼干戈以殺賊者，須磨礪而取其利。即斥堠，亦防邊者，當日戒而毋使驕。能如是，則漢馬武為捕虜將軍，得董卿而雙矣；霍去病為嫖姚校尉，今董卿亦一嫖姚矣。當此落日，吾思董卿，必馳輕騎而追塞外；當此秋天，吾憶董卿，必假射鵰以威吐蕃。當年雲臺圖畫，無非為掃妖氛。董卿今日，何忝於此？董卿勉哉！

青絲

青絲白馬誰家子，粗豪且逐風塵起。不聞漢主放嬪妃，近靜潼關掃蜂蟻。四句已往。殿前兵馬破汝時，十月即為虀粉期。未如面縛歸金闕，萬一皇恩下玉墀。四句將來。

此青絲白馬，思應識造亂者，誰氏之子？其氣粗豪，逐風塵而起，亦妄甚矣。汝得毋以天子倦勤，荒於女色？獨不聞天子近日勵精圖治，嬪妃且放，潼關蜂蟻，天威

立掃，非已事與？今日殿前神策軍，何等雄武，出而破汝，指日可期。與其逞粗豪之氣，擾亂風塵，不如脩納款之誠，拜舞金闕。況皇恩正未可量！誠束身待罪，皇恩赦汝，亦未可知。汝何苦謀叛耶？○當時，代宗知懷恩之反非其本意。是年，命顏真卿諭懷恩入朝，又下詔許其但當詣闕，勿有疑慮。詔中又曰：「其太保兼中書大寧郡王如故。」是皇恩甚憂也。故有末句。

黃河　二首

黃河北岸海西軍，椎鼓鳴鐘天下聞。二句見河北關係天下。鐵馬長鳴不知數，胡人高鼻動成群。二句正指「海西軍」。

　　河北一帶，向為安、史巢穴。今諸帥負固，自署將吏，吾恐其椎鼓鳴鐘，震動天下。況此海西軍鐵馬無數，高鼻成群，甚可憂也。

黃河西岸是吾蜀，欲須供給家無粟。願驅眾庶戴君王，承「吾蜀」句。混壹車書棄金玉。承「無粟」句。

　　黃河西岸與北岸異，是吾蜀也。用兵以來，誅求無厭，敢抗供給，奈無粟何！雖則無粟，其忠於朝廷者有素，故願盡驅蜀民，愛戴君王，則車書混壹，家給人足，金死粟生矣。奈何困此一方民也！○河西一帶，自廣德元年秋吐蕃入大震關，已盡取河西、隴右地。僅存者，惟蜀耳。公《為王閬州論全蜀安危表》云：「河南河北，貢賦未入。江淮轉輪，異於曩時。獨劍南自用兵以來，稅斂則殷，部領不絕。瓊林諸庫，仰給最多。是蜀之土地膏腴，物產繁富，足供王命也。近者，賊臣惡子，頻有亂常。巴蜀之人，橫被繁費，猶自勸勉，充備百役。今吐蕃已下松、維、保三州，楊琳再脅普合顆顆，兩川不能相救。百姓騷動，未知所裁。」又曰：「敕天下徵收，赦文減省軍用外諸色雜賦，劍南諸州亦困而復振矣。」《黃河》次章即是此意。

揚旗　公自注：「夏六月，成都尹鄭公置酒公堂，觀騎士試新旗幟。」

　　時公已狀為工部員外郎，參謀軍事，初在幕中。

江雨颯長夏，府中有餘清。我公會賓客，肅肅有異聲。四句總起。初筵閱軍裝，羅列照廣庭。庭空六馬入，駊騀揚旗旌。廻廻偃蓋飛，熠熠迸流星。來纏風颭急，去劈山嶽傾。材歸俯身盡，妙取略地平。虹蜺就掌握，舒卷隨人輕。以上細敘「揚旗」。三州陷犬戎，但見西嶺青。公來練猛士，欲奪天邊城。四句勉之。此堂不易升，庸蜀日已寧。吾徒且加餐，休適蠻與荊。四句自敘。

　　江雨颯然，公堂清矣。更有異聲肅肅然至者，是我公置酒會賓客，軍士揚旗之聲

也。蕭蕭則不吳不敖，有嚴有翼。聽其聲，已知有異耳。軍裝不一，以旗為主，故初筵羅外，載旗滿庭。於時人控馬而爭馳，馬高騰而驚怖，而旗以揚焉。回迴旋舞，勢卷飛蓋；熠熠照耀，光亂流星。揚之來，若風颾之急；揚之去，若山嶽之傾。馬上俯身，材無不盡；旗尾略地，勢妙於平。若虹蜺在掌，閃爍無端，信卷舒由人，輕捷可愛。一旗之妙如此，可想軍裝之盡然。揚旗之妙如此，可見吾公之訓練，宜其初聞蕭蕭，有異聲乎北。公為此者，以備吐蕃也。邇者吐蕃內訌，三州已失；列戍既罷，西嶺徒青。顧此天邊之城，本是庸蜀之地。我公練士如此，將來奪取何難。但軍令久弛，公堂亦圮。今日升堂嘉會，庶庸蜀日寧。吾徒且加餐飯，享太平。荊蠻之遊，從此休矣。○《甘泉賦》：「崇丘陵之駊騀。」公「駊騀揚旗旌」句，言揚旌旗於馬上。「駊騀」，其高也。舊解搖頭，未合。

軍中醉飲寄沈八劉叟

酒渴愛江清，餘酣漱晚汀。軟沙欹坐穩，吟石醉眠醒。四句「醉飲」。野膳隨行帳，華音發從伶。二句「軍中」。數杯君不見，醉已遣沉冥。二句「寄劉、沈」。

我飲軍中，當其醉酒渴之際，所愛者清江，所漱者晚江，不復知為酒可愛矣；所坐者江上軟沙，所眠者汀邊冷石，不復知為軍中飲矣。及其眠而醒，忽憶向者之飲為軍中飲。其膳野膳，隨行帳而供；其音華音，自從伶而發。記此時軍中所飲，纔數杯耳，何至餘酣若此，亦由座中不見兩公，故數杯之後，便覺沉冥，至於酒渴、漱汀、坐沙、眠石。甚矣，飲須知己！醉翁之意豈真在酒與？

立秋日雨院中有作

山雲行絕塞，大火復西流。飛雨動華屋，蕭蕭梁棟秋。四句「立秋日雨」。窮途媿知己，暮齒借前籌。已費清晨謁，那成長者謀。解衣開北戶，高枕對南樓。樹濕風涼進，江喧水氣浮。禮寬心有適，節爽病微瘳。主將歸調鼎，我還訪舊丘。以上「院中有作」。

雲行火流，因而雨飄華屋。院中梁棟，蕭蕭然有秋意矣。我幸逢知己，身在院中，豈有老謀，堪資借箸；恐參謁徒勞，戎機有負耳。惟是暑退秋來，適當雨後，此時解衣高枕，開北戶，對南樓，但覺風涼漸進，水氣浮空也。以院中而得解衣，高枕禮寬，故心有適；當雨後而值風涼，水氣節爽，故病微瘳。但我身在院中，情移溪上。有日嚴公還朝，坐而論道，我亦從此逝矣。

憶昔　二首

憶昔先皇巡朔方，千乘萬騎入咸陽。陰山驕子汗血馬，長驅東胡胡走藏。鄴城反覆不足怪，關中小兒壞紀綱，張后不樂上為忙。以上肅宗。至今今上猶撥亂，焦心勞思補四方。二句代宗。我昔近侍叨奉引，出兵整肅不可當。應「長驅」等句。為留猛士守未央，致使雍岐防西羌。犬戎直來坐御牀，百官跣足隨天王。應「焦思勞心」〔註2〕等句。願見北地傅介子，勉嚴公。老儒不用尚書郎。自謙。

此憶肅宗時事。　憶昔肅宗，由靈武移軍鳳翔，用回紇兵，助順長驅，破安慶緒，收復兩京。後慶緒據鄴城，九節度圍之不下。賊人反覆，事無足怪。可怪者，朝廷紀綱為飛龍廐小兒李輔國壞，與張良娣表裏為奸也。肅宗恐拂良娣欲，一有不樂，倉皇失措。先皇帝受制婦寺，遺禍至今。重有吐蕃之亂，致今上焦心勞思，撥亂尚未已也。但今日蒙塵幸陝之今上，即昔年出兵整肅之今上。我昔官叨奉引，親見今上領朔方兵左廂軍馬，有雷霆山嶽之勢。今日兵力不支者，只為祿山稱叛。內亂既作，往日邊兵精銳，皆徵發入援。其防控西羌者，但留雍岐一隅之兵。邊兵單弱，吐蕃遂闌入無忌。朝廷但知靖內亂，失於同邊防。此廣德元年，吐蕃遂有大震關之寇，致隴右諸地一朝陷沒，而乘輿播遷，百官奔竄。今日欲滅吐蕃，須得北地傅介子耳。老儒如我，雖有請纓之志，而身為尚書郎，亦用彼為哉？〇輔國壞紀綱，如以閹寺干預國政，逼遷上皇，使肅宗失子道。以閹寺求為宰相，握兵符，矯太子命，擅殺后及兗王等。君臣父子間，紀綱掃地矣。良娣不樂如撒七寶鞭，正位宮中之旨未行，求興王侶為嗣而不果，百官請加尊號而事中寢。種種不樂，肅宗跼蹐可知也。肅宗受制於輔國、良娣，不能有為。代宗又嬖程元振，以至幸陝復國後，仍任魚朝恩為觀軍容使。撥亂何日之有，此公慨然思傅介子與？時嚴武狀公為工部員外郎，故稱尚書郎。次章又曰「朝廷記憶蒙祿秩。」

憶昔開元全盛日，小邑猶藏萬家室。稻米流脂粟米白，公私倉廩俱豐實。九州道路無豺虎，遠行不勞吉日出。齊紈魯縞車斑斑，男耕女桑不相失。宮中聖人奏雲門，天下友朋皆膠漆。百餘年間未災異，叔孫禮樂蕭何律。以上盛時。豈聞一絹直萬錢，有田種穀皆流血。洛陽宮殿焚燒盡，宗廟新除狐兔穴。傷心不忍問耆舊，復恐初從亂離說。以上亂後。小臣魯鈍無所能，朝廷記憶蒙祿秩。周宣中興望我皇，灑血江漢長

衰疾。四句自敘。

此憶玄宗時事。　唐稱至治，以貞觀、開元為首。開元時，戶口日增，家給人足。京師石米，不過錢二百。匹絹亦如之。海內富安，行者走萬里，不持寸兵。蓋由虎狼絕跡，故遠行者並不勞卜日也。山東出厚繒，商販不絕，無異漢時「車斑斑，入河間」。《周禮》：「歌大呂，舞雲門，以祀天神。」時和年豐，朝廷敬天尊祖，索鬼神，吹豳雅。不獨民間，宮中聖人，但奏雲門，則和氣滿乾坤。天下友朋，亦有膠漆之樂。自高祖相傳，至玄宗開元，百餘年間，天下未有災變，君子守叔孫之禮樂，小人奉蕭何之律令。自祿山倡亂，海內騷然。向時齊紈魯縞，不復見矣，一絹直萬錢矣。向時稻米流脂，不復有矣，有田皆種血矣。向時宮中奏雲門者，今安在？但見宮殿焚燒盡矣。向時道路無豺虎者，今何如？但見新除狐兔穴矣。亂離至此，其中盛衰往復之故，惟耆舊能知。而不忍問者，誠恐話及亂離，以致傷心之甚耳。開元之治，雖失於前；中興之業，猶望於後。小臣老矣，既蒙祿秩，自甘盡瘁，所由灑血江漢，衰病不辭，豈以老儒甘自棄耶？

奉和嚴公軍城早秋

秋風嫋嫋動高旌，軍城早秋之景。**玉帳分弓射虜營。已收滴博雲間戍，欲奪蓬婆雪外城。**「軍城早秋」之事。

當此軍城早秋，風動高旌，不敢定居矣。因而玉帳分弓，一軍齊力。彼西山一帶，近沒吐蕃。今公破吐蕃於當狗城，遂收鹽川，是滴博已收矣。蓬婆一城在雪山外，乘此鹽川收復，直擣土庭，奪取天邊之城，不亦快哉！

院中晚晴懷西郭茅舍

幕府秋風日夜清，澹雲疏雨過高城。葉心朱實堪時落，階面青苔先自生。四句「懷西郭茅舍」。**復有樓臺銜暮景，不勞鍾鼓報新晴。**二句「院中晚情」。**浣花溪裏花饒笑，肯信吾兼吏隱名。**結還有「懷茅舍」意。

我院中無事，但覺秋風日夜清耳。遙見澹雲疏雨，往來高城。高城間，西郭在焉。西郭外，茅舍在焉。茅舍有朱實，藏於葉心，亮秋風後，亦堪落矣。茅舍有青苔，起於階面，亮疏雨後，亦自生矣。當此晚晴，院中有樓臺。雲雨既過，更銜暮景。我意已在朱實、青苔際，乃復有樓臺，銜此暮景。樓臺有鍾鼓，雲雨既過，若報新晴。我意終在澹雲疏雨間，乃何勞鍾鼓，又報新晴。既又自歎吏隱兩妨也。蓋我本浣花溪里人，浣花溪裏花是我知己。今身在院中，我將吏矣，嬾於參謀，似非吏；心懷茅舍，我將隱矣，未克長往，似非隱。亦曰兼吏隱之名耳。此意人不肯信，庶幾浣花溪裏花

能知我心，無奈溪花亦多笑我。花且笑我，亦誰為肯信我者？西郭茅舍，亦徒付之有懷而已。

到村

碧澗雖多雨，秋沙先少泥。蛟龍引子過，荷芰逐花低。四句寫「村」。老去參戎幕，歸來散馬蹄。稻粱須就列，榛草即相迷。蓄積思江漢，疎頑惑町畦。暫酬知己分，還入故林棲。八句寫「到村」。

　　碧澗何必添雨，秋沙幸而洗泥。於時蛟龍在淵，引子而過；荷芰受屈，逐花而低。我久不到村，亦為參謀戎幕之故。我身親戎務，亦既疲於鞍馬之勞。老去始參戎幕，老謀豈能如人？歸來始散馬蹄，戎幕豈能遂意？身在院中，稻粱久蕪矣。今宜就列，遂其初志也。身在院中，榛蕪不覺矣。今駭相迷，何可終迷也？我向期出峽，何心幕府而甘踢蹐；我素性迂疎，何知世路而分彼此。嚴公我知己，知己不可不酬；溪上我故林，故林不可不返。然則在幕非我志，到村真我願哉！

茅屋為秋風所破歌

八月秋高風怒號，卷我屋上三重茅。茅飛渡江灑江郊，高者掛胃長林梢，下者飄轉沉塘坳。以上寫「茅屋為秋風所破」。南村群童欺我老無力，忍能對面為盜賊。公然抱茅入竹去，脣焦口燥呼不得，四句寫乘風為虐者，亦寓言。歸來倚杖自歎息。俄頃風定雲墨色，秋天漠漠向昏黑。布衾多年冷如鐵，嬌兒惡臥踏裏裂。牀牀屋漏無乾處，雨腳如麻未斷絕。自經喪亂少睡眠，長夜霑濕何由徹！以上言茅屋既為風破，因而雨漏。安得廣廈千萬間，大庇天下寒士俱歡顏，風雨不動安如山。嗚呼！何時眼前突兀見此屋，我廬獨破受凍死亦足！以上寫作歌意。

　　當此八月，秋高風號，我茅屋有飄搖之患矣。夫我屋覆庇，賴有此茅耳。忽遭風卷，飛者飛，胃者胃，沉者沉，天實為之。所可異者，南村群童乘之為虐，蓋以侮我之老。公然抱茅而去，此亦何足計較，徒自歎息而已。殊不知俄頃間，風遂定哉！無奈風定而雲黑，雲黑而雨驟。茅屋既破，雖免於漏，當此秋夜初寒，破衾不暖，雨腳下注，屋漏如麻。既喪亂而多憂，更夜長而少睡。展轉思維，念天下寒士如我境者何限。是我一人之茅屋，不妨為風雨所殘破。彼天下寒士之居處，庶幾得廣廈以庇之，使得安處如山，風雨不動，即我一人凍死，亦無憾耳。乃眼前不可即得，然則天下寒士飄搖風雨中者，何日得慰耶？〇公此數語，直欲補秋風之缺陷。南村群童，安足語

此？他日曰「窮年憂黎元，歎息腸內熱」〔註3〕，「幾時高議排君門，各使蒼生有環堵」〔註4〕，正是此意。〔註5〕

村雨

雨聲傳兩夜，寒事颯高秋。二句「村雨」。**挈帶看朱紱，開箱覩黑裘。**二句承「寒事」。**世情只益睡，盜賊敢忘憂。**二句感懷。**松菊霑新洗，茅齋慰遠遊。**二句自慰。

秋雨連宵，颯然寒至，寒事宜營矣。營寒事者，莫急授衣。亦挈帶而看朱紱，顧此朱紱，雖章服也，何救於寒？試開箱而覩黑裘，顧此黑裘，本敝衣也，可以卒歲。然則寒事關心，亦賴此故裘堪戀耳。至若世情冷暖，大抵可知付之高臥而已足。惟是盜賊充斥，責在參謀，倘或竊發為可慮。猶幸庭前松菊，新霑秋雨，縱非故園草木，聊慰旅客遠遊。不然，如此村雨何！〇公於衣，戀在筒黑裘，何有於緋衣？於居，愛松菊茅齋，何有於幕府？參謀一官，奚堪久羈！

倦夜

竹涼侵臥內，野月滿庭隅。二句「夜」。**重露成涓滴，稀星乍有無。暗飛螢自照，水宿鳥相呼。萬事干戈裏，空悲清夜徂。**二句「倦夜」所感。

倦夜則一夜無眠矣。此時竹在庭隅，其涼直侵臥內。竹影乘月色而上牀，因知野月滿於庭隅矣。月到庭隅，為夜已深。夜深故露重，露重故成珠，有涓滴之聲。月落故星稀，星稀故光微，在有無之際。月落星稀，暗矣。豈無飛螢？亦暗飛耳。暗飛誰為爾照？亦只憑自照也。月落星稀，宿者亦將覺矣。亦有水鳥，只水宿耳。水宿誰為爾呼？亦鳥與鳥自相呼也。一夜景物如此。所悲者，百年萬事，都付干戈。老將至矣，功業不建。人生幾何，坐使歲月如流，往而不返，其如此清夜何！〇時公參謀嚴幕，有「重露涓滴」、「稀星有無」之歎。且曰「暗飛自照」、「水宿相呼」，語意有謂。

〔註3〕《杜詩闡》卷四《自京赴奉先縣詠懷五百字》。
〔註4〕《杜詩闡》卷二十四《寄柏學士林居》。
〔註5〕（宋）黃徹《䂬溪詩話》卷一：
《孟子》七篇，論君與民者居半，其餘欲得君，蓋以安民也。觀杜陵「窮年憂黎元，歎息腸內熱」；「胡為將暮年，憂世心力弱」；《宿花石戍》云：「誰能叩君門，下令減征賦」；《寄柏學士》云：「幾時高議排君門，各使蒼生有環堵」；寧令「吾廬獨破受凍死亦足」，而志在「大庇天下寒士」，其心廣大，異夫求穴之螻蟻蕈，真得孟子所存矣。東坡問老杜何如人，或言似司馬遷，但能名其詩耳。愚謂老杜似孟子，蓋原其心也。

遣悶奉呈嚴公二十韻

白水魚竿客，清秋鶴髮翁。胡為來幕下，祇合在舟中。四句總起。黃卷真如律，青袍也自公。老妻憂坐痺，幼女問頭風。平地專欹倒，分曹失異同。禮甘衰力就，義忝上官通。疇昔論詩早，光輝仗鉞雄。寬容存性拙，篤拂念途窮。以上承「胡為來幕下」句。露裛思藤架，煙霏想桂叢。信然龜觸網，直作鳥窺籠。西嶺紆村北，南江繞舍東。竹皮寒舊翠，椒實雨新紅。浪簸船應坼，杯乾甕即空。藩籬生野徑，斤斧任樵童。以上承「祇合在舟中」句。束縛酬知己，蹉跎效小忠。周防期稍稍，太簡畏匆匆。曉入朱扉啟，昏歸畫角終。以上應「黃卷真如律」一段。不成尋別業，未敢息微躬。烏鵲愁銀漢，駑駘怕錦幪。會希全物色，時放倚梧桐。以上應「露裛思藤架」一段。

　　魚竿客則為世外人，其意常在煙波間耳。鶴髮翁則為老病人，其意常欲息微躬耳。幕下非鶴髮翁地，胡為乎來？舟中乃魚竿客處，祇合在此。今日竟身遊幕府，捧黃卷而如律，著青袍而自公耶？坐痺則四肢不振，頭風則一身可知。平地而立，尚虞欹倒，況乎鞍馬！分曹而理，尚昧異同，矧屬專謀！乃衰力甘就者，則以上官禮遇之隆，且平生有相知之雅，義不容辭故也。疇昔論詩，既敦宿好；今來仗鉞，原是故人。知我性拙，待以寬容；憐我途窮，加之篤拂。「胡為來幕下」者，為此耳。雖則云然，我所思者，終在露裛煙霏、藤架桂叢之間。蓋猶網龜思脫，籠鳥欲飛也。因於幕下，寄懷草堂。遙想西嶺雪峰，自紆村北；南江秋水，亦繞舍東。秋杪竹皮，應凋舊翠；雨中椒實，定拆新紅。水檻浪翻，知空留夫敗舫；糟牀塵滿，豈尚有夫舊醅。藩籬破，來往之路必已通；樵子游，斧斤之響亮不輟。舊翠凋，苦節傷矣；新紅落，顏色衰矣。「船應坼」，濟勝無具矣；「甕即乾」，空疏何當矣。藩籬破，不能自衛矣；斤斧施，豈能自全矣。祇合在舟中者，職此故耳。但既與參謀，當盡厥職。公真知己，何敢不酬！我有小忠，自知無補。況性本疏頑，每因周防而鮮失；事更繁劇，常以太簡而遂忘。曉入扉而謁上官，暮聽角而還僚署。「胡為來幕下」，從此竟幕下矣。惟是別業難尋，微躬未息。嗟此魚竿客、鶴髮翁，夫豈真無意於長往者？烏鵲力微，愁填銀漢；駑駘命薄，怕覆錦幪。所望吾公，憐我觸網窺籠之愁，遇之黃卷青袍之外，希全衰年物色，俾得疏放自如。顧此百尺梧桐之間，時倚鶴髮魚竿之客，優哉游哉。倘所謂吏隱者，非耶？只合在舟中，庶遂我河干之志矣。

宿府

清秋幕府井梧寒，獨宿江城蠟炬殘。永夜角聲悲自語，中天月色好誰看。四句「宿府」之景。風塵荏苒音書絕，關塞蕭條行路難。已忍伶俜十年事，強移棲息一枝安。四句「宿府」之感。

　　幕府清秋，誰與為伴？所見井梧一枝，寒色侵人耳。此時獨宿江城，蠟炬殘矣。蠟殘則夜已永，而角聲亦頻奏焉。顧我獨宿江城，角聲亦悲自語耳。夜永而蠟既殘，唯中天有月色也。顧我獨宿江城，月色雖好，更誰看哉？而況家遠無書，路難莫致，不知幾年於此。蓋由自省出華，自華棄官，流離秦蜀，伶俜至今。夫倦飛之鳥，投林為幸。今日棲息幕府，雖非得已，一枝可安。強移且就，若曰鬱鬱終此，豈我志耶？

樹間

岑寂雙甘樹，婆娑一院香。二句「樹」。交柯低几杖，垂實礙衣裳。二句「樹間」。滿歲如松碧，同時待菊黃。二句「樹」。幾回霑葉露，乘月坐胡牀。二句「樹間」。

　　此以甘樹自況。甘樹在院，不為岑寂。岑寂者，自岑寂也。院中豈無他樹？覺一院香者，惟此甘樹耳。我身在樹間，但覺柯之交，几杖為低。能使几杖低，甘傲岸矣。實之垂衣裳為礙。能使衣裳礙，甘磊落矣。至於滿歲，與松偕碧，有不凋之節。今特未滿歲耳。當其同時，與菊偕黃，有晚秀之姿。今誰與同時者？吾遊樹間，幾回霑露，直至乘月色，坐胡牀，以細玩之而不厭云。

送舍弟穎赴齊州　三首

　　題中「穎」字當是「頻」字。〔註6〕臨行為頻赴，蓋當時從公入蜀者惟占。若觀與穎皆在齊州，故曰「兩弟亦山東」。若豐則在江左。此從顧注。〔註7〕

岷嶺南蠻北，徐關東海西。二句自蜀赴齊州。此行何日到，送汝萬行啼。絕域惟高枕，清風獨杖藜。危時暫相見，衰白意都迷。六句送別。

　　我居岷嶺，雖未至南蠻，已在南蠻北。弟往徐關，雖未至東海，只在東海西。去

〔註6〕《杜工部草堂詩箋》卷二十二《送舍弟穎赴齊州三首》，注：「『穎』，一作『頻』。」
〔註7〕顧宸《辟疆園杜詩注解》五言律卷七《送舍弟頻赴齊州三首》，解曰：
　　廣德二年作。詩題本是「頻」字，今本改作「穎」。考穎未嘗隨公至成都。檢校草堂者，獨佔耳。故公詩「相隨獨爾來」。曰「獨爾來」，可見穎之未嘗來矣。按：公有四弟：穎、觀、豐、占，憶觀詩獨多。外有第五弟。豐獨在江左詩，有《遠懷舍弟穎觀》等詩。此獨在成都草堂送弟赴齊州，恐即是先歸草堂檢校之占也。「頻赴」，謂臨行也。

控甲外。青海洗將軍之劍鍔,天山勒漢家之奇功。先是九曲地,金城公主請為湯沐邑,楊矩奏與之,繼而復叛。司空從翰,征討九曲諸蕃,蕃人畏不敢出。司空建功塞外有如此。所以然者,司空之勇,如飛兔鷙鳥,足資遠擊。又曉達兵機,智藏武庫。故功雖煇赫,氣彌沉靜,不吳不敖,肅然妥帖也。及祿山亂,司空佐翰守潼關,表誅楊國忠,不納。翰遂掣肘,慟哭出師,潼關潰,萬乘走。元帥既俘,偏裨焉用?當時肅宗不與上皇入蜀者,以肅宗舊為朔方節度使,一時二聖,馬首遂分。祿山先破東京,兵屯伊洛,中原無主,逆氣滔天。肅宗乃即位靈武,以塞眾望。而司空脫賊西歸,適奔行在。然潼關不守,罪有攸歸。會清河公房琯自蜀齎冊諫上,以為可收後效,司空遂邀寬釋。肅宗旋移軍鳳翔矣,大駕既發,虎旅如雲,繞鳳凰而陳營,對涇渭而開帳。朝廷以金城為賊咽喉,詔司空鎮武功以控賊。司空禁暴,有無雙之目,爽氣與春天俱流。尋至收京,巷歌從公,喜不為賊俘也;野多青麥,幸不為賊刈也。及肅宗哭廟後,乾元年間,朝廷猶以河北諸郡,安、史充斥,故以太原重地,特命司空以尚書領其事。夫以司空將略,就使掃清中原,晉爵為王,亦旦晚間事。乃當其時,祿位不過司空,常懼其高;王土猶待恢廓,頻憂其窄。司空心事何如!惜乎!世亂則資其勇略,時平則溢焉朝露。五湖之舟空繫,功成志未遂也。田橫之客甚悲,身歿,客欲殉也。司空治太原時,持法嚴整,人不敢犯。汾晉之間,其功不泯,不當與雲水俱存耶?夫司空所重者將略,文苑非所貴也,故雖有杜預《春秋》之癖,似乎不媿文苑,乃廉頗所重者,實不在此。不然,鄧大夫景山見稱文苑,何為繼司空為太原尹?以納馬細,故為帳下殺。此「傷時盜賊未息」,興起王公與?

故司徒李光弼

司徒天寶末,北收晉陽甲。胡騎攻我城,愁寂意不愜。人安若太山,薊北斷右脅。朔方氣乃蘇,黎首見帝業。以上功在太原。二宮泣西郊,九廟起頹壓。未散河陽卒,思明偽臣妾。復自碣石來,火焚乾坤獵。高視笑祿山,公又大獻捷。以上破史思明。異王冊崇勛,小敵信所怯。擁兵領河汴,千里初妥帖。以上功在河汴。青蠅紛營營,風雨秋一葉。內省未入朝,死淚終映睫。四句明其枉。大屋去高棟,長城掃遺堞。平生白羽扇,零落蛟龍匣。雅望與英姿,惻愴槐里接。三軍晦光彩,烈士痛稠疊。以上哭其薨。直筆在史臣,將來洗箱篋。應「青蠅」二句。我思哭孤冢,南紀阻歸楫。扶顛永蕭條,未濟失利涉。疲苶竟何人,灑涕巴東峽。以哀痛結。

　　哀司徒者,哀司徒以匡復大功,受謗讒口,賫志歿也。　　司徒當天寶末年,為至

德元載，肅宗即位靈武時，詔以兵赴靈武，兼太原尹，隨收晉陽甲，以守太原。其時，祿山遣賊將史思明引兵寇太原城，賊意以太原指掌可收。既得之，當遂長驅取朔方、河隴。司徒乃帥士卒及民於城外，鑿壕自固。賊圍太原，月餘不下。是賊長驅之意不遂，太原遂安若太山也。太原為賊右脅。太原固，賊之右脅斷。太原為朔方左脅。太原固，朔方之氣亦蘇。當時帝在靈武，為龍興地。太原固，靈武安，中興之業實基焉。司徒功在太原有如此。未幾，兩京收，二聖歸，九廟建。乃安慶緒雖走，河東一帶尚為賊將所據，河陽之甲未解也。史思明因偽將烏承玼言，偽降本朝。司徒料其終必叛亂。乾元二年，司徒與九節度圍安慶緒於相州，思明復自范陽趣鄴，屢絕糧道。已而思明殺慶緒，即偽位，笑祿山為無能。既又縱兵河南，泛火船，燒浮橋，賊勢益熾。司徒檄官吏，引兵入三城，賊憚，不敢犯宮闕，遂戰於中畢西，大破之，獻俘太廟。是嘉山大捷後，又獻捷也。司徒之功，其連破史思明有如此。朝廷以司徒有功，封臨淮，為異姓王。司徒生平臨敵，謀定後戰，能以少制眾，故怯小敵，勇大敵。汴河千里，司徒坐鎮，為萬里長城。自河陽鏖戰以來，河南諸郡屢復屢失。至思明死，朝廷以司徒為河南諸道節度使，威信素著，調度有方，千里之地，方得妥帖。司徒功在河汴又如此。不幸宦者程元振忌其功，日謀中傷，讒言罔極。此時身如秋葉，在風雨中，漂搖不保。會吐蕃亂，朝廷詔入援，司徒自反，誠恐有過，未敢即行，憤恚遂薨，而目終不瞑也。司徒薨，朝廷既失梁棟，河汴亦壞長城，白羽扇不復麾矣，蛟龍匣空自塵矣。雖富乎賜葬，有似衛、霍之接茂陵；乃壁壘無光，非復河陽之代僕射。猶望史官表揚之耳。蓋安史之亂，司徒為國家，東征西討，戮力十餘年。及其末，以小人中傷，致功名不終，為見仇者快。史臣得毋以讒口故，因其晚節，沒其生平？是不獨衛恨九京，且令功臣皆灰心解體，無復肝腦塗地之志。庶幾以直筆洗拭之也。今日寇亂未夷，安得如司徒者起而撲滅。無奈扶顛乏人，艱危未濟，徒令老病疲荼之人哭冢無由，臨江灑淚。此「傷時盜賊未息，興起李公」與？○「荼」音薾，疲也。

贈左僕射鄭國公嚴公武

鄭公瑚璉器，華嶽金天晶。昔在童子日，已聞老成名。嶷然大賢後，復見眉骨清。開口取將相，小心事反生。閱書百紙盡，落筆四座驚。歷職匪父任，嫉邪常力爭。**以上敘其少時。**漢儀尚整肅，胡騎忽縱橫。飛傳自河隴，逢人問公卿。不知萬乘出，雪涕風悲鳴。受詞劍閣道，謁帝蕭關城。寂寞雲臺仗，飄搖沙塞旌。江山少使者，笳鼓凝皇情。壯士血相視，忠臣氣不平。密論正觀體，發揮岐陽兵。感激動四極，聯翩收二京。西郊牛酒再，原廟丹青明。**以上敘扈從之功。**匡汲俄寵辱，

衛霍竟哀榮。四登會府地，三掌華陽兵。京兆空柳色，尚書無履聲。
群烏自朝夕，白馬休橫行。諸葛蜀人愛，文翁儒化成。公來雪山重，
公去雪山輕。記室得何遜，韜鈐延子荊。四郊失壁壘，虛館開逢迎。
堂上指圖畫，軍中吹玉笙。豈無成都酒，憂國只細傾。時觀錦水釣，
問俗終相并。意待犬戎滅，人藏紅粟盈。以茲報主願，庶或裨世程。
以上治蜀之功。炯炯一心在，沉沉二豎嬰。顏回竟夭折，賈誼徒忠貞。
飛旐出江漢，孤舟轉荊衡。虛橫馬融笛，悵望龍驤塋。以上哭其薨。空
餘老賓客，身上愧簪纓。二句自傷。

　　哀鄭公者，哀鄭公功名未盡展也。　　鄭公為瑚璉重器，生於華州，稟兌方之金
質，實嶽降之姿。況少年老成，不媿為其父挺之大賢後，奚翅眉宇清舉也。其志氣，
則開口便欲取將相；其恭謹，則小心不敢侮友生；其質敏，則數行立下，百紙不足當
一覽；其文雄，則揖易萬人，四座莫不三舍避。弱冠便陟清華，非藉前人之蔭；立朝
不畏彊禦，常有觸邪之心。鄭公少年時，卓然樹立已如此。當年漢官威儀，本自整肅；
無奈漁陽封豕，忽爾縱橫。羽書自河隴飛來，官吏盡倉皇奔竄。鄭公於時，徒逢人而
問公卿之消息，實茫昧不知萬乘之出奔。繼而追及玄宗於劍南，恐謳歌之猶屬；因而
回謁肅宗於行在，知天命之有歸。先受辭者，心依故主也；次謁帝者，我君有子也。
此時立朝靈武，雲臺之仗無多；即位朔方，沙塞之旌未定。江山戎馬，二聖之音問罕
通；笳鼓淒涼，兩宮之情懷都愴。壯士抆淚，相看失血；忠臣裂眥，憤氣難平。乃鄭
公志存撥亂，欲復貞觀之舊儀；意在除凶，指劃岐陽之兵勢。從此感激，人心皆奮。
俄而大舉宮闕，胥收四郊。父老牛酒，重迎原廟；罘罳丹青，再炳鄭公。於扈從時，
匡復之功有如此。顧鄭公與房琯，皆玄、肅舊臣也。當年蜀郡功臣，原異靈武。房琯
既攖肅宗之鱗，鄭公難免一網之去。所以鄭公為汲、汲之直，不能長膺帝寵，旋至於
辱。如房琯有衛、霍之勳，竟至客死銜哀，何有於榮？乃鄭公於會府之地，嘗四登矣；
華陽之兵，亦三掌矣。自節度華陽，遠違廷闕。張敞柳色，空青舊臺；鄭崇履聲，不
聞殿上。柏臺人去，雖絕群烏；劍閣風清，已無白馬。諸葛之澤，西川皆被文翁之化，
三年有成。鄭公來，吐蕃不敢犯邊陲；鄭公去，賊臣遂以謀叛逆。是雪山之輕重，係
鄭公之去來。而鄭公不恃韜鈐，留心記室，壁壘失而卿大夫無辱，雪山輕重可知矣。
虛館開而將軍有揖客，何遜、子荊咸集矣。圖山畫水，依然丘壑之心；鼓瑟吹笙，不
廢雅歌之樂。而鄭公惟念切憂國，故當杯不敢痛飲；且情深問俗，故觀釣即以觀風。
窺其意，直欲使吐蕃肅滅，巴蜀富有，以此報主之願，永為後尹之程也。鄭公治蜀之
功又如此。何圖寸心猶在，二豎忽摧，壽促顏回，悲同賈誼。今日者，旐飛江上，櫬

下荊門。馬融之笛，空橫帳前；龍驤之瑩，不知何處。顧此身上縷，猶是故人遺澤。懷舊之痛，烏能已已！

贈太子太師汝陽郡王璡

汝陽讓帝子，眉宇真天人。虯鬚似太宗，色映塞外春。四句美其貌。往者開元中，主恩視遇頻。出入獨非時，禮異見群臣。愛其謹潔極，倍此骨肉親。從容聽朝後，或在風雪晨。以上泛敘帝眷。忽思格猛獸，苑囿騰清塵。羽旗動若一，萬馬肅駪駪。詔王來射雁，拜命已挺身。箭出飛鞚內，上又回翠麟。翩然紫塞翮，下拂明月輪。胡人雖獲多，天笑不為新。王每中一物，手自與金銀。以上陪獵。袖中諫獵書，扣馬久上陳。竟無銜璧虞，聖聰矧多仁。官免供給費，水有在藻鱗。匪惟帝老大，皆是王忠勤。以上諫獵。晚年務置醴，門引申白賓。道大容無能，永懷侍芳茵。好學尚貞烈，義形必霑巾。揮翰綺繡揚，篇什若有神。以上敘其好賢能文。川廣不可泝，墓久狐兔鄰。宛彼漢中郡，文雅見天倫。何以開我懷，泛舟俱遠津。又借漢中王陪說。溫溫昔風味，少壯已書紳。舊遊易磨滅，衰謝多酸辛。以哀意結。

　　哀汝陽者，哀汝陽德器才學，為親藩冠，又以舊遊王門，早逝可傷也。　汝陽為讓皇帝子，眉宇非常。昔者邯鄲淳歎曹植為天人，汝陽亦然。張說見忠王濬曰：「我觀太宗畫像，雅類忠王。汝陽虯鬚，亦猶是云。」宜其神采煥發，若映塞外春光也。往者開元年間，主恩眷顧，有加無已。禁中出入，不必以時；殿上接見，禮殊僚案。夫豈於汝陽有私，亦由汝陽謹潔，故不獨禮異群臣，抑且親倍骨肉。就陪獵一事，猶憶上皇聽政之暇，適當風雪之晨，偶發興於遊田，遂除道而清蹕。爾時，旗仗繽紛，翕然若一；馬蹄騰踏，肅若無聲。帝曰：「欽哉汝陽，佐朕從禽。」王曰：「敢不共命，為王格猛。」王鳴弦而飛鞚，上據鞍而回麟，遂落逸翮於雲中，乃拂弓輪而如月。胡人中多，天顏自若；汝陽壹發，賚予輒加。乃至尊手中，纔頒命中之賞；而汝陽袖裏，已抽諫獵之書。王之扣馬欲陳，此意原由蓄積；帝之銜璧無虞，聖聰外賴閑邪。於是罷獵，而萬物蒙不殺之仁；簡出，而百官省供給之費。非獨帝老，戒切毫荒；亦由王忠，言多正直。汝陽致君，不獨諫獵一端，亦足例其餘矣。且好客，置醴招賢，其道大，不以無能，見外芳茵也。更好學，尚論古人，其才優，有時揮翰，神來篇作也。今日者，渺渺巴江，我濟川無具；荒荒丘墓，王狐兔為鄰。猶幸漢中尚存，近已出峽遠泛，我之悲懷，何日開哉？惟是生平風采，恍然在目。至於若謹潔，若忠勤，若好賢，若勤學，昔年少壯，一一書紳。言念舊遊，忽焉磨滅，與我衰謝，俱酸辛不禁也。

其能已於歡舊與？

贈秘書監李公邕

長嘯宇宙間，高才日陵替。古人不可見，前輩復誰繼。四句泛起。憶昔
李公存，詞林有根抵。聲華當健筆，灑落富清製。風流散金石，追琢
山嶽銳。情窮造化理，學貫天人際。八句總敘其文才。干謁走其門，碑版
照四裔。各滿深望還，森然起凡例。蕭蕭白揚〔註2〕路，洞徹寶珠惠。
龍宮塔廟湧，浩劫浮雲衛。宗儒俎豆事，故吏去思計。昒昧已皆盧，
跋涉會不泥。向來映當時，豈獨勸後世。十四句敘碑版之作。豐屋珊瑚鉤，
麒麟織成罽。紫騮隨劍幾，義取無虛歲。分宅脫驂間，感激懷未濟。
眾歸賙給美，擺落多藏穢。八句美其能散財。獨步四十年，風聽九皋唳。
嗚呼江夏姿，竟掩宣尼袂。以上哭其多才而死。往者武后朝，引用多寵嬖。
否臧太常議，面折二張勢。衰俗凜生風，排蕩秋旻霽。六句敘其立朝。
忠貞負冤恨，宮闕深旌綴。放逐早聯翩，低垂困炎癘。日斜鵩鳥入，
魂斷蒼梧帝。榮枯走不暇，星駕無安稅。幾分漢廷竹，夙擁文侯篲。
終悲洛陽獄，事近小臣斃。禍階初負謗，易力何深嚌。以上敘其貶斥至
死。伊昔臨淄亭，酒酣托末契。重敘東都別，朝陰改軒砌。論文到崔蘇，
指盡流水逝。近伏盈川雄，未甘特進麗。是非張相國，相扼一危脆。
爭名古豈然，鍵捷忽不閉。例及吾家詩，曠懷掃氛翳。忼愾嗣真作，
公自注：「和李大夫。」諳嗟玉山桂，鍾律儼高懸。鯨鯢噴迢遞。十八句敘
舊遊，兼美其詩。坡陁青州血，蕪沒汶陽瘞。哀贈竟蕭條，恩波延揭厲。
子孫存如線，舊客舟凝滯。君臣尚論兵，將帥接幽薊。朗詠六公篇，
公自注：「桓彥範、敬暉、崔玄暉、張柬之、袁恕己洎狄相也。」憂來豁蒙蔽。
以上哭其斃。

　　哀秘書者，哀秘書文章為天下重，遭讒而死，為可傷也。　我長嘯天地間，前不
見古人，後不見來者，高才惟有李公耳。蓋李公為李善子，善注《文選》行世，是李
公於詞林，獨有根抵也。凡作文者，筆以健為優，製以清為貴。李公有健筆，有清製。
健則風流散布，能令金石等鏗鏘。追琢精工，直使山嶽同崒崔。清則窮造化之情狀，
毫芒畢見，貫天人之義類，分際皆明。李公為此，將以傳世，乃干謁者來矣。李公著

〔註2〕「楊」當作「楊」。

作，諸體悉備，其碑版最優，使干謁者無不滿望而去。乃其凡例森然，某文某體，毫不假借，若者為墓碑，若者為塔碑，若者為廟碑，若者為學校碑，若者為去思德政碑。李公盼睞所及，虛己應之。跋涉來者，路雖遠，曾不泥也。其在生前，已足照耀，何待身後使人興起。當時所得鬻文貲，或豐屋，或珊瑚，或織罽，或紫騮，或劍幾，殆無虛歲。然物以義取，得所當得。乃李公不以自私，用相賙給，非以豐屋贈人，則以紫騮惠客。其餘珊瑚、劍幾之類，亦猶脫驂分宅之遺。庶免貨殖之嫌，猶懷未濟之慮。當時在眾人，美其賙給；在李公，不過擺落多藏之穢耳。獨步四十年，聲名四播，如鶴遠聞。何圖江夏無雙之才，今日既萎，遂掩宣尼之袂乎？乃李公不獨文章富贍，其直節震朝廷，更有過人者。往年，李公仕武后朝，惡在朝多寵嬖。於太常韋巨源謚議既秕之，以示臧否。尤痛絕張昌宗兄弟，因宋璟請付法斷一言，李公請旨，二豎股栗。一時謟諛，朝廷遂有臺閣風生，秋旻清霽之象。忠貞如李公者，安可一日去朝廷？無何，坐與張柬之善，遂貶雷州。當時帝在房州，內主垂拱，宮闕邃遠，聞見如綴旒之隔。李公含冤，覆盆誰照？於是放逐聯翩，困頓炎瘴。日斜鵬鳥，來止其門；雲斷蒼梧，招魂無所。榮枯任運，稅駕何途。蓋當時，雷州貶後，又貶崖州；崖州貶後，又遷恬州；恬州遷後，又發陳州。凡為刺史非一次，漢廷之竹屢分也；所在必親賢下士，文侯之簀常擁也。至汲郡刺，而李公窮矣。在汲郡時，會柳勣〔註3〕有罪下獄。吉溫令勣引邕嘗以休咎相語，陰行賂遺，李林甫因傅以罪，詔就郡杖殺之。身非蔡邕，乃坐洛陽之獄；命懸林甫，竟投吉網之中。原其禍胎，由於負謗。但當時朝廷，欲誅李公，亦易為力，何必以賂遺誣之，為此深嚌耶？伊昔天寶年間，陪李公宴遊歷下古亭，我以後輩，托公末契。嗣後東都敘別，曾幾何時，彼時論文，屈指崔灝、蘇頲，已成長往。近時李公所服者，楊炯雄才；其所輕者，李嶠靡麗。此亦是非之公，與張相國論原為脗合，何至兩賢相戾？夫亦李公爭名之故，抑亦露才揚己，不能善藏其用。此盧藏用有「干將莫邪」之戒〔註4〕，而我深惜其關鍵不閉也。而獨於吾祖《奉和李嗣真》〔註5〕之作，則忼慨而歎服之。信乎其詩能接踵吾祖，不愧為桂林一枝，崑山片玉，而音諧鍾律，氣吐鯨鯢。惜乎！已矣！杖殺青丘，血高坡陁之土；誰收白骨，草

〔註3〕「勣」，原作「鄭」，據下文改。
〔註4〕《九家集注杜詩》卷十四《八哀詩・贈祕書監江夏李公邕》：「盧藏用嘗謂邕如干將、莫耶，難與爭鋒，但虞傷缺耳。後卒如其言。」
《新唐書》卷二百二《文藝列傳中・李邕》：
盧藏用嘗謂邕如干將、莫邪，難與爭鋒，但虞傷缺耳。後卒如言。杜甫知邕負謗死，作《八哀詩》，讀者傷之。
〔註5〕杜審言《和李嗣真奉使存撫河東》。

沒汶陽之墟。哀贈不聞，恩波有待。子孫如線，舊客窮途。感今追昔，增痛悼耳。且李公嘗從楊思勗討賊有功，不獨長於文，優於節，更諳練於兵。今日朝廷宵旰論兵，將帥接踵幽薊，若得李公，何難以偏師靖之？至於《六公》之篇〔註6〕，我嘗謂其壯麗警拔，殆感憤而作。由今思之，其於六公，必意氣相期，所以批謐議，折二張，侃侃不阿，能追隨六公之後，一朗詠焉。宿夏頓解，歎舊之感，於公彌切云。○「憶昔」一提曰「嗚呼江夏姿，竟掩宣尼袂」，痛其才也往者；一提曰「終悲洛陽獄，事近小臣斃」，痛其誣也；「伊昔」一提曰「坡陁青州血，蕪沒汶陽瘞」，痛其身後也。凡例以凡字，明義例也，本杜預《左傳序》「發凡以言例」。註云：「如隱公七年，凡諸侯同盟於是，稱盟之類。」有五十條，皆以凡字發明類例。「麒麟織成罽」，言罽上織成有麒麟之形。如《舍人褥段》〔註7〕詩中有「掉尾鯨」一例。或作「騏驎」，泥罽係毛織故也。狀下有「紫騮馬」，亦不得複用。「延揭厲」，朱《註》引《說文》：「揭，高舉也」，言朝廷之恩尚待高揭而揚厲之。

故秘書少監武功蘇源明

武功少也孤，徒步客齊兗。讀書東嶽中，十載考墳典。時下萊蕪郭，忍饑浮雲巘。負米晚為身，每食臉必泫。夜字照爇薪，垢衣生碧蘚。庶以勤苦志，報茲劬勞願。學蔚醇儒姿，文包舊史善。以上好學。灑落辭幽人，歸來潛京輦。射策君東堂，宗匠集文選。制可題未乾，乙科已大闡。文章日自負，椽吏亦累踐。晨趨閶闔內，足踏宿昔趼。以上筮仕。一麾出守還，黃屋朔風卷。不暇陪八駿，虜庭悲所遣。平生滿尊酒，斷此朋知展。憂憤病二秋，有恨石可轉。肅宗復社稷，得無順逆辨。范曄顧其兒，李斯憶黃犬。秘書茂松意，載從祠壇墠。以上陷賊不失節。前後百卷文，枕藉皆禁臠。篆刻楊雄流，溟漲本末淺。青熒芙蓉劍，犀兕豈獨剸。反為後輩褻，予實苦懷緬。煌煌齋房芝，事絕萬手攐。垂之後來者，正始徵勸勉。不要懸黃金，胡為投乳竇。以上傳世文章見侮後輩。結交三十載，我與誰遊衍。滎陽復寂寞，罪罟以橫冒。嗚呼子逝日，始泰則終蹇。長安米萬錢，凋喪盡餘喘。戰伐何當解，歸帆阻

〔註6〕（宋）趙明誠《金石錄》卷二十六《唐六公詠》：
　　右唐《六公詠》，李邕撰，胡履虛書。初，余讀杜甫《八哀詩》，云「朗詠六公篇，憂來豁蒙蔽」，恨不見其詩。晚得石本入錄，其文詞高古，真一代佳作也。六公，五王為一章，狄丞相別為一章云。
〔註7〕《杜詩闡》卷十八《太子張舍人遺織成褥段》。

清沔。尚纏漳水濱，永負蒿里餞。以上哭其死。

哀秘書者，哀秘書忠孝文章，始終於蹇，為可傷也。凡人少孤，則不能自振；少孤而貧，則不能讀書以成名。秘書少孤矣，以齊兗為文學邦，東嶽多古人蹟，客遊其處，讀書十年。時從東嶽下萊蕪，自傷親沒，負米為生，故每飯必泫然也。夜則燕薪照字以勵志，日則碧蘚生衣而不知，飢餓空乏，勤苦至是者，誠不甘自廢，欲讀書成名，報親地下耳。其孝如此。已而學貫經史，蔚為大儒，辭幽人，赴京國，登堂獻策，對闕揮毫，天子題名，巍科直掇。往日讀書東嶽者，文章遂食報矣。然猶屢任椽吏，勤趨職事，循塗守轍，繩尺不爽。未幾，出守東平，還授司業。國家隨有祿山之亂。爾時，乘輿奔竄，風吹劍閣之塵；扈從差池，身滔穹廬之內。尊酒絕朋知之展，幽憂經寒暑之更。此心匪石，不可移也。偽署橫加，不屑受也。俄而兩京復，至尊歸，欲整綱常，先分順逆。丹鳳門下，條陳從賊之刑；獨柳樹前，遂有銜刀之客。范曄有顧兒之痛，李斯含牽犬之悲。而秘書松栢獨青，再知制誥，祠壇從祀，復蹕明堂。其忠如此。大抵忠孝文章，不能兼有。秘書忠孝矣，文章又復卓絕。蓋由讀書東嶽，經十載之鑽研；積學醇儒，貫千秋之墳典。所以前後百卷，無非禁臠；詞章雕刻，絕類子雲。其沉深也，溟漲猶淺；其快利也，劍鋒未銛。無奈子雲草《玄》，後輩見侮；故人如我，同病相憐。蓋秘書之文，本是靈芝，絕人搴攬，知希自貴。留為勸懲，在秘書，未嘗為呂韋懸金，自矜絕作；在後輩，何至如乳虎狂噬，適成褊衷？其文章又如此。何圖結交以來，忽焉長逝。而況鄭虔罹罪，又遭貶斥乎！遡秘書一生，蹇多泰少。少孤蹇，食貧蹇，陷賊蹇，遭後輩之侮益蹇。至於以餓而死，視他人之死為尤蹇。安在其泰？就其曾登科，名叨侍從，亦始泰則終蹇耳。歸帆阻滯，老病漳濱，斗酒隻雞，未申哀餞。為此愴然歎舊也。〇公誦蘇渙詩曰：「今晨清鏡中，勝食齋房芝。」〔註8〕此篇「齋房芝」數句，定指其文。「乳虎」承後輩說。舊引王璵祈禬事，未合。「乙科」，《漢書·儒林傳》：「射策乙科」、「射策甲科」。

故著作郎貶台州司戶榮陽鄭公虔

雞鶋至魯門，不識鍾鼓饗。孔翠望赤霄，愁思雕籠養。四句興。榮陽冠眾儒，早聞名公賞。地崇士大夫，況乃氣清爽。天然生知姿，學立游夏上。六句總敘其才望。神農或缺陷，黃石媿師長。藥纂西極名，兵流指

〔註8〕《杜詩闡》卷三十二《蘇大侍御渙靜者也旅於江側不交州府之客人事都絕久矣肩輿江浦忽訪老夫舟楫而已茶酒內余請誦近詩肯吟數首才力素壯詞氣動人接對明日憶其湧思雷出書篋几杖之外殷殷留金石聲賦八韻記異亦記老夫傾倒於蘇至矣》。

諸掌。**貫穿無遺恨，薈蕞何技癢。**公自注：「公長於地理，山川險易、方隅物產、兵戎眾寡無不詳。又著《薈蕞》諸書，又集《胡本草》七卷。」**圭臬經星奧，蟲篆丹青廣。子雲窺未遍，方朔諧太枉。神翰顧不一，體變鍾兼兩。文傳天下口，大字猶在牓。**以上敘其多藝。**昔獻書畫圖，新詩亦俱往。滄洲動玉陛，寡鶴悞一響。三絕自御題，四方尤所仰。**六句敘其知遇。**嗜酒益疎放，彈琴視天壤。形骸實土木，親近惟几杖。未曾寄官曹，突兀倚書幌。**六句敘其放達。**晚就共香閣，胡塵昏块莽。反覆歸聖朝，點染無滌盪。老蒙台州椽，泛泛浙江槳。履穿四明雪，饑拾楢溪橡。空聞紫芝歌，不見杏壇丈。天長眺東南，秋色餘魍魎。別離慘至今，斑白徒懷曩。**以上敘其貶謫。**春深秦山秀，葉墜清渭朗。劇譚王侯門，野稅林下鞅。操紙終夕酣，時物集遐想。詞場竟疎闊，平昔濫吹獎。**以上追敘長安舊遊。以下其死。**百年見存沒，牢落我安放。蕭條阮咸在，出處曰世網。他日訪江樓，含悽述飄蕩。**公自注：「著作與今秘書監鄭君審篇翰齊價，謫江陵。」

哀榮陽者，哀榮陽出非其時，至被污，死貶所，為可悼也。爰居本海鳥，飛鳴海上，得其所矣。魯東門何地，忽焉至止？彼鍾鼓大饗，其又何知？孔雀之鳥，或凌赤霄，或托絕垠，翰羽沖天，觜距自衛，然皆負矰嬰繳，羽毛入貢，用於人者。然也榮陽志在山林，無慕爵祿，猶爰居不識大饗，乃多才多藝，不免為世用。雖思霄漢，難免樊籠，非孔雀而何？榮陽一生，定於此矣。榮陽始為大儒，見賞名輩。其踞地能壓倒公卿，其稟氣得扶輿清淑。其姿生知，其學游、夏。涉獵方外，博採眾長。陋神農所未窺，愧黃石為師長。纂《本草》則西極靡遺，論韜略則掌中可指。貫穿成集，《薈蕞》名書。雖曰生知，亦由技癢。不獨此耳，更通地理，兼曉星經。篆刻既工，丹青尤妙。其博奧然也，其詼諧枉也。庶幾子雲之侶，夫豈方朔之儔。且其書法，視鍾而兩；若論文章，天下無雙。至今金牓之間，尚懸榮陽之字。當時榮陽嘗畫滄洲圖，題詩自寫，以獻玄宗。一時畫蹟疑真，鶴為發響，玄宗大署其尾，曰「鄭虔三絕」。從此一經御筆，名重四方。乃著作雖授，宦情原少，嗜酒自若，彈琴自若，形骸放浪，几杖蕭然。傳舍官曹，笑傲書幌。此正如爰居聞鍾鼓，愈思海上；孔雀棲雕籠，彌望赤霄也。芸閣纔登，胡塵忽起。雖陷賊而授水部，仍戀闕而達密章。榮陽之心，似可原也。乃一朝點染，滌盪無由。蒙末減而就謫台州，泛浙江而竟成長往。四明之雪，雙履為穿；楢溪之橡，一饑莫療。無復彈琴嗜酒之興矣。紫芝之曲，此地誰聽？杏壇之席，伊人安在？無復几杖書幌之趣矣。長天闊絕，鬼物為鄰。離別到今，徒懷宿昔。

緬想我與滎陽天寶年間在長安時，每逢春秋好景，非笑傲侯門，即邀遊林野；非賦詩見志，即酣飲為樂。感時託興，觸物多情。何圖回首詞場，頓成契闊。雖平生吹獎之誼，依依不忘；乃百年存沒之情，落落安在。幸有難弟，亦嬰世網。他日片帆南下，直指江樓，聊述飄蕩之懷，一申彼此之痛，庶幾得見秘書，如見著作云爾。歎舊之思，又烏能已？〇「寡鶴悮一響」，雖指滄洲畫言，其實語意亦似惜滎陽自獻之悮也。滄洲、玉陛，本不相涉。滄洲寡鶴髮玉陛之響，豈不大悮！「點染無滌盪」，以陷賊為點染也。「點」即「玷」。《秦州勅目》詩「宮臣仍點染」句〔註9〕，闡意似合。

故右僕射相國張公九齡

相國生南紀，金璞無留礦。仙鶴下人間，獨立霜毛整。矯然江海思，復與雲路永。六句贊其品格。寂寞想土階，未遑等箕穎。上君白玉堂，倚君金華省。碣石歲崢嶸，天地日蛙黽。退食吟大庭，何心記榛梗。骨驚畏曩哲，鬢變負人境。雖蒙換貂冠，右地惡多幸。以上敘其立朝心事。敢忘二疏歸，痛迫蘇躭井。紫綬映暮年，荊州謝所領。庾公興不淺，黃霸鎮每靜。以上出守。賓客引同調，諷詠在務屏。詩罷地有餘，篇終語清省。一陽發陰管，淑氣含公鼎。乃知君子心，用才文章境。散帙起蛟螭，倚薄巫廬並。綺麗玄暉擁，箋誄任昉騁。自成一家則，未缺隻字警。以上詩才。千秋滄海南，名繫朱鳥影。歸老守舊林，戀闕悄延頸。波濤良史筆，蕪絕大庾嶺。向時禮數隔，制作難上請。再讀徐穉碑，猶思理煙艇。以上慟其身後。

　　哀相國者，哀相國志存王室，玄宗不能用其言，為可惜也。江漢以南，皆曰南紀。相國生其間，秉渾金璞玉之姿，又矯如仙鶴，霜毛獨整。此其意嘗在江海雲路間耳。去江海，上玉堂，舍雲路，倚金華者。誠欲致君堯舜，暫違箕穎之志也。河北有碣石山，碣石在燕，為祿山反處。先是，祿山飛揚跋扈，歲日叵測，已有崢嶸之象。且天地間，日生蛙黽，如子陽井底，何代無之？當時相國早知祿山必反，請上正法，惜玄宗不納，使其勢歲嶸崢，其徒日蛙黽。從此治遠亂生，大庭之化不可復得，惟有退食泠想。至於林甫媒孽，直榛梗置之耳。顧筋骨而頻驚，嘗以衰朽，不能追蹤前賢為恐；攬鬢毛而復變，尤以偷生，無所禆益人世為羞。故貂蟬換，不為榮；右相罷，竊自幸也。當年疏廣思歸，乞骸之書屢上；蘇躭喪母，奪哀之召還來。終養既乖，痛

〔註9〕《杜詩闡》卷九《秦州見勅目薛三璩授司議郎畢四曜除監察與二子有故遠喜遷官兼述索居三十韻》。

追不免。未幾，左遷刺史，出牧荊州。庾公乘興，武昌之明月依然；黃霸循良，潁川之鳳凰宜下。乃相國宦跡，亦遂以荊州終也。若其詩文，尤一代作者。座中賓客，必引同調之人；有時詠吟，盡斥俗吏之務。無論當境，詩罷才尚有餘；不但造端，篇終語猶精警。如黃鐘之律，聲實交弘；若大烹之和，辛酸畢備。顧此一陽淑氣，乃君於心也。不用諸事業，用諸文章者，何與？彼時賢相，如宋璟、韓休皆已即世，孑然相國，何異孤陽。使朝廷始終信任，猶望陽回之日。況宰相本有調和鼎鼐之職，使相國不見忌於林甫，庶幾乎鹽梅酒醴，相與有成。無奈群陰滿朝，孤陽不振，協恭絕望，公鼎空含。乃知君子心，用才文章境，有大不得已者託之於此。今日一散帙，而蛟螭猶盤；忽倚薄，而巫盧若峙。才情則玄暉並駕，賤誄則彥昇比肩。不媿專家，尤工隻字。千秋滄海之濱，才名永播；朱鳥南方之宿，姓氏同懸。解組投林，思遂箕山潁水之志；戀闕延頸，依然大庭土階之心。相國一生，如識祿山必反，不與林甫巨奸，大節炳然，不可泯沒；良史巨筆，亮無所遺。至若大庾嶺南，自生相國，金璞已無留礦；相國既逝，仙鶴遂失人間。今日者，亮已荒蕪絕跡矣。我與相國當年以地位相懸，禮數遂隔，一生制作，上請闕然。嘗讀相國《徐穉碑》文所云「醴泉無源，靈芝無根」等句，知相國於布衣徐穉，特闡幽光；庶幾於杜陵野人，曠世相感。何日理艇問道，寫我懷賢之思也？○「蕪絕」作「無絕」，非。朱《註》又云：「其人沒而史筆遂絕。」

贈崔十三評事公輔

崔為公舅氏，時為羽林軍屬官，徵入教練。

飄飄西極馬，來自渥窪池。颯颯定山桂，低回風雨枝。我聞龍正直，道屈爾何為。且有元戎命，悲歌識者誰。以上傷其道屈。官聯辭冗長，行路洗敧危。脫劍主人贈，去帆春色隨。陰沉鐵鳳闕，教練羽林兒。天子朝侵早，雲臺仗數移。分軍應供給，百姓日支離。黜吏因封己，公才或守雌。燕王買駿骨，渭老得熊羆。活國名公在，拜壇群寇疑。冰壺動瑤碧，野水失蛟螭。入幕諸彥集，渴賢高選宜。騫騰坐可致，九萬起於斯。復進出矛戟，昭然開鼎彝。以上寵其入朝。會看之子貴，歎及老夫衰。豈但江曾決，還思霧一披。暗塵生古鏡，拂匣照西施。舅氏多人物，無慚困翮垂。以上自慰。

評事才本天馬，來自渥窪。今日如定山桂，飄搖風雨者，亦暫屈耳。夫龍性正直，屈則不能有為。評事唯諾元戎之命，自傷知己之難，何以異此。忽然應召，辭冗吏，謝主人，脫劍揚帆，隨春色，入京都，翱翔鳳闕，教練羽林，行見天子早朝，雲

臺移仗，評事扈從，此其時矣。方今軍需旁午，糧芻不支，腹百姓之膏，飽黠吏之腹。評事猶然守雌，不思有為乎？天子得評事，如金臺駿馬，後車熊羆，活國則黠吏之風，拜壇則群寇可靖。乃評事操守之廉，果然冰心在玉壺，是可活國者；將略之憂，果然蛟螭可立勳，是堪拜壇者。此時入幕，雖有諸彥，賢如評事，允充高選。從此騫騰遠到，九萬何難！俄然棨戟揚，門戶有旌節矣；鼎彝開，勳名勒大呂矣。之子之貴，誠為可喜；如我之衰，亦似可傷。向者，談兵之次，之子言若決江。今日得志之餘，尤望為我披霧，庶幾鏡塵一拂，顏面重光。蓋以舅氏一門，原多人物。今日此行，正如西極之馬，萬里橫行；定山之桂，無復風雨。龍正直而已伸，道大行而不屬，我之困翩，何嫌低垂也已。

寄岑嘉州 公自注：州據蜀江外。

岑參自部郎出守嘉州，杜鴻漸至蜀時，表奏為職方郎中。鴻漸還朝，寓居於蜀。此詩當在大曆元年春，參初為嘉州守時。

不見故人十年餘，不道故人無素書。願逢顏色關塞遠，豈意出守江城居。四句寄詩之由。**外江三峽且相接，斗酒新詩終自疏。謝朓每篇堪諷詠，馮唐已老聽吹噓。**四句寄詩之情。**泊船秋夜經春草，伏枕青楓限玉除。**應「不見故人」句。**眼前所寄選何物，贈子雲安雙鯉魚。**挽故人素書作結。

嘉州，我故人也。十年契闊，今守江城。幸矣，外江與三峽地原相接。惜也，斗酒與新詩，暗則終疏。似君之詩，真謝朓也，信堪諷詠；似我之老，已馮唐矣，敢望噓吹！猶憶客秋泊船於此，忽然又經春草，目憐伏枕，常傍青楓，豈能再到玉除？古詩云：「贈子雙鯉魚，中有尺素書。」〔註10〕今日選何物以贈君，雲安雙鯉，可附尺素，庶憑峽水得達蜀江，我心慰矣。○「願逢顏色關塞遠」，正指秦州寄詩時〔註11〕。

遣悶戲呈路十九曹長

江浦雷聲喧昨夜，春城雨色動微寒。黃鶯並坐交愁濕，白鷺群飛太劇乾。四句「遣悶」之景，似興。**晚節漸於詩律細，誰家數去酒盃寬。**二句「遣悶」之事。**惟君最愛清狂客，百遍相過意未闌。**結還「戲呈」意。

江浦雷聲，喧於昨夜，則春城雨色，動於曉寒。此時悶矣。適見黃鶯，樹頭雙

〔註10〕《文選》卷二十七《樂府三首》：「客從遠方來，遺我雙鯉魚。呼兒烹鯉魚，中有尺素書。」

〔註11〕《杜詩闇》卷九《寄彭州高三十五使君適虢州岑二十七長史參三十韻》。

坐，交愁其濕。夫「黃鶯並坐」，似可無悶，然且交愁。又見白鷺，江上群飛，劇喜其乾。夫「白鷺群飛」，已可無悶，況於太劇。我何如哉？彼遣悶之具，無過詩酒。詩律須細，細必漸進，我亦晚節能然耳。夫詩律之細，取必於己。酒盃之寬，取必於人，是必曹長矣。曹長愛客，尤愛清狂之客。清狂如我，頻來不厭，是真「數去酒盃寬」者。向者「黃鶯並坐」、「白鷺群飛」，殆為我兩人寫照，又何悶不遺哉？

憶鄭南玭

黃鶴曰：「玉色鮮潔者曰玭。」〔註12〕一作「憶鄭南寺」，一竟作「憶鄭南」。

鄭南伏毒寺，瀟灑到江心。二句「鄭南」。**石影銜珠閣，泉聲帶玉琴。**二句承「江心」。**風杉曾曙倚，雲嶠憶春臨。萬里蒼茫水，龍蛇只自深。**四句「憶」，亦承「江心」結。

我前為華州功曹時，道經鄭南。此地有伏毒寺，瀟灑之趣，直到江心。江心珠閣，石影銜之；江心泉聲，玉琴帶焉。此時，我於風杉上，曾為曙倚；雲嶠間，幾度春臨。今日身在天隅，想鄭南之寺，不啻萬里；憶蒼茫之水，龍蛇自深。安得石影重來，泉聲還送哉？○鄭南，鄭縣之南，隸華州。公出華時，有《題鄭縣亭子》詩，首句曰：「鄭縣亭子澗之濱」〔註13〕，「縣」作平聲。《水經注》引「《風俗通》曰：『縣，玄也。』《釋名》曰：『縣也，懸於郡也。』《十三洲記》曰：『縣，弦也』」。故宜作「懸」。題亭時在春，故詩中有「宮柳」、「蜂燕」等句，而《憶鄭南》詩中有「雲嶠憶春臨」句也。

愁公自注：「強戲為吳體。」

江草日日喚愁生，巫峽泠泠非世情。盤渦鷺浴底心性，獨樹花發自分明。四句所愁之景。**十年戎馬暗南國，異域賓客老孤城。渭水秦山得見否，人今罷病虎縱橫。**四句所愁之事。

江草本娛人者，今乃日日喚愁，蓋由我故鄉山水，自有渭水秦山，未嘗無情。今巫峽水聲，泠泠不反，殊非世情耳。盤渦之水，不宜於浴。鷺之浴也，何等心性！獨樹之花，豈望其發？花之發也，偏自分明。況十年戎馬，暗而不開；殊方賓客，一身將老。既已「賓客老孤城」，則與渭水秦山而終遠；既已「戎馬暗南國」，則與狼虎縱橫無已時。宜乎「江草日日喚愁生」也。○公詩慣用「底」字。「底」作「何等」二

〔註12〕〔宋〕黃鶴注《補注杜詩》卷二十九《憶鄭南玭》：「鶴曰：『玭，玉色，言石之似玭。』」
〔註13〕《杜詩闡》卷七。

字解。如「花飛有底急」〔註14〕，言花有何等事而急；「終朝有底忙」〔註15〕，言終朝有何等忙而不來；「文章差底病」〔註16〕，言文章差比何等病；此曰「盤渦鷺浴底心性」，言盤渦鷺浴，是何等心性。「虎」，比暴斂之吏。時用第五琦稅法，民多流亡。

夔州詩 大曆元年

移居夔州郭

伏枕雲安縣，遷居白帝城。春知催柳別，江與放船清。四句「移居」。農事聞人說，山光見鳥情。禹功饒斷石，且就土微平。四句「移居」情事。

　　我病後遷居，良非得已。顧此柳色依依，若有離恨，亦誰知「催柳別」也，春知之耳。而況扁舟將放，適值清流，亦誰與「放船清」也，江與之耳。「春知」、「江與」，春、江有情哉！惟是客中遷次，謀生之事難言，農事雖興，但聞人說；病裏移居，遷喬之計莫遂，山光雖好，徒見鳥情。我去雲安，遷白帝，別無他故，念雲安險峽，斷石崎嶇，垂老危途，豈容嘗試。夔州土勢稍平，今日暫圖休息，誰謂從此定居也。

船下夔州郭雨濕不得上岸別王十二判官

依沙宿舸船，石瀨月娟娟。風起春燈亂，江鳴夜雨懸。晨鐘雲外濕，勝地石堂煙。六句「船下夔州郭雨濕」。柔艣輕鷗外，含悽覺汝賢。二句「不得上岸別判官」。

　　放船下郭，抵暮依沙。沙上月光，娟娟可愛。忽然月隱風起，因風起而亂春燈；風止江鳴，聽江聲而知夜雨。庶幾天曉，起別判官。未幾，雲外鐘聲，沉沉帶雨；遙想石堂勝地，羃羃籠煙。宿沙之舸，又作解之行矣。雨後江平，艣柔喜不著力；江平水闊，鷗輕任其所如。此時欸乃一聲，已在浮鷗之外。言念判官，淒然欲絕耳。

漫成一首

江月去人只數尺，風燈照夜欲三更。二句夜景。沙頭宿鷺聯拳靜，船尾跳魚撥剌鳴。二句夜景中所聞見。

　　江曠故月近，其去人只數尺。既有江上月，復有風前燈，夜如何其，欲三更矣。

〔註14〕《杜詩闡》卷十三《可惜》。
〔註15〕《杜詩闡》卷十七《寄邛州崔錄事》。
〔註16〕《杜詩闡》卷十一《赴青城縣出成都寄陶王二少尹》。

江月風燈時，沙頭所見者有宿鷺，其影聯拳；船尾忽間者有跳魚，其聲撥剌。此時孤舟旅夜，伴我者，天上月、舟中燈、沙頭鷺、船尾魚而已。

上白帝城

城峻隨天塹，樓高更女牆。二句「白帝城」。江流思夏后，風至憶襄王。老去聞悲角，人扶報夕陽。公孫初恃險，躍馬意何長。六句「上城」之感。

　　峻矣，白帝城隨天然之石壁而築也。乃樓之高，更出此城睥睨上，峻且險矣。但人之可思者，不在險，在德。彼巴東之峽，夏后疏鑿。至今見江流，思夏后氏德不衰。若楚襄王，雖非夏后比，當其披襟御風曰「快哉此風，寡人所與庶人共者」，是猶知有民也。未幾，悲角一傳，已知日暮；夕陽忽報，不可久留。因歎白帝高城，本是公孫所築，當年恃險，躍馬稱帝。今日登臨，但思夏后，憶襄王，彼公孫恃險，徒笑其妄自尊大，意雖長而何益矣。○不言公孫誅滅之年，卻言公孫恃險之日，時崔旰方戰梓州，奪張獻誠旌節，是「初恃險」。

謁先主廟

慘澹風雲會，乘時各有人。力侔分社稷，志屈偃經綸。復漢留長策，中原仗老臣。雜耕心未已，嘔血事酸辛。霸氣西南歇，雄圖歷數屯。錦江原過楚，劍閣復通秦。以上敘「先主」。舊俗存祠廟，空山泣鬼神。虛簷交鳥道，枯木半龍鱗。竹送清溪月，苔移玉座春。閭閻兒女換，歌舞歲時新。以上敘「先主廟」。絕域歸舟遠，荒城繫馬頻。如何對搖落，況乃久風塵。孰與關張並，功臨耿鄧親。應天才不小，得士契無鄰。遲暮堪帷幄，飄零且釣綸。向來憂國淚，寂寞灑衣巾。以上「謁廟」時情事。

　　雲從龍，風從虎，本主臣得志之秋。乃先主君臣，其為風雲會獨慘澹者，蓋因當年乘時並起，若孫若曹，各有其人，力敵勢均，三分鼎立。先主有一統之志，止於偏安，坐是經綸不展耳。然復漢長策，留待後人。欲復漢，必取中原。取中原，非諸葛不勝任。爾時，諸葛受先主付託，誓取中原，悉眾出斜谷，與司馬宣王對於渭南，屯田久駐，軍民雜處。何圖天不祚漢，糧盡勢窮，嘔血而死，遂使伯氣歇，雄圖屯。豈特中原，即錦江、劍閣，不能終為漢有。仍過楚，復通秦，卒歸司馬氏也。今日山荒鬼哭，所見虛簷枯木；往跡徒留；竹月苔春，景物非故。猶幸人民雖換，歌舞不衰耳。我維舟絕域，繫馬荒城，對此搖落之辰，更歷風塵之久。言念當日關、張，猶耿、鄧，

今日與關、張並者，豈無人也？其功與耿、鄧俱者，豈無人也？奈何應天之才，諸葛同量；得士之契，先主難逢。遲暮之才，尚堪幃幄；飄零之迹，但守釣緡。憂國血淚，與諸葛俱嘔；寂寞此身，並慘澹風雲而無緣。俯仰今古，涕泗沾巾矣。○公收京時，身與扈從，亦中興之佐。自傷流落，寓感諸葛。

武侯廟

遺廟丹青落，空山草木長。二句寫景。猶聞辭後主，不復臥南陽。二句寫意。

　　臥龍遺像，落而殘矣。廟在山中者，亦草木徒長耳。瞻仰武侯，猶聞其辭後主而出師，自言「鞠躬盡瘁，死而後已」。回首南陽，草廬尚在，不復更向南陽而高臥。其始終為漢何如也！

八陣圖

功蓋三分國，名成八陣圖。江流石不轉，承「八陣圖」句。遺恨失吞吳。承「功蓋三分」句。

　　武侯之功大矣，天下雖三分，其功足以蓋之。但三分已定，此外豈復漢有？功雖止此，若其推演兵法，所作八陣圖，雖司馬懿亦歎為奇才。至今陣圖猶列江上，而石不為江流所轉。所遺恨者，吞吳失策，多事三分外耳，要豈武侯志哉？○武侯未出隴中時，三分已定。其後昭烈征吳，武侯曰：「孝直若在，必能制主上東行。」則征吳非武侯意矣，故曰「遺恨」。

陪諸公上白帝城宴越公堂之作公自注：「越公，楊素也。有堂在城上，畫像猶存。」

此堂存古制，城上俯江郊。落搆垂雲雨，荒階蔓草茅。柱穿蜂溜蜜，棧缺燕添巢。六句「白帝城越公堂」。坐接春杯氣，心傷艷蕊梢。英靈如過隙，宴衍願投膠。莫問東流水，生涯未即拋。六句「陪諸公宴」。

　　隋室至今，堂制已古。巋然城上，俯瞰江郊。當年落成，勢垂雲雨；今朝荒廢，地縈草茅。破柱竟作蜂房，敝棧空添燕幕。越公之堂如此。今與諸公同宴，春盃在手，艷蕊難看者，蓋因堂上有越公畫像，往日英靈，已如過隙。如此艷蕊，不能常保耳。然我輩相期，願同膠漆休問東流之水，努力生涯，常圖宴衍可也。

卷二十二

夔州詩 大曆元年

白帝城最高樓

城尖徑仄旌旆悠，獨立縹緲之飛樓。二句登樓。峽坼雲霾龍虎睡，江清
日抱黿鼉遊。二句近景。扶桑西枝封斷石，弱水東影隨長流。二句遠景。
杖藜歎世者誰子，泣血迸空回白頭。二句登樓所感。

　　此尖仄者白帝城，但見旌旆飄揚耳。乃結構於城上者，又有飛樓。獨立一望，舉
世無徒矣。此時峽坼而雲霾其中，疑睡龍虎；江清而日抱其外，若遊黿鼉。東有扶桑，
樓在扶桑西，則西枝出，枝大而撐幽，海中之斷石皆封矣。西有弱水，樓在弱水東，
則東影生，影微而映日，眾水之長流若隨也。杖藜歎世，此何人哉？泣血回頭，亦可
哀矣。○「峽坼雲霾」，狀蜀亂也。「江清日抱」，望反正也。扶桑東向，朝陽所生。
今西枝封石，小人蔽主之象。弱水西逝，華夷之限。今東影隨流，蕃寇內訌之象。此
皆世事可歎者。

上白帝城　二首

江城含變態，一上一回新。天欲今朝雨，山歸萬古春。以上「上城」。英
雄餘事業，衰邁久風塵。取醉他鄉客，相逢故國人。兵戈猶擁蜀，賦
斂尚輸秦。不是煩形勝，深慚畏損神。以上「上城」之感。

　　世事無常，即一上城，許多變態，而幾回新也。仰觀天意，晴雨無常。雨雖變於
今朝，春則依然萬古。獨英雄事業，不可問耳。當年白帝，亦一世雄。今事業煙消，

空城但在。況予衰邁，久在風塵，亦不過取醉他鄉，逢人話舊。當此蜀地干戈，擁塞不散；秦中賦斂，徵輸未休；衰年之人，畏此損神，故借形勝之地，登臨自遣。夫豈一上一回，好煩形勝，亦深以「畏損神」為慚而已。○崔旰亂蜀，奪旌節，又厚斂以賄權貴。公曰「賦斂尚輸秦」，以見蜀民正供，自輸朝廷，不為崔旰攘奪也。

白帝空祠廟，孤雲自往來。江山城宛轉，棟宇客徘回。勇略今何在，當年亦壯哉。後人將酒肉，虛殿自塵埃。谷鳥鳴還過，林花落又開。以上白帝祠。**多慚病無力，騎馬入蒼苔。**結繳「上」字。

　　白帝安在？空祠但存，一片孤雲往來其上耳。江山遼落宛轉，荒城棟宇摧頹，徘回過客，其在于今，勇略安在？若論當日，一世之雄，如何酒肉空陳，塵埃自落？而況花鳥無情，何知興廢哉？於焉騎馬，直入蒼苔。夫亦自慚老病，怯於徒步也。

古栢行

　　成都丞相祠堂，附先主廟。祠有列栢。公詩曰：「錦官城外栢森森。」〔註1〕夔州孔明廟，乃是特廟，亦有古栢。公詩曰：「孔明廟前有古栢。」此《古栢行》，又兼成都祠栢言。

孔明廟前有古栢，柯如青銅根如石。霜皮溜雨四十圍，黛色參天二千尺。君臣已與時際會，樹木猶為人愛惜。以上夔祠之栢。**雲來氣接巫峽長，月出寒通雪山白。**二句承上起下。**憶昨路繞錦城東，先主武侯同閟宮。崔嵬枝幹郊原古，窈窕丹青戶牖空。**四句成都之栢。**落落盤踞雖得地，冥冥孤高多烈風。扶持自是神明力，正直元因造化功。**挽到夔州之栢。**大廈如傾要梁棟，萬牛回首丘山重。不露文章世已驚，未辭翦伐誰能送。苦心豈免容螻蟻，香葉終經宿鸞鳳。志士幽人莫怨嗟，古來才大難為用。**以上借栢感歎。

　　廟古，栢亦古矣。柯老如銅，根堅似石。其皮溜雨，合抱不足；其幹參天，尋丈難量。一栢也，何高大如此！良由當時君臣，與時際會；今日樹木，為人愛惜。培之值之，有此高大耳。其在夔州者，雲來而氣接巫峽，與之俱長；其在成都者，月出而寒通雪山，與之俱白。夫巫峽係夔地，而雪山在成都。憶昨客成都時，亦曾路出錦城東，彼處武侯祠堂，附先主廟者，同一閟宮。其祠前之栢，枝幹亦崔嵬，而郊原一帶則古矣。其祠堂之制，丹青雖尚存，而戶牖中寂無人跡矣。至若夔州之柏，雖盤踞之地，能占其勝，乃孤高之勢，難免烈風。乃其扶持到今，原賴神力；正直不仆，都由

〔註1〕《杜詩闡》卷十一《蜀相》。

化工耳。梁棟之榦，大廈所需；丘山之重，萬牛難勝。所以「霜皮」、「黛色」，其文章深自發晦，世已耳而目之，愛惜固多，翦伐不少，又誰為送之匠石也。今日苦心，難免蟲穿；當年香葉，曾經鳳宿。雖棟樑之具，未有人求；其丘山之重，回首原在。材大難用，自古而然。志士幽人，尚安義命哉！

負薪行

夔州處女髮半華，四十五十無夫家。更遭喪亂嫁不售，一生抱恨長諮嗟。四句夔州女。土風坐男使女立，應當門戶女出入。十猶八九負薪歸，賣薪得錢應供給。至老雙鬟只垂頸，野花山葉銀釵並。筋力登危集市門，死生射利兼鹽井。面妝首餙雜啼痕，地褊衣寒困石根。以上寫其負薪兼煮鹽之苦。若道巫山女麤醜，何得此有昭君村。二句諷辭。

　　夔州處女，老而無夫。更遭喪亂，嫁終不售。從此一生抱恨，為可歎也。況土風更惡，坐男使女。其當門戶者，非伐薪，即煮鹽，皆女子事。十家八九，負薪而歸，賣薪得錢，以應供給。雙鬟垂頸，至老未笄。惟野花山葉，與銀釵並插耳。況登危集市之餘，又兼鹽井煮鹽之勞，比負薪更甚，直使啼痕滿面，露處石根。作勞如此，巫山之女，應盡麤醜。昭君之村，何以得名？甚矣，人未可概論也！○末二句，公鄙夔人，以見夔原有昭君，夔人不識。當時昭君，亦嫁不售，老絕域者。

最能行

峽中丈夫絕輕死，少在公門多在水。富貴有錢駕大舸，貧窮取給行艇子。小兒學問止論語，大兒結束隨商旅。欹帆側柂入波濤，撇旋捎濆無險阻。朝辭白帝暮江陵，頃來目擊信有徵。瞿唐漫天虎鬚怒，歸州長年行最能。以上寫「最能」。此鄉之人氣量窄，悮競南風疎北客。若道土無英雄才，何得山有屈原宅。以上諷辭。

　　人惟習水，乃能輕死。夔州男子絕能輕死者，以在公少，習水多也。習於水，惟駕舟之人為然。夔州男子，強半皆駕舟之人，無論貧富也。在公少，故小兒學問，止於《論語》。習水多，故大兒結束，即隨商旅，或駕大舸以隨商旅之大者，或行小艇以隨商旅之小者。遇波濤而斜入，有險阻而如無。計由白帝至江陵，程有千里，彼則朝辭白帝，暮抵江陵。向也疑之，今已目擊。夫波濤險阻，無過瞿唐峽、虎鬚灘，此際獨推夔州，長年為最能耳。但此鄉之人，氣量不廣，南風則競，北客則疎，豈非北客多文才，南方少學問？風俗如此，豈有英雄？彼屈原者，風騷之祖，何得又生於此，而山有其宅？甚矣，地難限人也！○水回曰旋，涯曰濆，舟過曰撇，泊曰捎。北客，

公自謂。

覽栢中丞兼子姪數人除官制詞因述父子兄弟四美載歌絲綸

紛然喪亂際，見此忠孝門。蜀中寇亦甚，栢氏功彌存。四句總敘。深誠補王室，戮力自元昆。三止錦江沸，獨清玉壘昏。高名入竹帛，新渥照乾坤。子弟先卒伍，芝蘭壘璠璵。同心注師律，灑血在戎軒。絲綸實具載，絨冕已殊恩。以上除官制誥之由。奉公舉骨肉，誅叛經寒溫。金甲雪猶凍，朱旗塵不翻。每聞戰場說，敫激懦氣奔。六句再表前事。聖主國多盜，賢臣官則尊。方當節鉞用，必絕氛祲根。我病日回首，雲臺誰再論。作歌挹盛事，推轂期孤騫。八句期望之，完載歌意。

今日喪亂，豈易有此忠孝門？適蜀中多故，栢氏之功乃彌著耳。栢氏忠孝，見於父子兄弟之同心。其輸誠報國，戮力自中丞倡，乃其功亦不自今日始，自平段子璋、徐知道至於今。錦江之沸，已經三止；玉壘之昏，則能獨清。宜乎高名在昔，久著旂常；新恩至今，覆照天地。今日此舉，中丞一門，其子弟挺身前驅，蘭玉並進，齊心力戰，血滿戎車。宜乎帝嘉乃功，閫門議敘，制詞則絲綸具載，除官則絨冕咸加也。夫中丞一門，子弟皆膺寵命。或者疑其有私，不知中丞以至公之心，內舉不避耳。追維討叛以來，為時已久。客冬成都大雪，山谷深數尺。至今甲雪猶凍，旗塵未拭。話及戰場，儒氣為奮。豈非中丞志在王室，故驅骨肉為前行不惜哉？獨是主聖而國猶多盜，臣賢而官則須尊。中丞鎮夔，方當杖鉞。秉節之日，必使亂根盡絕，滋蔓不存。斯錦江永清，玉壘常靖。我自傷老病，今日絲綸之美，固已親炙；他年雲臺之勛，誰為表章？作歌之意無他，還期聖主推轂，俾其孤騫，功名與日月爭光可也。○是年四月，朝廷以崔旰為茂州刺史，楊子琳復入成都作亂。公曰「必絕氛祲根」，謂此也。至曰「推轂期孤騫」，便見栢當專任，不宜舍成都，遠鎮夔州。

遣懷

昔我遊宋中，惟梁孝王都。名今陳留亞，劇則貝魏俱。邑中九萬家，高棟照通衢。舟車半天下，主客多歡娛。白刃讐不義，黃金傾有無。殺人紅塵裏，報答在斯須。以上敘舊遊之地。憶與高李輩，論交入酒壚。兩公壯藻思，得我色敷腴。氣酣登吹臺，懷古見平蕪。矼[註2] 碭雲一

〔註2〕「矼」，《錢注杜詩》卷七、《杜詩詳注》卷十六、《讀杜心解》卷一、《杜詩鏡銓》卷十四均作「芒」。

氣，雁鶩空相呼。以上敘舊遊之人。先帝正好武，寰海未凋枯。猛將收西域，長戟破林胡。百萬攻一城，獻捷不云輸。組練棄如泥，尺土負百夫。拓境功未已，元和辭大爐。以上應首段。亂離友朋盡，合沓歲月徂。吾衰將焉托，存沒再嗚呼。蕭條益堪愧，獨在天一隅。乘黃已去矣，凡馬同區區。不復有顏鮑，繫舟臥荊巫。臨餐吐更食，常恐違撫孤。以上應次段。

　　宋中為古梁孝王都，亞陳留，比貝魏。我少游其地，此時東都全盛，戶口殷繁。其陳宇高華，直照通衢；其舟車往來，幾半天下。誠一都會！然而士殉主客之歡，人無身家之戀，挾白刃，輕黃金，但知殺人報仇為快舉。舊遊之地如此。爾時，同遊則有高適、李白，飲酒賦詩，目空作者；登臺懷古，前無古人。遙眺砬碣之雲，恨不與高帝同時也；俯聽雁鶩之呼，不屑與世謀稻粱也。舊遊之人如此。此時先帝正有事於西域、林胡，海內殷富已不及貞觀年間，特未凋枯耳。先帝侈然用武，自恃富強，猛將提戈，固非一人；長戟攻城，亦非一處。收西域，破林胡，費百萬而攻一城，豈無輸也？獻捷者不言。棄組練而爭尺土，役夫盡矣，開邊者猶未已。孰知朝政失平，元氣盡削，祿山之亂遂作。追維昔遊宋中時，全盛天下，何可復得？戎馬餘生，舊交零落；年紀逝邁，歲月不居。存者已老，老者已歿。李白辭世，高適繼之。老病天隅，獨我未死。高、李為馬中乘黃，人中顏、鮑。龍媒一去，大雅淪亡。寂寂孤舟，寒江軋繫，猶幸遺孤尚在，庶幾努力加餐，留踐孔明撫孤之義而已。○「白刃」等句，正與「先帝好武」對針。蓋吳王好劍客，百姓多瘡瘢也。祿山掩敗為功，故曰「獻捷不云輸」。

王十五前閣會

楚岸收新雨，春臺引細風。二句「前閣」。情人來石上，鮮鱠出江中。鄰舍煩書札，肩輿強老翁。病身虛俊味，何幸飫兒童。六句「會」。

　　前閣春臺，適臨楚岸。細風乍引，新雨將收。情人王十五，已來石上，而鮮鱠適出江中，有此雅集耳。我也叨君鄰近，書札何煩；君則念我老翁，肩輿特迓。所惜鮮鱠本俊味，老翁是病身，徒飽兒童，有負隆情耳。

暮春

臥病擁塞在峽中，瀟湘洞庭虛映空。楚天不斷四時雨，巫峽長吹萬里風。四句寫峽中。沙上草閣柳新暗，城邊野池蓮欲紅。暮春鴛鷺立洲渚，挾子翻飛還一叢。四句寫「暮春」。

病中冀得快地，峽中四面皆山，因想瀟湘洞庭難奮飛，而徒然映空也。況雨連楚天，風霾巫峽，何以堪此！於時沙上柳條，濃陰垂閣；城邊蓮蕊，新紅吐池。遙望州渚間，鴛鷺出雛，時而飛挾雛飛，時而下挾雛下，不似人臥病擁塞，長滯峽中不去也。

寄常徵君

白水青山空復春，徵君晚節傍風塵。楚妃堂上色殊眾，海鶴堦前鳴向人。四句惜辭。萬事紛紛猶絕粒，一官羈絆實藏身。二句贊辭。開州入夏還涼冷，不似雲安毒熱新。二句慰辭。

白水青山，春光又虛矣。徵君晚傍風塵，夫豈得已！譬之楚妃，向處深宮；今出堂上，誰復知其色殊眾？譬之海鶴，向浮海濱；今立堦前，便不免於鳴向人。其「色殊眾」，原不改其常；其「鳴向人」，亦自表其潔。所以作宦開州，萬事雖紛，絕粒之素不改；一官即絆，藏身之計未違。況開州涼冷，不似雲安，徵君可自遣矣。○「晚節」二字當著眼。凡人少壯，偃蹇猶望前途；老而無成，未免蹉跌。甯戚扣角，歌曰：「漫漫長夜何時旦。」王處仲擊唾壺，歌曰：「烈士暮年，壯心不已。」宣尼歎逝，昭烈拊髀，無非為此晚節故耳。「晚節傍風塵」，痛語，非諷語。

園官送菜並序

園官送菜把，本數日缺。矧苦苣、馬齒，掩乎嘉蔬。傷小人妬害君子，菜不足道也，比而作詩。

清晨蒙菜把，常荷地主恩。二句「送菜」。守者慁其數，略有其名存。二句「本數日缺」。苦苣刺如針，馬齒葉亦繁。青青嘉蔬色，埋沒在中園。四句「苦苣、馬齒，掩乎嘉蔬」。園吏未足怪，世事固堪論。嗚呼戰伐久，荊棘暗長原。乃知苦苣輩，傾奪蕙草根。小人塞道路，為態何喧喧。又如馬齒盛，氣擁葵荏昏。點染不易虞，絲麻雜羅紈。一經器物內，永掛麤刺根。以上「傷小人妬害君子，菜不足道」。志士採紫芝，放歌避戎軒。嗟丁負籠至，感動百慮端。結還「比而作詩」之意。

地主念我之蔬，見惠菜把。其名徒存，其實不副。所充數者，惡草具進，嘉蔬反為埋沒。天下事，錄其醜，棄其美。如苣、齒進前，嘉蔬遺棄者何限！園吏何知，世事可感也。今者戰伐既久，中原荊棘，豈無蕙草？半為苦苣所侵。正如小人充塞，君子不得安其位。而況葵荏又為馬齒所擁，一被點染，使麻雜紈，此何異薰蕕同器，十年遺臭哉！彼蕙草、荏菽，尚與苣、齒爭一席地。若紫芝者，青山白石間，自保幽芳，不屑與苣、齒為伍，亦豈苣、齒所能掩？志士知之，採紫芝，避戎軒，一聽戰伐經時，

荊棘載路耳。偶因畦丁，有感世事。一菜雖小，可以喻大。○當時朝廷任用宵小，如元載輩交結董秀、卓倩英等，有滋蔓之勢。甚者，魚朝恩升座講《易》，一時如李峴、顏真卿諸子皆被疏斥。苦苣之傾奪蕙草，馬齒之氣擁葵荏，此其章章者。

課伐木 並序

課隸人伯夷、辛秀、信行等入谷斬陰木，人日四根止。維條伊校，正直挺然。晨征暮返，委積庭內。我有藩籬，是缺是補。載截篠簜，伊仗支持，則旅次於小安。山有虎，知禁。若恃爪牙之利，必昏黑撞突。夔人屋壁，列樹白萄，鏝為牆，實以竹，示式遏。為與虎近，混淪乎無良。賓客憂害馬之徒，苟活為幸，可嘿息已。作詩示宗武誦。

長夏無所為，客居示〔註3〕奴僕。清晨飯其腹，持斧入白谷。青冥曾巔後，十里斬陰木。人肩四根已，亭午下山麓。尚聞丁丁聲，功課日各足。蒼皮見委積，素節相照爍。以上伐木。藉汝跨小籬，當仗苦虛竹。空荒咆熊羆，乳獸待人肉。不示知禁情，豈惟干戈哭。城中賢府主，處貴如白屋。蕭蕭理體淨，蜂蠆不敢毒。虎穴連里閭，隄防舊風俗。泊舟滄江岸，久客慎所觸。舍北崖嶠壯，雷雨蔚含蓄。牆宇資屢修，衰年怯幽獨。以上伐木之故。爾曹輕執熱，為我忍煩促。秋光近青岑，季月當泛菊。報之以微寒，共給酒一斛。六句結還課隸人意。

當此仲夏，客居所為，惟有課奴僕為伐木之役耳。伐木不可枵腹，先飯之；伐木不可無具，必持斧。命之入白谷，躡層巔。《月令》：「仲夏，斬陰木」，此其時也。不必遠地，限十里止；不必多人，日四根足；不必久時，屆亭午而即返。一日之功課畢，木之蒼皮者，委積盈庭；木之素節者，照耀滿目。伐此何為？將藉以跨小籬，使竹有所倚仗也。所以然者，空荒乳虎，猛若熊羆，得肉而甘之。若使藩籬不固，使知禁忌。其為人害，豈獨干戈。今日郡守栢中丞，果為賢主，蕭然清淨，已除蜂蠆之毒，豈有害馬之群。惟是虎穴連山，實逼處此。夔人隄防，非伊朝夕。況我客居，入國問禁，尤宜加慎，以示式遏。今此舍西一帶，白谷層巔處，崖嶠雄，雷雨蓄，乳獸出沒，牆宇摧頹。爾曹念我衰年，實怯幽獨。目前且執熱而往，轉盼秋涼，給汝斗酒，尚其勗哉！○給酒飯，仁也。不多取，義也。晨入午歸，敏也。竹木交加，慎也。公平生經濟，不能措諸天下，見於小物，克勤如此。

〔註3〕「示」，《錢注杜詩》卷六、《杜詩詳注》卷十九、《讀杜心解》卷一、《杜詩鏡銓》卷十六均作「課」。

除草公自注：「�也。」

草有害於人，曾何生阻修。其毒甚蜂蠆，其多彌道周。清晨步前林，江色未散憂。芒刺在我眼，焉能待高秋。霜雪一霑凝，蕙草亦難留。以上見「除草」當速。荷鋤先童穉，日入仍討求。轉致水中央，豈無雙釣舟。頑根易滋蔓，敢使依舊丘。以上見「除草」當盡。自茲藩籬曠，更覺松竹幽。二句除後之境。芟夷不敢缺，疾惡信如讐。結出正意。

　　凡有害於人者，即為我讐。若生阻修之處，猶聽之耳。惡草害人，已如蜂蠆。雜然道左，焉能避之？我客居藉以散憂，惟此江色。草宅之，散步有妨矣。雖高秋，難免肅殺。然惡草焉能暫留，必待他日，與蕙草同盡，不已晚與？所由身先童穉，日入尚搜，誠恐根株未盡，遺種復生耳。尤當屏諸遠方，俾之水化，勿使仍依舊丘，滋蔓難圖。草既去，藩籬曠然，前林可步矣。草既去，前林淨盡，松竹轉幽矣。周任曰：「為國家者，見惡如農夫之務去草，芟夷蘊崇之，絕其本根，則善者伸。」〔註4〕疾惡如讐，古人豈欺我哉！○《周禮》：「薙氏掌殺草」，有水火之化〔註5〕。以釣舟致中央，是水化也。

引水

月峽瞿唐雲作頂，亂石崢嶸俗無井。二句「引水」之故。雲安沽水奴僕悲，魚復移居心力省。白帝城西萬竹蟠，接筒引水喉不乾。人生留滯生理難，斗水何直百憂寬。四句實敘「引水」。

　　水資於井，夔州則無。蓋以月峽、瞿唐兩崖高入雲中，難以鑿井，生理艱矣。然未若雲安之甚。雲安之水，必出於沽。水直不給，奴僕悲歎。今移居夔之魚復，井汲雖無，心力已省。蓋夔人皆飲山泉，山泉蟠屈山腹。取水者，萬竹相連，接筒而引，潤下既便，水直又免也。夫斗水之直，原無幾何。但留滯之人，生理難辦，得免此直，旅憂少寬云。

園人送瓜

江間雖炎瘴，瓜熟亦不早。栢公鎮夔國，滯務茲一掃。食新先戰士，共少及溪老。傾筐蒲鴿青，滿眼顏色好。以上「送瓜」。竹竿接嵌竇，引

〔註4〕見《左傳·隱公六年》。

〔註5〕《周禮·秋官司寇下·薙氏》：「若欲其化也，則以水火變之。」鄭玄《注》：「謂以火燒其所芟萌之草，已而水之，則其土亦和美矣。」

注來鳥道。浮沉亂冰玉，愛惜如芝草。落刃嚼冰霜，開懷慰枯槁。許以秋蒂除，仍看小童抱。以上食瓜。東陵跡蕪絕，楚漢休征討。園人非故侯，種此何草草。四句感懷。

地氣暖者，百物早成。江間炎瘴，瓜熟不早，地瘠可知。乃栢公鎮夔，掃滯務，早奏績，若先瓜期者。於是食一新，必先戰士；物雖少，必及溪翁。即如此瓜，傾筐貯之。色青蒲鴿，瓜之最佳者。夫浮瓜必須水，嵌竇之水，適從鳥道而注，竹竿引之，以瓜浮沉其間。蒲鴿之青，巖泉相映，不啻水精亂，土芝同，而冰霜沁齒，枯懷得潤。不獨今日，園人還許秋蒂除時，再令小童抱送也。昔者邵平為秦故侯，當楚漢交兵，秦破，避跡東陵，種瓜以老。今久絕東陵之跡，不逢楚漢之爭，爾園人非邵平故侯，乃投閒種瓜，為此勞人草草，亦何意哉？○當時栢公一門，討崔旰有功，朝廷有絲綸之命。今栢公鎮夔，名為坐鎮，實解兵權。此《絲綸》篇有「推轂期孤騫」句〔註6〕，《觀宴》章有「應拜霍嫖姚」句〔註7〕。公曰「園人非故侯」，以見公不應解兵。「種此何草草」，以見芟夷禍亂是其事也。「芝草」即土芝瓜，本朱《註》。

信行遠修水筒 公自注：「引泉筒也。」

汝性不茹葷，清淨僕夫內。秉心識本源，於事少滯礙。四句贊其性與水合。雲端水筒坼，林表山石碎。觸熱藉子修，通流與廚會。往來四十里，荒險崖谷大。日曛驚未餐，貌赤愧相對。以上修水筒。浮瓜供老病，裂餅嘗所愛。於斯答恭謹，足以殊殿最。四句勞之。詎要方士符，何假將軍蓋。行諸直如筆，用意崎嶇外。仍作讚語結，應起四句。

人不茹葷，常耳。汝則天性清浮，有過人者。清淨則通明，凡事識本源，無滯礙也。就水言之，亦有本源。不得其源，雖穿虎豹之群而靡益。且水性圓通宛轉，非其人之性與水相因，亦不能得其趣。以汝性清淨，於事無滯礙，庶乎圓通宛轉。使修水筒，必能因水性而利導之者。今山石碎，水筒坼，觸熱煩汝者，欲通山泉之流，下與廚會耳。汝上雲端，躐林表，往來四十里，似此崖谷荒險間，日曛未餐，冒暑面赤，我滋愧矣。念汝不茹葷者，浮瓜裂餅，聊旌汝功。昔蘇躭有神仙之術，投符井中而水出。汝得水源，又焉用此？古之勤勞王事者，暑不張蓋。汝觸熱不避，亦何假諸。夫修筒引水，本在崎嶇之外，似乎曲也。然水流雖曲，其性則直。汝直如筆，自能識水源，少滯礙。崎嶇之外，無不用意，而泛應曲當，行諸勉諸！○公三隸人，伯夷、辛

〔註6〕此卷前《覽栢中丞兼子姪數人除官制詞因述父子兄弟四美載歌絲綸》。
〔註7〕《杜詩闡》卷二十三《陪柏小丞觀宴將士二首》之二。

—459—

秀外，此獨以信行稱，必有取爾。故特表之曰「清淨」，且曰「識本源」、「少滯礙」，終之以「直如筆」。語意精微如此。「裂餅」，用後周王羆臺使裂餅緣事。〔註8〕

催宗文樹雞柵

吾衰怯行邁，旅次轉崩迫。二句畜雞之故。愈風傳烏雞，秋卵方漫喫。自春生成者，隨母向百翮。驅趁制不禁，喧呼山腰宅。六句「樹柵」之故。課僕殺青竹，終日憎赤幘。踏藉盤按翻，塞蹊使之隔。牆東有隙地，可以樹高柵。避熱時來歸，問兒所為跡。織籠曹其內，令入不得擲。稀間可突過，觜距還污席。我寬螻蟻遭，彼免狐狸厄。應宜各長幼，自此均勍敵。以上「樹柵」。籠柵念有修，近身見損益。明明領處分，一一當剖晰。四句示「宗文」。不昧風雨晨，亂離減憂戚。其流則凡鳥，其氣心匪石。四句贊「雞」。倚賴窮歲晏，撥煩去冰釋。未似尸鄉翁，拘留蓋阡陌。挽合起處「行邁」等句。

吾衰久矣，行邁亦怯，雖得旅次，不勝崩迫者，衰年畏風也。聞諸《本草》，烏雞愈風，滋生宜廣，惟秋卵不育耳。前春卵所育者，今已百翮。種類既蕃，可無禁制。此殺竹塞蹊，不容緩也。人畜不可並處，地須務遠，故驅之牆東，樹以高柵，兒僕不妨均勞。事須有別，故殺竹課僕，樹柵問兒。今日避暑歸來，問兒柵務，已將所殺之竹，織籠為局，曹雞於內。肰使疏而不密，有間可乘，將觜距紛然，還來污席，與無柵同。夫我之處雞嚴矣，從此螻蟻免其啄而螻蟻活；我之處雞厚矣，從此狐狸不得侵而雞亦遂生。雞幸哉！百翮之中，各長其幼。他日如季郈鬭雞，皆成勍敵。凡物小有所損，大有所益。物固如此，人亦宜然，宗文所當領取剖析者。況能司旦，風雨勿爽。亂離聽之，亦足遣懷。蓋物雖凡鳥，心同介石也。我旅人，生理蕭條，賴此卒歲。今

<hr />

〔註8〕〔宋〕王洙注《分門集注杜工部詩》卷二十五《信行遠脩水筒》：
趙曰：「公食餅則裂而與之，乃常所私愛信行者也，故繼以「於斯答恭謹」。「裂餅」字，暗使王羆與客食餅，客裂餅緣，羆曰：『只是不饑。』『於斯答恭謹，足以殊殿最。』」
《九家集注杜詩》卷十一：
趙云：「公食餅則裂而與，常所私愛信行，故繼以『於斯答恭謹，足以殊殿最』。『裂餅』，暗使王羆與客食餅，客裂餅緣，羆曰：『只是不饑。』」
按：原出《周書》卷十八《王羆傳》：
羆性儉率，不事邊幅。嘗有臺使，羆為其設食。使乃裂其薄餅緣。羆曰：「耕種收穫，其功已深；舂爨造成，用力不少。乃爾選擇，當是未饑。」命左右撤去之。使者愕然大慚。
又見《北史》卷六十二《王羆傳》。

日柵務既了，喧囂不聞，撥煩去懷，快若冰釋。但我非尸鄉老翁，祝雞為業，何為役役阡陌間？祇因怯於行邁，為拘留之故，蓋不得已而阡陌云爾。○篇中亦見仁至義盡。念其生成，春卵不食，仁也。人畜有別，驅之柵籠，義也。螻蟻免噬，狐狸亦絕，義中之仁。長幼不混，勍敵亦均，仁中之義。「近身見損益」，直抉至理，以示宗文。

示獠奴阿段

山木蒼蒼落日曛，竹竿裊裊細泉分。郡人入夜爭餘瀝，稚子尋源獨不聞。四句取泉。病渴三更回白首，傳聲一注濕青雲。曾驚陶侃胡奴異，怪爾常穿虎豹群。以上贊「阿段」。

　　泉水夜生，落日斯往；竹竿所引，細泉攸分。泉分則知引水者不一人，而難免於爭。乃一郡之人，入夜而爭，但得餘瀝，何其昧昧！爾阿段猶稚子，尋源而往，悄然無聲，又何了了！我病渴三更，頻回白首；爾傳聲一注，忽下青雲。當尋源時，若不知病渴者急於須水；及傳聲後，方信獨不聞者妙於引泉。壯矣阿段！其尋源處，虎豹之群，不知幾回穿入。我常驚陶侃胡奴，有此異事。今日得爾，亦胡奴也。阿段勉旃！○開元末，陶峴省親南海，得奴，名摩訶，善遊山水。至西塞，泊舟佛舍，江水深黑，謂有怪物。投劍，命奴下取。久之，支體磔裂，浮於水上。公用陶侃胡奴，或者即此，蓋以陶侃比陶峴也〔註9〕。

〔註9〕《錢注杜詩》卷十四《示獠奴阿段》「胡奴」：
　　「陶侃胡奴」，未詳所出。舊引偽坡注，今削之。有人云見劉敬叔《異苑》。考之，仍是偽蘇注也。《異苑》是流俗刻本，或纂寫人勤入耳，不足援據。
　　《杜詩詳注》卷十五《示獠奴阿段》：
　　顧炎武曰：「子美久客四方，未必盡攜經史。一時用事，不免有誤。『陶侃胡奴』，蓋謂士行有胡奴，可比阿段。胡奴乃侃子範小字，非奴也。或曰當作陶峴胡奴，事見《甘澤謠》。」澤州陳冢宰廷敬曰：「陶侃奴見偽蘇注及劉敬叔《異苑》，薛夢符已辯其妄謬。然其事卒不知所出。舊有臆解陶侃或是陶峴。峴，彭澤之孫，浮遊江湖，與孟彥深、孟雲卿、焦遂共載，人號水仙。有崑崙奴，名摩訶，善泅水。後峴投劍西塞江水，命奴取，久之，奴支體磔裂，浮於水上。峴流涕迴櫂，賦詩自敍，不復遊江湖。峴既公同時人，其友又公之友，異事新聞，故公用之耳。陶奴入水，卒死蛟龍；公奴入山，宜防虎豹。事相類，侃、峴音相近。但峴事僻，人因改作侃也。」公嘗以時人姓名入詩，如李白雲卿之類。又傳寫訛謬，如「周顗」作「何顗」之類。此說或亦可存。
　　（清）朱亦棟《群書箚記》卷三《胡奴》：
　　杜少陵《示獠奴阿段》詩：「曾驚陶侃胡奴異，怪爾常穿虎豹群。」趙注：「薛夢符云：『《晉·陶侃傳》：家僮千餘。《世說》謂胡奴陶範小字。《侃別傳》曰：範，侃第十子也。可以見胡奴者，陶侃之子名。其於阿段，似無相

貽華陽柳少府

繫馬喬木間,問人野寺門。柳侯披衣笑,見我顏色溫。並坐石堂下,俛視大江奔。火雲洗月露,絕壁上朝暾。自非曉相訪,觸熱生病根。南方六七月,出入異中原。老少多暍死,汗踰水漿翻。俊才得之子,筋力不辭煩。以上訪少府。指揮當世車,話及戎馬存。涕淚濺我裳,悲風排帝閽。鬱陶抱長策,義仗知者論。六句美少府。吾衰臥江漢,但愧識璵璠。文章一小技,於道未為尊。起予幸斑白,因是托子孫。六句訪少府之故。俱客古信州,結廬依毀垣。相去四五里,徑微山葉繁。時危挹佳士,況免軍旅喧。醉從趙女舞,歌鼓秦人盆。子壯顧我傷,我歡兼淚痕。餘生如過鳥,故里今空村。以上客中情事。

　　高林古寺,柳侯寓焉。披衣一見,溫其如玉。因而共坐堂下,俯視江流。火雲赫然,月露初洗;絕壁峭立,朝暾忽升。我向曉相訪者,蓋由南方氣候異於中原,亭午觸熱,每虞暍死。而況愛子俊才,何辭煩苦哉!子抵掌時艱,涕流戎馬,悲憤所激,欲排帝閽。蓋將抒策救時,其如知己難得。知爾為璠璵者,獨我耳。我之知爾,何益於爾?乃爾之起予,更非一端。似子俊才,即我子孫,如僑玄之遇曹公,亦有托矣。今日同我客夔,衡宇雖鄰,山徑甚僻,所幸干戈不及,客邸歌呼。但子方壯年,長策坐困,應顧我而傷。我屆〔註10〕衰年,子孫為憂,亦對子而慟。餘生倏忽,故里丘墟,子悲去國,我痛無家矣。

干。』」按劉敬叔《異苑》:「陶侃家僮千餘人,嘗得胡奴,不喜言,嘗默坐。侃一日出郊,奴執鞭以隨。胡僧見而驚禮云:『此海山使者也。』侃異之,至夜,失奴所在。」杜蓋用此。

同卷《胡奴》:

杜少陵《示獠奴阿段》詩:「曾驚陶侃胡奴異,怪爾常穿虎豹群。」顧炎武曰:「『陶侃胡奴』,蓋謂士行有胡奴,可比阿段。胡奴乃侃子範小字,非奴也。或曰當作陶峴胡奴,事見《甘澤謠》。」陳廷敬曰:「陶侃奴見偽蘇注及《異苑》,薛夢符已辨其妄謬。然其事卒不知所出。舊有臆解陶侃或是陶峴。峴,彭澤之孫,浮遊江湖,與孟彥深、孟雲卿、焦遂共載,人號水仙。有崑崙,名磨訶,善泅水。後峴投劍西塞江,命奴取。久之,奴支體磔落裂,浮於江水上。峴流涕迴櫂,賦詩自序,不復遊江湖。峴既公同時人,其友又公之友,異事新聞,故公用之耳。侃峴音相近,但峴事僻,人因改作侃也。」按:「陶侃胡奴」事,以偽蘇注所引,故並《異苑》而疑之。然《異苑》不可信,袁郊《甘澤謠》獨可信乎?陶之子名胡奴,陶之童有胡奴,不必以此而疑彼也。

〔註10〕「屆」,底本誤作「届」。

峽中覽物

曾為掾吏趨三輔，憶在潼關詩興多。二句憶華州。巫峽忽如瞻華嶽，蜀江猶似見黃河。二句「峽中」。舟中得病移衾枕，洞口經春長薜蘿。二句「峽中覽物」之故。形勝有餘風土惡，幾時回首一高歌。結挽「詩興」。

憶我出華時，曾以公事趨三輔。爾時詩興，觸發於潼關，往來者何多也。今日華嶽何在？巫峽崔嵬，如瞻華嶽然。黃河何在？蜀江宛轉，如見黃河然。我自去秋伏枕雲安，今遷居白帝，舟中得病，洞口經春，衾枕空移，薜蘿又長。覽物於此，職是之故，然已無潼關詩興矣。蓋由峽江形勝，雖不甚劣，而地瘠民陋，風土難居。有日出峽，復歸中原，此時回首蜀中，發高歌以舒憤懣。往日「潼關詩興多」者，將復然也。

奉寄李十五秘書文嶷　二首

避暑雲安縣，秋風早下來。暫留魚復浦，同過楚王臺。四句「奉寄」之指。猿鳥千崖窄，承「魚復浦」。江湖萬里開。承「楚王臺」。竹枝歌未好，公自注：「《竹枝歌》，巴渝之遺音也。惟峽中人善唱。」畫舸且徘回。結挽「暫留」意。

雲安毒熱，避暑非宜。庶幾乘秋風，去雲安，早下來乎？即我今日居夔，不過暫留。將待秘書至，同謀出峽，以過楚王臺，直抵荊州耳。所以然者，魚復千崖，同群猿鳥；楚臺萬里，一望江湖。而況巴渝遺曲名《竹枝歌》者，本非好音。我之畫舸遲遲未去，夫豈愛聽此歌？亦待秘書之故。秋風不遠，日望之矣。

行李千金贈，衣冠八尺身。飛騰知有策，意度不無神。四句美其能「飛騰」。班秩兼通貴，公侯出異人。玄成負文采，世業豈沉淪。四句美其能述「世業」。

壯哉秘書！往應汧公聘，千金厚贈，八尺偉軀。似此行裝，具此氣宇，飛騰而起，豈徒然哉！知其別有策，而意度之間，自有神耳。秘書謂之通貴，宗室而秘書，是「班秩兼通貴」。公侯子孫，必復其始，通貴而復賢，是「公侯出異人」。漢韋玄成能修父業，復至相位。秘書即玄成，負此文采，重修世業，今日班秩，何足為貴。公侯異人，允矣異人哉！○按：公於「飛騰」二字，或主事業言，或王文章言。《守歲》曰「飛騰暮景斜」〔註11〕，事業也；《偶題》曰「前輩飛騰入」〔註12〕，文章也。《送崔漪》曰「飛騰急濟時」〔註13〕，事業也；寄高適曰「飛騰無那故人何」〔註14〕，

〔註11〕《杜詩闡》卷二《杜位宅守歲》。
〔註12〕《杜詩闡》卷二十三。
〔註13〕《杜詩闡》卷二十三《別崔漪因寄薛璩孟雲卿》。
〔註14〕《杜詩闡》卷十九《奉寄高常侍》。

兼文章事業。公安懷古曰「飛騰戰伐名」〔註15〕，亦事業。此曰「飛騰知有策」，謂其以八尺身往而有為，屬事業。此行將謁沔公，望其共濟時艱耳。顧《註》云：「『飛騰』二字言行李之速」，悮。

雷

大旱山嶽燋，密雲復無雨。南方瘴癘地，罹此農事苦。四句總也。封內必舞雩，峽中喧擊鼓。真龍竟寂寞，土梗空俯僂。吁嗟公私病，稅斂缺不補。故老仰面啼，瘡痍向誰訴。暴尪或前聞，鞭巫非稽古。以上救旱虛文。請先偃甲兵，處分聽人主。萬邦但各業，一物休盡取。水旱其數然，堯湯免親睹。上天鑠金石，群盜亂豺虎。二者存一端，忿陽不猶愈。以上救旱實事。昨宵殷其雷，風過齊萬弩。復吹霾曀散，虛覺神靈聚。氣喝腸胃融，污滋衣裳污。吾衰猶計拙，失望築場圃。八句言雷而無雨。

　　火雲爍石，亟望雨耳。密雲不雨，終無雨矣。況南方瘴癘，罹旱彌艱。瓊人歌舞祭神，率巫祈雨，鼓聲喧峽，而真龍不來，終何益矣。公私病，稅斂缺，瘡痍仰面，告訴向誰。既舞雩，擊鼓而徒然，遂暴尪鞭巫之並舉。豈知魯僖之說無當，神農之書竟誣。計惟務修省以格天心耳。一銷兵，解藩鎮之甲，悉聽處分；一減賦，罷繭絲之政，盡復本業。能若是，雖水旱之數，時或有之，乃堯、湯之聖，庶免親睹。不然，兵不偃，征益橫，勢必民胥為盜，因而金石鑠於上，豺虎亂於下，二者相校，反覺亢旱為愈也。昨宵雷作，庶幾雨徵。乃風發如弩，復吹雲散，是神靈虛聚，雨澤終慳。年衰計拙，場圃失望，亦奈之何！

火 公自注：「楚俗，大旱則焚山擊鼓，有合神農書。」

楚山經月火，大旱則斯舉。舊俗燒蛟龍，驚惶致雷雨。四句楚俗。爆嵌魈魅泣，崩凍嵐陰旿。羅落沸百泓，根源皆萬古。青林一灰燼，雲氣無處所。以上火於日。入夜殊赫然，新秋照牛女。風吹巨燄作，河掉騰煙柱。勢欲焚崑崙，光彌燉洲渚。腥至焦長蛇，聲吼纏猛虎。神物已高飛，不見石與土。以上火於夜。爾寧要謗讟，憑此近熒侮。薄關長吏憂，甚昧至精主。四句責辭。遠遷誰撲滅，將恐及環堵。流汗臥江亭，更深氣如縷。四句自敘。

〔註15〕《杜詩闡》卷三十一《公安縣懷古》。

焚山之火經月者，以大旱舉此燒蛟龍也。夫致旱有由，蛟龍何罪？蓋將驚惶之，以致雷雨。此舊俗之可嗤者。其火自日已舉，嵌為爆，即魑魅之族亦泣；凍為崩，并陰嵐之處有光。火焚山木，周圍傾落，百泓鼎沸，何論木根泉源為萬古物也。況雲氣以青林為處所，青林灰燼，雲氣何依？至於入夜，赫然更甚。其熖上燭，直照牛女之墟；其勢下騰，至耀長河之掉。崑崙之高怖其烈，洲渚之遠迷其光。聞腥氣，知長蛇焦矣；聽吼聲，知猛虎纏矣。所以然者，本欲威蛟龍之神物，使之興雨，豈知神物一去，雷雨終絕望哉！石燋土盡，此舉徒要謗讟，燄侮甚矣。夫大旱亦關長吏之憂，焚山則昧至精之理。蓋長吏蒞斯土以牧民，豈無精誠可感上蒼？乃妄循舊俗，為此焚山之舉，自貽伊戚。不務修德，惟山是焚，亦甚昧至精之理也。撲滅既難，必侵環堵。旅人處此，焚次堪憂。此時流汗江亭，生理幾希如縷耳。火之自日直至宵深有如此。○「薄關」二字，蔡氏曰：「薄近郊關」〔註16〕，未合詩。因下句有「甚」字，故上句用「薄」字。如《毛詩》「薄汙」、「薄澣」、「薄言」一例。長吏徒務此舉，於憂民亦薄乎云爾，諷之也。

熱　三首

雷霆空霹靂，雲雨竟虛無。炎赫衣流汗，低垂氣不蘇。四句寫「熱」。乞為寒水玉，願作冷秋菰。何似兒童歲，風涼出舞雩。四句解「熱」。

雷動則雨作，「空霹靂」則無望矣。炎赫彌甚，何以為生計，惟寒水玉，我乞為之；又惟冷秋菰，我願作此。然不可得，惟有舞雩之風，可乘涼耳。自傷年老，何能尚作兒童，追風涼，出舞雩也？○為寒玉、作秋菰，公欲以身化物，亦即《萇楚》「樂子」意〔註17〕。

瘴雲終不滅，瀘水復西來。開戶人高臥，歸林鳥卻回。峽中都似火，江上只聞雷。六句寫「熱」。想見陰宮雪，風門颯沓開。二句追想。

熱甚矣，庶幾瘴雲滅，乃終不滅。猶望瀘水遠，乃復西來，人物不胥困哉！峽中都火，無地可逃；江上空雷，無雨可解。庶幾陰宮對雪處，風來颯踏，可以追涼。然不可得，想像而已。

朱李沉不冷，雕胡炊屢新。將衰骨盡痛，被褐味空頻。四句寫「熱」。欻翕炎蒸景，飄颻戰伐人。十年可解甲，為爾一霑巾。四句時事。

〔註16〕《杜工部草堂詩箋》卷二十八《火》：「『薄關』，近及郊關。」
〔註17〕《詩經・檜風・隰有萇楚》：
　　隰有萇楚，猗儺其枝，夭之沃沃，樂子之無知。隰有萇楚，猗儺其華，夭之沃沃。樂子之無家。隰有萇楚，猗儺其實，夭之沃沃。樂子之無室。

沉李取冷，不冷，沉亦何益。炊食療饑，不能食，則屢炊屢新。將衰之人，肌骨如蒸，一經被喝，焉能知味？故雖有朱李、雕胡，空自頻頻進耳。夫炎蒸之景，旅客難堪；況征伐之人，甲冑不釋。回首戰士，飄颻風塵，十易寒暑，當此炎赫，何以堪此！

七月一日題終明府水樓　二首

高棟層軒已自涼，秋風此日灑衣裳。翛然欲下山陰雪，不去非無漢署香。絕壁過雲開錦繡，疎松隔水奏笙簧。六句「題水樓」。看君宜著王喬履，真賜還疑出上方。公自注：「終明府，功曹也，兼攝奉節令。」〇二句「贈明府」。

炎餘到此，高棟層軒，已是清涼境界。況七月一日，暑退火流，以涼地值秋風，疑下山陰雪也。吾曾為員外郎，豈曰「無漢署香」？誠知漢署香不如水樓雪耳。況絕壁過雲，如開錦繡；疎松隔水，若奏笙簧。水樓如此。明府雖係攝，今其風流，何異王喬？是王喬之舄，不難真躡。行見出尚方，賜明府，明府得長有此水樓，老翁將終辭漢署而遊此哉！

宓子彈琴邑宰日，終軍棄繻英妙時。承家節操尚不泯，為政風流今在茲。四句「終明府」。可憐賓客盡傾蓋，何處老翁來賦詩。楚江巫峽半雲雨，清簟疎簾看奕碁。四句會於水樓。

明府不獨王喬，直宓子也，且為終軍後人。「終軍棄繻」，正當英妙。今明府仰承家風，節操不泯，況為政風流，又如宓子，古人何多讓焉！此時滿樓賓客，皆係傾蓋之交；賦詩老翁，自笑何方之客。遙見楚江巫峽，半雲半雨，陳清簟，掛疎簾，眾賓客或奕碁為樂。我賦詩之餘，聊為寓目。一時水樓，明府彈琴，賓客奕碁，老翁賦詩，風流大雅，足千古矣。

七月三日亭午已後校熱退晚加小涼穩睡有詩因論壯年樂事戲呈元二十曹長

今茲商用事，餘熱亦已末。衰年旅炎方，生意從此活。亭午減汗流，北鄰耐人聒。以上「熱退小涼」。晚風爽烏匼，筋力蘇摧折。閉目踰十旬，大江不止渴。退藏恨雨師，健步聞旱魃。園蔬抱金石，無以供採掇。密雲雖聚散，徂暑終衰歇。八句追言。前聖慎焚巫，武王親救喝。陰陽相主客，時序遞迴斡。灑落惟清秋，昏霾一空闊。蕭蕭紫塞雁，南向欲成列。八句應「七月三日」。歘思紅顏日，霜露凍堦闥。胡馬挾雕弓，

鳴弦不虛發。長鈚逐狡兔，突羽當滿月。六句「因論少年樂事」。惆悵白頭吟，蕭條遊俠窟。臨軒望山閣，縹緲安可越。四句感今。高人鍊丹砂，未念將朽骨。少壯跡頗疎，歡樂曾倏忽。扶策風塵際，老醜難翦拂。我子得神仙，本是池中物。賤夫羨一睡，煩促嬰詞筆。結帶「睡穩有詩」意。

　　七月商金用事，餘熱已休，老人生矣。熱退則汗減，睡穩則喧息，烏巾可戴，筋骨亦蘇。猶憶前此大暑時，十旬閉目，大江鼎沸。雨師潛遯，旱魃橫行。園蔬盡燋，密雲不雨。方謂暑無退日，至今終衰歇也。前聖知其然，不行焚巫之術，但有救暍之方。誠知陰陽為主客而相因，時序有回斡而遞禪。果然灑落清秋，昏霾頓豁；塞外紫雁，忽已南翔。此塞雁成行之日，止高秋射獵之時。吾於少年，亦嘗從事。追維舊遊，青霜初降，身跨鞍馬，手按雕弓，矢發而烏落雲中，鈚揮而兔無堅窟。惜乎紅顏不再，頭顱忽白。往年遊俠之處，已成蕭條之墟。臨軒瞻望，即欲再過射獵之場，亦復誰能飛越哉？元二十既鍊延年之砂，不念將朽之骨，豈我少壯疎狂，歡樂已往；窮途老醜，不堪翦拂乎？我子已得神伯之術，池中蛟龍，特須雲雨。賤夫但貪暑退涼生，一睡甘美，捉筆題詩，以呈曹長。曹長以為何如？○壯年樂事一段，即公《壯遊》篇中所云「放蕩齊趙間，裘馬頗清狂。呼鷹皂櫪林，逐獸雲雪崗」〔註18〕時事。

牽牛織女

牽牛出河西，織女處其東。萬古永相望，七夕誰見同。神光竟難候，此事終朦朧。颯然精靈合，何必秋遂通。以上辨其誣。亭亭新妝立，龍駕具層空。世人亦為爾，祈請走兒童。稱家隨豐儉，白屋達王宮。膳夫翊堂殿，鳴玉淒房櫳。曝衣遍天下，曳月揚微風。蛛絲小人態，曲綴瓜果中。初筵裛重露，日出甘所終。以上敘七夕之陋俗。嗟汝未嫁女，秉心鬱衝衝。防身動如律，竭力機杼中。雖無舅姑事，敢昧織作功。明明君臣契，咫尺或未容。義無棄禮法，恩始夫婦恭。小大有佳期，戒之在至公。方圓苟齟齬，丈夫多英雄。以上正議。

　　此諷倖進者。　俗傳牛女，未知有無。就二宿言，一西一東，萬古如斯，誰見其至七夕而會晤也？況神光難候，渡河之說，終屬渺茫。借曰有之，亦其精靈偶感，何必定在七夕？昧者不察，若見其新妝已亭亭立矣，其龍駕已層空具矣。為此祈請，走盡兒童，無論貴賤之家、貧富之室，具膳設祭，鳴玉趨蹌，晝則曝衣日中，夜則乘風

〔註18〕《杜詩闡》卷二十三。

月下，取蛛卜巧，列果陳情，筵秩露初，事畢日出，若真有此私期之事者。不知此特淫奔失節，托牛女以自便其私。爾未嫁之女，尚無然哉？秉心則宜無邪，防身則當如律。竭力機杼，何必乞空中之絲？終事舅姑，且自盡女紅之職。即君臣之義，亦猶是也。咫尺未通，莫希巷遇；禮義自矢，亦同守貞。所以然者，君臣夫婦，雖分大小；泰交昏媾，各有佳期。須秉公以絕私，毋詭隨而苟合。苟方圓之際，稍有齟齬，即屬狗情，便非天作。在女子枉自衒媒，彼丈夫英雄有拂然者，此貿絲棄乘垣之婦，終南貽捷經之羞也。

毒熱簡寄崔評事十六弟

大火運金氣，荊揚不知秋。林下有塌翼，水中無行舟。千室但掃地，閉關人事休。老夫轉不樂，旅次兼百憂。蝮蛇暮偃蹇，空牀難暗投。炎宵惡明燭，況乃懷舊丘。**以上「毒熱」。** 開襟仰內弟，執熱露白頭。束帶負芒刺，接居成阻修。何當清霜飛，會子臨江樓。載聞大易義，諷詠詩家流。蘊藉異時輩，檢身非苟求。皇皇使臣體，信是德業優。楚材擇梓杞，漢苑歸驊騮。短章達我心，理為識者籌。**以上「簡寄」之意。**

　　夒居極南，雖秋猶熱，故林鳥不飛，行舟絕跡。宜乎千室掃地，萬事都休。老夫百憂，一時交集，懼蝮蛇則不能暗投，畏炎宵則又惡明燭。只此一端，明暗兩困。故鄉縈懷，更無論已。幸而內弟使夒，無奈秋炎，見困咫尺，阻修屈指。江樓晤期，當在清霜初降，而況評事嫻《易》義，稱《詩》家，蘊藉過人，檢身不及。為使臣而有體，論德業而兼優，是真楚杞梓、漢驊騮也。擇人而出，不愧楚材；畢使而旋，原歸漢苑。短章先達，此中妙理，會當與評事細籌耳。

雨　三首

峽雲行清曉，煙霧相徘回。風吹蒼江去，雨灑石壁來。淒淒生餘寒，殷殷兼出雷。白谷變氣候，朱炎安在哉？高鳥濕不下，居人門不開。**以上雨景。** 楚宮久已滅，幽佩為誰哀。侍臣書王夢，賦有冠古才。冥冥翠龍駕，多自巫山臺。**以上因雨有懷軼事。**

　　峽雲度曉，煙霧乘之，是秋涼之候。因而颯颯之風，纔從蒼江吹去；蕭蕭之雨，便從石壁灑來。雨來而寒生，寒生而雷又動，此時氣候，已失朱炎。高鳥藏，居人潛，蕭條如此。當年何以有陽臺之事？見今楚宮，荒廢已久；此日幽佩，為誰而哀？只因襄王有夢，述之宋玉；宋玉多才，為王作諷。一若真有陽臺雲雨之事。至今尚疑翠龍之駕，冥冥自陽臺來也。

青山澹無姿，白露誰能數。片片水上雲，蕭蕭沙中雨。四句「雨」。殊俗狀巢居，曾臺俯風渚。佳客適萬里，沉思情延佇。掛帆遠色外，驚浪滿吳楚。久陰蛟螭出，寇盜復幾許。以上懷人。

秋山黯黯，澹無色也；秋露團團，多難數也。秋雲生於水，而若斷若續，何片片也；秋雨落於沙中，一聲兩聲，何蕭蕭也！此時峽人架木，居類乎巢；而巫山一帶，層臺又俯風渚焉。因於雨中，憑高眺遠。念我故人，此時帆飛天外，浪湧舟前。而況久陰之後，蛟螭復出，江湖萬里，寇盜縱橫。故人此行，果安穩無恙否？

空山中宵陰，微冷先枕席。回風起清曉，萬象萋以碧。落落出岫雲，渾渾倚天石。日假何道行，雨含長江白。以上「雨」。連檣荊州船，有士荷戈戟。南防草鎮慘，霑濕赴行役。群盜下辟山，總戎備強敵。水深雲光廓，鳴艣各有適。以上因雨念戍人。漁艇息悠悠，夷歌負樵客。留滯一老翁，書時記朝夕。四句自歎。

空山之雨，中宵又陰。冷氣潛生，先到枕席。乃曉風復發，起看萬象，莫不萋萋然。中微寒，凝碧色也。雲當曉而出岫，落落然似密似疏；石當曉而倚天，渾渾然若見若隱。彼日或行黃道，或行赤道，雨則受蔽，不知假何道而行。但見雨勢連江，一片皆白。彼長江之上，連檣下者，是何處船？乃荊州船也。船中載者，為何等人？是荷戈士也。所備何寇？蓋南防草鎮，奉總戎之令，不惜沾濕而赴也。此時群盜，已下辟山；嗟爾總戎，方備強敵。更見水雲之處，其他鳴艣過者，亦各有所適，總不如漁樵為自得耳。自傷留滯，此志未遂。捉筆書時，庶不失《春秋》之義云。

卷二十三

夔州詩_{大曆元年}

種萵苣_{有序}

既雨，已秋，堂下理小畦，隔種一兩席萵苣。向二旬矣，而苣不早坼，獨野莧青青。傷時君子，或晚得微祿，轗軻不進，因作此詩。

陰陽一錯亂，驕蹇不復理。枯旱於其中，炎方慘如燬。植物半蹉跎，嘉生將已矣。_{以上言旱。}雲霞忽奔命，師伯集所使。指揮赤白日，濆洞青光起。雨聲先已風，散足盡西靡。山泉落滄江，霹靂猶在耳。終朝紆颭沓，信宿罷瀟灑。_{以上「既雨，已秋」。}堂下可以畦，呼童對經始。苣兮蔬之常，隨事萩其子。破塊數席間，荷鋤功乃止。_{以上理畦種苣。}兩旬不甲坼，空惜埋泥滓。野莧迷汝來，宗生實於此。此輩豈無秋，亦蒙霜露委。翻然出地速，滋蔓戶庭毀。_{以上「苣不甲坼，野莧青青」。}因知邪干正，掩抑至沒齒。賢良雖得祿，守道不封己。_{以上「傷時君子，轗軻不進」。}擁塞敗芝蘭，眾多盛荊杞。中園陷蕭艾，老圃永為恥。登於白玉盤，藉以如霞綺。莧也無所施，何顏入筐筥。_{八句言野莧不足取。}

　　凡物感二氣而生，氣一錯亂，驕蹇難治。莫如枯旱，況南方氣炎，又如燬哉！因而植物蹉跎，嘉生將盡。猶幸入秋，雲光與霞氣交蒸，雨師與風伯皆集，赤日退，青光生。先之以風，散雨使布；繼之以雨，隨風而來。既雨矣，對堂開畦，呼童經始。苣本常蔬，其子易萩。地止數席，為功不繁。蓋速望其甲坼也。如何二旬不坼，泥滓

空埋，得毋野莧叢生，實逼處此？夫隕霜殺草，是為秋令。莧猶草耳，豈獨無秋？願使出地反速，滋蔓難圖，以致毀壞我門庭。因知邪能幹正，苣之不生，莧實妨之。在賢人守道，封植何心；彼小人遭時，妨賢病國。宜乎苣不甲坼，莧獨叢生。豈獨苣也，芝蘭亦為其掩抑。雖曰莧也，荊杞亦不過如斯，勢必中園之內，盡為蕭艾。所可媿者，老圃何地，令若屬逼處，爭此土耶？有一日捧玉盤，設霞綺，我知所登者必非野莧。莧亦焉用彼為？縱僥倖入筐筐，亦何顏堪此。莧終不足取也。○苣本常蔬，公有取爾者，甚莧之不足錄也。《易‧夬》：「九五：莧陸夬夬。」莧陸感陰氣生，終不可長。故上六即曰「無號，終有凶」。此詩大指，為任用元載輩而發。此即《猗蘭操》中「齊麥之茂，齊麥之有。君子之傷，君子之守」〔註1〕意。

晚晴

晚照斜初徹，浮雲薄未歸。江虹明遠飲，峽雨落餘飛。四句「晚晴」之景。**鳧鶴終高去，熊羆覺自肥。秋分客尚在，竹露夕微微。**四句「晚晴」之感。

　　夕陽在山，雨後初徹，特浮雲一帶，薄者未歸耳。虹影垂江，有似乎飲；峽中積雨，尚有餘飛。晚晴之景如此。料想鳧鶴在渚，終當高去；祇有熊羆在山，覺得自肥。我圖出峽，秋分尚在；對此夕露，留滯何堪哉！○「鳧鶴」，君子。「熊羆」，小人。

宿江邊閣

　　江邊閣即西閣。公《西閣》詩有「層軒俯江壁」〔註2〕句。

暝色延山徑，高齋次水門。二句「江邊閣」。**薄雲巖際宿，孤月浪中翻。**二句「江閣」之景。**鸛鶴追飛盡，豺狼得食喧。不眠憂戰伐，無力正乾坤。**四句「宿閣」之感。

　　日之久矣，直延山徑。有山徑即有水門，江閣即當其間。歸巖際者，云何薄；翻浪中者，月正孤。閣景如此。遙想此時，兵如鸛鶴，奔竄靡遺；賊似豺狼，橫行無忌。我雖宿閣，亦不眠，憂戰伐耳。戰伐以正乾坤，自傷年老，不能撥亂。有其心，無其力，亦奈之何！○當時吐蕃內訌，節鎮抗命，乾坤不正甚矣！王縉、元載輩日事飯僧佞佛，寇至，講《仁王經》以禳之。戰伐之事，有難言者。崔旰之亂，朝廷務為調停。杜鴻漸反以節制讓之，命討廢矣。乾坤安在？宜公悵然罷寐耳。「追飛盡」，兵竭也。「得食喧」，齎盜糧也。

〔註1〕《昌黎先生文集》卷一《猗蘭操》，「齊」作「薺」。
〔註2〕《杜詩闡》卷二十四《西閣二首》之一。

白鹽山

卓立群峰外，蟠根積水邊。他皆任厚地，爾獨近高天。承「卓立」。白牓千家邑，清秋萬估船。承「蟠根」。詞人取佳句，刻畫竟誰傳。借刻畫無鹽結。

此白鹽山，其高迥出群峰，其大盤旋積水。惟卓立峰外，故他山任地；不過坡坻；爾勢近天，獨依日月。惟蟠根水邊，故白牓之旁，邑聚千家；清秋之日，船集萬估。不任地，獨近天，有親上之志；既千家，復萬估，為四方之維。高大如此，亦何取佳句，煩人刻畫？況詞人佳句，從無傳者，白鹽高大，真出意表哉！

灩澦堆

巨石水中央，江寒出水長。沉牛答雲雨，如馬戒舟航。天意存傾覆，申「如馬」句。神功接混茫。申「沉牛」句。干戈連解纜，行止憶垂堂。二句自警。

峽口巨石為灩澦堆，夏水漲，其石半沒；冬水淺，其石出水。今日秋深，江寒水落，石出長矣。有時歲旱禱雨，則沉牛於此，而答雲雨，其利固多。有時水漲下峽，則如馬在前，而駭舟航，為害不小。戒舟航者，慮傾覆也。天意欲使傾覆者存，故立石示戒。至於興雲致雨，其神功直接混茫，宜乎沉牛答之。我處此兵危，又兼舟險，自歎非千金之子，坐戒垂堂。睹此堆也，從此一行一止，尚稟垂堂之戒哉！

瞿堂懷古

西南萬壑注，勍敵兩崖開。地與山根裂，江從月窟來。四句「瞿唐」。削成當白帝，空曲隱陽臺。疏鑿功雖美，鈞陶力大哉！四句「懷古」。

萬壑之水，皆奔一處；兩崖之際，但開一門。以兩崖一門，當西南萬壑，非勍敵而何！此兩崖所開，地應與山根俱裂；此萬壑所注，江疑從月窟遠來。古有白帝，此削成處，適當其險；古有陽臺，此空曲中，隱見其高。「削成」、「空曲」者，神禹疏鑿為之也。疏鑿之功，固由人力；鈞陶之大，原賴天工。禹固不有其功，天亦寧尸其德哉！

陪柏小丞觀宴將士 　二首

極樂三軍士，誰知百戰場。二句領至末。無私齊綺饌，久坐密金章。醉客霑鸚鵡，佳人指鳳凰。幾時來翠節，特地引紅妝。

宴以樂將士，中丞宴將士，極樂矣！亦誰知今日極樂之宴，原由當年百戰之功，

極樂何如？中丞與將士同甘苦，無私而綺饌不殊；中丞與將士忘形骸，久坐而金章漸密。以觀醉客，杯霑鸚鵡，而盤餐狼籍；以觀佳人，簫指鳳皇，而歌曲繞梁。夫中丞有百戰功，今日固宴將士以為樂，尤望天子念其前功，遣使下臨，頒詔行賞。此時中丞，以天子寵命，特引紅妝，載宴將士，但不知幾時下臨耳。

繡段妝簷額，金花帖鼓腰。一夫先舞劍，百戲後歌樵。四句「宴」。**江樹城孤遠，雲臺使寂寥。漢朝頻選將，應拜霍嫖姚。**四句「陪宴」所感。

中丞宴士，「妝簷額」者，繡段為彩；「帖鼓腰」者，金花為飾。麗矣！盛矣！額裝繡段者，將待舞也，一夫先登，如效鴻門之舞劍；鼓帖金花者，將按歌也，百戲後陳，或唱夔峽之庶歌。歌舞盛矣！所可歎者，江樹蕭條，夔城孤寄；雲臺阻隔，漢使不來。朝廷選將，當築韓信之壇；元帥投閒，未奉嫖姚之命。信乎百戰之功，其誰知之！其誰知之！

奉漢中王手札報韋侍御蕭尊師亡

秋日蕭韋逝，淮王報峽中。二句已盡題面。**少年疑柱史，多術怪仙公。不但時人惜，祇應我道窮。**四句哭其亡。**一哀侵疾病，相識自兒童。處處鄰家笛，飄飄客子蓬。強吟懷舊賦，已作白頭翁。**六句兼自傷。

蕭韋凶問，得自漢中王手札也。夫生亦常事，所可疑者，老子為柱下史而多壽，韋方少年，不應早逝。尤可怪者，仙公能延年而不死，蕭既多術，何以亦亡？少年亦逝，老者可知；多術而亡，無術者可知。兩公之逝，不但時人共惜，直是吾道將窮耳。我聞訃一哀，頓侵疾病。由兩公相識，昔自兒童。地異山陽，到處聞鄰人之笛；詩悲曹植，隨風飄客子之蓬。所由潘岳懷舊之賦，不堪再吟；亦豈能如子桓所云，「已成老翁，但未白頭」〔註3〕也。

覽鏡呈柏中丞

渭水流關內，終南在日邊。膽消豺虎窟，淚入犬羊天。起晚堪從事，行遲更覺仙。六句虛寫「覽鏡呈柏」之故。**鏡中衰謝色，萬一故人憐。**二句題面。

長安有渭水，有終南。我本渭水終南人，乃不能歸關內，於寇盜之窟，幾度膽消；不能到日邊，對烏蠻之天，淒然淚入。彼作吏者，須早起。已似嵇叔夜之晚起，豈堪從事！彼為仙者，必輕舉。豈如薊子訓之遲行，乃更學仙？夫「膽消」、「淚入」，

〔註3〕《文選》卷四十二曹丕《與吳質書》。

我之形容，可知憔悴；「起晚」、「行遲」，我之精神，可知全減。宜乎鏡中之色，頓覺衰謝。此衰謝色，鏡知之耳，敢望人憐？亦「萬一故人憐」而已。故人何人？中丞是也。

聽楊氏歌

佳人絕代歌，獨立發皓齒。滿堂慘不樂，響下清虛裏。江城帶素月，況乃清夜起。老夫悲暮年，壯士淚如水。玉杯久寂寞，金管迷宮徵。勿云聽者疲，智愚心盡死。以上「聽楊氏歌」。古來傑出士，豈待一知己。二句託感。吾聞昔秦青，傾側天下耳。借秦青結。

　　絕代之歌，曲高和寡，亦獨立自發皓齒耳。獨立一歌，滿堂之人皆為不樂，蓋由此歌縹緲，疑下青虛。當此良宵，又值皓月，乃益佳耳。滿堂何人？有老者，有壯者；有智者，有愚者。此時莫不停玉觴，迷金管，聽者疲而心盡死，「滿堂慘不樂」者如此。彼楊氏一女耳，其歌能使一堂中老者、壯者、智者、愚者莫不傷心動魄。況古來傑士，豈必決得失於一夫之目哉？今之楊氏，即古秦青。秦青撫節悲歌，響遏行雲，聲振林木，使天下人莫不傾耳，亦若是而已。○昔虞仲翔自云：「得一知己，可以不恨。」公言「豈待一知己」，蓋反之也。

秋日夔府詠懷奉寄鄭監審李賓客之芳一百韻

絕塞烏蠻北，孤城白帝邊。飄零仍百里，消渴已三年。雄劍鳴開匣，群書繫滿船。亂離心不展，衰謝日蕭然。筋力妻孥問，菁華歲月遷。登臨多物色，陶冶賴詩篇。以上作冒，檃括全篇。峽束滄江起，巖排古樹圓。拂雲埋楚氣，朝海蹴吳天。煮井為鹽速，燒畬度地偏。有時驚疊嶂，何處覓平川。灘鷙雙雙舞，獼猴壘壘懸。碧蘿長似帶，錦石小如錢。春草何曾歇，寒花亦可憐。獵人吹戍火，野店引山泉。以上敘夔之山川人物。喚起搔頭急，扶行幾屐穿。兩京猶薄產，四海絕隨肩。幕府初交辟，郎官幸備員。瓜時猶旅寓，萍泛若鷗緣。藥餌虛狼籍，秋風掃浮煙。開襟驅瘴癘，明目掃雲煙。高宴諸侯禮，佳人上客前。哀箏傷老大，華屋豔神仙。南內開元曲，當時弟子傳。法歌聲變轉，滿坐涕潺湲。公自注：「都督柏中丞筵開，梨園弟子李仙奴歌。」○以上二十句見身羈夔府之意。弔影夔州僻，腸廻杜曲煎。二句承上起下。即今龍廄水，公自注：「西京龍廄門，苑馬門也。渭水流苑門內。」莫帶犬戎羶。耿賈扶王室，蕭曹拱御筵。秉威滅蜂蠆，勠力效鷹鸇。舊物森猶在，凶徒惡未悛。

國須行戰伐，人憶止戈鋋。奴僕何知禮，恩榮錯與權。胡星一彗孛，黔首遂拘攣。哀痛絲綸切，煩苛法令蠲。業成陳始王，兆喜出於畋。宮禁經綸密，臺階翼戴全。熊羆載呂望，鴻雁美周宣。以上追敘肅、代兩朝中興之業。側聽中興主，長吟不世賢。二句承上起下。音徽一柱數，道里下牢千。公自注：「鄭在江陵，李在夷陵。」鄭李光時論，文章竝我先。陰何尚清省，沈宋欻聯翩。律比崑崙竹，音知燥濕絃。風流俱善價，恰當久忘筌。置驛常如此，登龍蓋有焉。雖云隔禮數，不敢墜周旋。高視收人表，虛心味道玄。馬來皆污血，鶴唳必青田。羽翼商山起，蓬萊漢閣連。管寧紗帽淨，江令錦袍鮮。東郡時題壁，南湖日扣舷。遠遊臨絕境，佳句染華牋。以上敘述鄭監、李賓客。每欲孤飛去，徒為百慮牽。二句承上起下。生涯已寥落，國步尚迍邅。衾枕成蕪沒，池塘作棄捐。公自注：「卜築遣懷，因遭亂離，故寢處宴安之地皆蕪沒棄捐也。」別離憂怛怛，伏臘涕漣漣。露菊斑豐鎬，秋蔬影澗瀍。共誰論昔事，幾處有新阡。富貴空回首，喧爭嬾著鞭。兵戈塵漠漠，江漢月娟娟。局促看秋燕，蕭疏聽晚蟬。雕蟲蒙記憶，烹鯉問沉緜。卜羨君平杖，偷存子敬氈。囊虛把釵釧，米盡坼花鈿。甘子陰涼葉，茅齋八九椽。陣圖沙岸北，市暨瀼西巔。公自注：「『市暨』，夔人語也。市井泊船處，謂之市暨。江水橫通山谷處，居人謂之瀼。」羈絆心嘗折，棲遲痛即痊。紫收岷嶺芋，白種陸池蓮。色好梨勝頰，穰多栗過拳。敕廚惟一味，求飽或三鱣。兒去看魚笱，人來坐馬韉。縛柴門窄窄，通竹溜涓涓。塹抵公畦稜，村依野廟壖。缺籬將棘拒，倒石賴藤纏。借問頻朝謁，何如穩晝眠。誰雲行不逮，自覺坐能堅。霧雨銀章澀，馨香粉署妍。紫鸞無近遠，黃雀任翩躚。以上敘還「秋日夔府」四字。困學違從眾，明公各勉旃。二句承上起下。聲華夾宸極，早晚到星躔。懇諫留匡鼎，諸儒引服虔。不過輪鯁直，會是正陶甄。宵旰憂虞軫，黎元疾苦駢。雲臺終日畫，青簡為誰編。十句正明「各勉旃」意。行路難何有，招尋興已專。由來具飛楫，暫擬控鳴弦。身許雙峰寺，門求七祖禪。落帆追宿昔，衣褐向真詮。安石名高晉，公自注：「鄭高簡有太傅之遺風。」昭王客赴燕。公自注：「李宗親有燕昭之美。燕，周之裔也。」途中非阮籍，查上似張騫。披拂雲寧在，淹留景不延。風期終破浪，水怪莫飛涎。他日辭神女，傷春怯杜鵑。滄交隨聚散，澤國繞迴旋。本自依迦葉，何曾藉偓佺。鑪峰生

轉眄，橘井尚高褰。東走窮歸鶴，南征盡跕鳶。晚聞多妙教，卒踐塞前愆。顧愷丹青列，頭陀琬琰鐫。眾香深黯黯，幾地肅芊芊。勇猛為心極，清羸任體孱。金篦空刮膜，鏡象未離銓。以上自敘，終期出峽，是「詠懷」大指。

夔府孤城，僻在烏蠻北，白帝邊。我由雲安遷此，路纔百里，病已三年。雖匣劍常鳴，雄心還在，乃書船空繫，出峽無期。蓋因世既亂離，年復衰謝，故有懷不遂，興復蕭然也。妻孥而外，筋力誰知；歲月云徂，菁華早竭。所自遣者，惟有物色詩篇耳。試言夔之山川、人民、土物、風俗。峽束江而峻起，巖排樹而孤懸。所排之樹，拂雲而楚氣俱來；所束之江，朝海而吳天共湧。其山川如此。夔民煮鹽為生，復燒畬插種。夔地鑿石為峽，故多險少平。以言鳥，舞水之鸂鷘雙雙；以言獸，懸木之獼猴箇箇。巖際垂蘿，長如絲帶；江邊堆石，小若青錢。夔土暖，草非春亦綠，花迎寒亦紅也。夔俗殊，向戌人而乞火，引竹竿而注泉也。其人民、土物、風俗如此。我客夔以來，惟知高臥，喚起不過搔頭；有興尋遊，扶行幾回穿屐。所以然者，想兩京之田園猶在，歸計未能；傷四海之兄弟何人，獨行堪憫。雖遊幕府，幸備臺郎，乃已及瓜期，未還朝署，亦終成萍泛。何意夤緣，藥餌之加減徒然，秋風之瀟灑可念，聊開襟而驅瘴癘，得明目以掃雲煙而已。偶遇中丞，時逢高宴；媿非上客，忽近佳人。哀箏奏而老大堪傷，華屋是而神仙空豔。追維南內，歲在開元，法曲授於梨園，清歌傳於弟子。沿流既久，音律多訛；忽聽仙奴之歌，雖多變徵；言念上皇之教，輒復沾巾。所以影弔夔州而彌僻，腸回杜曲而愈煎也。我之「腸回杜曲」者，不獨故國舊君之感，亦新主中興足繫懷耳。前此安史作亂，龍廄之水，曾染腥羶；未幾肅宗恢復，清渭之流，依然如帶。光弼、思禮，耿、賈流也，扶王室而再造；張鎬、房琯，蕭、曹侶也，拱御筵而胥匡。俱能秉威滅蜂蠆之凶，勠力効鷹鸇之節。然舊物雖復，凶徒未悛，尚非歸馬之時，便作止戈之計。於是河北之抗命日甚，吐蕃之脩好靡益。元振奴僕，錯與大權。將士解心，外夷入寇；胡星一孛，黔首為災。遂使駕復蒙塵。幸而還京不日，改元罪己，頒哀痛之詔；停止稅法，蠲煩苛之征。「業成」而「陳始王」，如七月之陳公劉，顏真卿欲復貞觀是也；「兆喜」而「出於畎」，如後車之載呂尚，郭子儀留守西京是也。「陳始王」則經綸密而鴻雁有歌，「出於畎」則翊載全而熊羆有佐。側聽中興之主，不禁傾心；長吟不世之賢，能無引領！不世之賢何人？兩公是也。兩公之賢，使我長吟不置者，以鄭在江陵一柱觀頭，音徽數至也；以李在夷陵下牢關上，道里幾千也。據時論則皆推兩公，比文章則我獨居後。陰、何、沈、宋，與之比肩。截竹揮絃，調其音律。其琢句風流也，皆善價所求；其使事愜當也，亦忘筌已久。且鄭能好

客，有鄭莊置驛之風；李更下賢，有李膺登龍之望。禮數雖殊貴賤，朋友豈失周旋。既已高視人群，猶然虛心味道。宜乎收之門下者，馬皆汗血；入其網羅者，鶴必青田哉！李官賓客，商山之羽翼已成；鄭拜秘書，蓬萊之妙選不媿。是管、寧無志仕宦，而紗帽則淨矣；江令受賜皇儲，而錦袍彌鮮矣。今者二公閒散，退老優游。李也東郡逍遙，時時題壁；鄭也南湖嘯傲，日日泛船。扣舷則遠遊可懷，題壁則華牋足慕。興言及此，我豈不欲孤飛而去，無奈為百慮所牽何！百慮所牽者何在？生涯寥落，憂在身也；國步迍邅，憂在國也。衾枕蕪沒，寢處皆虛；池塘棄捐，故國何在。室家離別，空切巢南嘶北之悲；伏臘睽違，不及馬醫夏畦之鬼。豐鎬我故土也，露菊空斑；潤瀍我舊鄉也，秋蔬何在。升沉迭異，往事誰論；死生日忙，新阡幾處。看浮雲之富貴，回首何堪；笑野馬之喧爭，著鞭倦矣。而況烽煙滿眼，江月羈人。秋燕未歸，同其局促；晚蟬猶明，類我蕭疎。乃疇昔雕蟲，蒙公記憶；常時烹鯉，問我沉緜。自歎掛杖無錢，徒羨君平之賣卜；顧此坐氈焉用，還留子敬之偷餘。趙壹之囊既空，問及釵釧；子桑之米亦盡，難保花鈿。甘子豈可療饑，茅齋聊以息影。看陣圖於沙北，真歎奇才；訪市墟於瀼西，信成都會。所由心因羈絆而恆折，病以栖遲而得瘥也。傷哉貧也，樂亦在中。岷芋聊收，非羨卓家之富；池蓮仍種，還開陸地之花。梨好何如，喜雪白之勝頰；栗多奚似，快磊落之過拳。肉味偶知，仲長統之兼旨迂矣；臣饑求兔，楊夫子之三鱣或然。身異漁翁，呼兒看筍；人非季子，留客坐轤。秋夜索綯，多為縛門之用；山泉通竹，聊免沽水之錢。塹地無多，半接公田之壤；荒村一帶，全依野廟之垣。棘距穿籬，分明補闕；藤纏倒石，亦是扶顛。我秋日夔府，如是而已。休哉朝謁，穩矣晝眠。從此半塗且止，何須夸父之窮追；兀坐能堅，有似深源之不起。所以銀章偶綰，霧雨常濛；粉署雖妍，馨香自遠。二公本紫鷺也，所飛無近遠；故人乃黃雀耳，亦聽其翩躚。故人困學，自甘違眾；二公致君，庶幾勉旃。勉旃之意何如？勉公夾宸極以輔主，勉公到星躔而致身。勉公舉直，留匡鼎之說詩；勉公用人，引服虔之正誼。勉公翰鯁直而不阿比，勉公正陶甄而不偏陂。於以上抒宵旰之憂，下拯黎元之苦。不然，雲臺誰畫，青簡誰編哉？至於東西南北，常輕行路之難；涉水登山，已切招尋之興。招尋之興無他，不過訪僧尋寺而已。飛楫之具，不自今朝；鳴弦之控，暫擬今日。蓋飛楫適江湖之興，而鳴弦防寇盜之警也。此去老身，將許雙峰，不失曹溪之衣鉢；此去禪門，兼求七祖，思合南北之兩宗。追昔而落帆，非云枉道；向真詮而稽首，從此皈依。兩公一為安石，名高典午之朝；一是昭王，本屬燕周之裔。一官蓬閣，非哭途之步兵；一使吐蕃，似泛槎之博望。往年披拂，曾荷青雲；今日淹留，難延老景。所由行路無難，招尋有興也。既曰「由來具飛楫」，則終期於破浪；既曰「暫擬控鳴弦」，

又何畏乎飛涎。過神女廟而長辭，聞杜鵑啼而已怯。蓋聚散雖可惜，而淡交何傷；澤國從此遊，而迴旋正遠。我本佛氏之徒，欲飯迦葉；不是神仙之侶，何藉偓佺。盧山之鑪峰，忽生轉眄；郴州之橘井，何憚高搴。以言東走，直窮令威歸鶴之鄉；若論南征，竟抵馬援跕鳶之界。凡此皆訪僧尋寺，覓雙峰，求七祖也。庶幾妙教可聞，前愆得釋。顧愷之丹青，維摩宛在；頭陀之琬琰，碑文尚存。眾香黯黯而來親，十地芊芊而漸進。勇猛為精進之基，清羸何慮。所謂「落帆追宿昔」者，宿願自此遂矣。金篦有刮膜之力，鏡象依然。所謂「衣褐何真詮」者，真詮何日得耶？我秋日夔府詠懷奉寄二公之意如此。○大曆二年，朝廷篤於佞佛，胡僧不空出入禁闥。王縉、杜鴻漸阿附元載，至不茹葷血。三人侍上，多談佛教。中外臣民皆崇奉焉。此南北二宗之外，邪說橫行。公曰「身許雙峰寺，門求七祖禪」，蓋欲正之也。

送十五弟侍御使蜀

喜弟文章進，添余別恨牽。數杯巫峽酒，百丈內江船。四句送。未息豺狼鬥，空催犬馬年。歸朝多便道，搏擊望秋天。四句以蜀事屬之。

我今日於弟，一則喜，一則恨者，以弟文臣使蜀耳。蜀地方亂，此去離巫峽，過內江，弟由此至蜀，彼處豺狼戰鬥未息。我留此已老，自憐犬馬，年歲空催。弟行矣，歸朝甚便。今日豺狼，尚及秋天搏擊之，毋務姑息養亂也。○是年八月，杜鴻漸至成都，見崔旰，但接以溫恭，無一言責其干紀，又薦之朝。公於弟使蜀，曰「未息豺狼鬥」、「搏擊望秋天」，語意有謂。

巫峽弊廬贈侍御四舅別之澧朗

江城秋日落，山鬼閉門中。二句「巫峽弊廬」。行李淹吾舅，誅茅問老翁。赤眉猶世亂，青眼只途窮。傳語桃源客，人今出處同。六句「送之澧朗」。

江城日落，山鬼為徒，弊廬蕭索甚矣。吾舅將有澧朗之行，過廬作別，其行李淹留未去者，蓋將以誅茅之意，問及老翁耳。人皆曰寇盜已平，何須避地，不知「赤眉猶世亂」也。人皆曰青眼待人，到處亨途，不知「青眼只途窮」也。庶幾桃花源作避秦人。桃源在澧朗間，想舅氏問老翁者，正欲誅茅於彼。傳語桃源中人，今人出處與避秦人相似，我棲遲巫峽，亦豈得已也！○按：《九歌》六章末有《山鬼》篇，屈原不以比君，比己。其篇中云：「山中人兮芳杜若，飲石泉兮蔭松柏。君思我兮然疑作。雷填填兮雨冥冥，猿啾啾兮狖夜鳴。風颯颯兮木蕭蕭，思公子兮徒離憂。」山鬼所思如此。公曰「山鬼閉門中」，知其所託矣。

君不見簡蘇徯

君不見道邊廢棄池，君不見前者摧折桐。百年死樹中琴瑟，一斛舊水藏蛟龍。四句比。丈夫蓋棺事始定，君今幸未成老翁，何恨憔悴在山中。深山窮谷不可處，霹靂魍魎兼狂風。五句慰之。

池有蛟龍，「廢棄池」，不可問矣；桐可為琴，「摧折桐」，不足取矣。乃殊不然。君見「廢棄池」、「摧折桐」否？摧折之桐，死百年矣，知音者得之，以為琴瑟材。廢棄之水，只一斛耳，有識者過焉，知為蛟龍窟。然則丈夫生前，萬事未定；二息尚存，未之或知。況君未老，暫處山中，雖曰窮谷，安見霹靂雷、魍魎鬼、狂暴之風非歷試子，使子有為哉？

送李功曹之荊州充鄭侍御判官重贈

嘗聞宋玉宅，每欲到荊州。此地生涯晚，遙悲水國秋。四句自敘欲往荊州。孤城一柱觀，落日九江流。使者雖光彩，青楓遠自愁。四句「送李功曹之荊州」。

荊州有宋玉宅，我嘗思卜居其處者，以夔州地瘠俗薄，生涯有限；荊州水鄉澤國，老人所宜。此秋水連天，遙望生悲耳。況觀名一柱，適倚孤城；江分九支，時當落照。功曹此去，充幕有光，但湛湛江水，上有青楓，恐功曹到彼，亦遠自生愁也，益添我之遙悲矣。

別崔潩因寄薛璩孟雲卿 公自注：「內弟潩赴湖南幕職。」

志士惜妄動，知深難固辭。如何久磨礪，但取不磷緇。四句言其「赴幕」。夙夜聽憂主，飛騰急濟時。二句「赴幕」之事。荊州遇薛孟，為報欲論詩。二句「因寄薛孟」。

妄動非志士，乃士為知己用，知深則亦難於固辭。若使妄動，磨礪之謂何？若使固辭，不磷緇之謂何？論爾平日，「如何久磨礪」者；願爾此行，「但取不磷緇」而已。今日藩府無主，爾乃心王室，夙夜之間，常矢憂主之言，使諸藩效順。我側耳聽之，從此飛騰，急出濟時，酬知己者在是矣。此行必過荊州，寄語薛、孟，我論詩之興實勃勃云。○當時藩鎮節度，驕蹇不恭。氣節之士，不屑就幕。崔赴幕職，是亦妄動。曰「知深」者，為崔解嘲耳。特幕僚之職，佐節鎮謀畫，有轉逆為順之機權。故《送元二適江左》曰「取次莫論兵」〔註4〕，《送蘇四赴湖南幕》曰「數論

〔註4〕《杜詩闡》卷十五。

封內事」〔註5〕，今送崔漢曰「夙夜聽憂主」。

贈蘇四徯

異縣昔同遊，各云厭轉蓬。別離已五年，尚在行李中。四句一篇之綱。
戎馬日衰息，乘輿安九重。有才何棲棲，將老委所窮。為郎未為賤，
其奈疾病攻。以上自言「轉蓬」、「在行李中」。子何面黧黑，焉得豁心智。
巴蜀倦剽劫，下愚成土風。幽薊已削平，荒徼尚彎弓。斯人脫身來，
豈知吾道東。以上蘇子「轉蓬」「在行李中」。乾坤雖寬大，所適囊橐空。
肉食哂菜色，少壯欺老翁。況乃主客間，古來偪側同。君今下荊揚，
獨帆如飛鴻。二州豪傑場，人馬皆英雄。一請甘幾寒，再請甘養蒙。
以上述送意。

　　憶遊異縣，彼此漂流，一別五年，轉蓬如故。我轉蓬「尚在行李中」，何也？據
今時勢，戎馬息，乘輿安，似可起而有為。乃棲棲尚無適從者，年老安貧，委之於命；
臺郎不賤，疾病交侵也。子轉蓬「尚在行李中」何也？見子面目，知子心智。想由巴
蜀土風，習於剽劫；崔旰叛亂，未克蕩平。因而脫身來夔。吾道已東也，自歎天地雖
寬，到處皆困，而況肉食者鄙，寒士無顏，少壯何知，老成愛侮。不獨此耳，即主客
間，亦不相容，其為偪側所從來者。子掛帆東下，荊揚二州，從來豪窟，人馬雄壯，
亮不至嗟囊空、患偪側。但志士守節，哲人斂才。我所期者，一願子為不可衣食人，
一願子為不露鋒穎士，庶不為肉食者哂，少壯者侮。子勉矣！

別蘇徯赴湖南幕

故人有遊子，棄擲傍天隅。他日憐才命，居然屈壯圖。十年猶塌翼，
絕倒為驚呼。消渴今如在，提攜媿老夫。八句憫其屈。豈知臺閣舊，洗
拂鳳皇雛。得食翻蒼竹，棲枝把翠梧。北辰當宇宙，南嶽據江湖。國
帶煙塵色，兵張虎豹符。數論封內事，揮發府中趨。贈爾繞朝策，莫
鞭轅下駒。以上送蘇赴幕。

　　爾父少監，是我故人。故人子亦流落天隅哉！似爾才命，誰不哀憐？似爾壯圖，
如何久屈？塌翼不飛者，倏忽十年矣。驚呼不禁者，其才絕倒也。我為故人，理應垂
援。自傷疾病，不克提攜，抱疚於死友多矣。幸逢臺閣舊識，復洗鳳皇新雛，今日重
有湖南幕府之招，此行勉哉！天子當陽，雄藩分鎮，當念煙塵未靖，豹略宜抒；莫避

〔註5〕本卷後《別蘇徯赴湖南幕》。

嫌疑，細論時事。我於爾別無他贈，贈爾繞朝策耳。贈策之意，亦不過曰「莫鞭轅下駒」，庶幾扶弱以鋤強云爾。○「轅下駒」，俛首轅下，隨母而已，故曰「莫鞭」。此即「豺狼當道，安問狐狸」意，周紆不問賣菜傭〔註6〕是也。

壯遊

往者十四五，出遊翰墨場。斯文崔魏徒，公自注：「崔鄭州尚，魏豫州啟心。」以我似班揚。七齡思即壯，開口詠鳳皇。九齡書大字，有作成一囊。性豪業嗜酒，嫉惡懷剛腸。脫落小時輩，結交皆老蒼。飲酣視八極，俗物多茫茫。以上少游。東下姑蘇臺，已具浮海航。到今有遺恨，不得窮扶桑。王謝風流遠，闔廬丘墓荒。劍池石壁仄，長洲芰荷香。嵯峨閶門北，清廟映廻塘。每趨吳泰伯，撫事淚浪浪。枕戈憶句踐，渡浙想秦皇。蒸魚聞匕首，除道哂要章。越女天下白，鑑湖五月涼。剡溪蘊秀異，欲罷不能忘。以上敘吳越「壯遊」。歸帆拂天姥，中歲貢舊鄉。氣劘屈賈壘，目短曹劉牆。忤下考功第，獨辭京兆堂。放蕩齊趙間，裘馬頗清狂。春歌叢臺上，冬獵青丘旁。呼鷹皂櫪林，逐獸雲雪崗。射飛曾縱鞚，引臂落鶖鶬。蘇侯據鞍喜，公自注：「監門胄曹蘇預。」忽如攜葛彊。以上敘齊趙「壯遊」。快意八九年，西歸到咸陽。許與必詞伯，賞遊實賢王。曳裾置醴地，奏賦入明光。天子廢食召，群公會軒裳。脫身無所愛，痛飲信行藏。黑貂寧免弊，斑鬢兀稱觴。杜曲晚耆舊，四郊多白楊。坐深鄉黨敬，日覺死生忙。朱門任傾奪，赤族迭罹殃。國馬竭粟豆，官雞輸稻粱。舉隅見煩費，引古惜興亡。以上敘長安「壯遊」。河朔風塵起，岷山行幸長。兩京各警蹕，萬里遙相望。崆峒殺氣黑，少海旌旗黃。禹功亦命子，涿鹿親戎行。翠華擁吳岳，螭虎啖豺狼。爪牙一不中，胡兵更陸梁。大軍載草草，凋瘵滿膏盲。備員竊補袞，憂憤心飛揚。上感九廟焚，下憫萬民瘡。斯時伏青蒲，廷諍守禦牀。君辱敢愛死，赫怒幸無傷。聖哲體仁恕，寓縣復小康。哭廟灰燼中，鼻酸朝未央。以上扈從時「壯遊」。小臣議論絕，老病客殊方。鬱鬱苦不展，羽翮困低昂。秋風動哀壑，碧蕙損微芳。之推避賞從，漁父

〔註6〕《後漢書》卷七十七《酷吏列傳・周紆傳》：

> 微拜洛陽令，下車，先問大姓主名，吏數閭里豪彊以對。紆厲聲怒曰：「本問貴戚若馬、竇等輩，豈能知此賣菜傭乎？」於是部吏望風旨，爭以激切為事。貴戚跼蹐，京師肅清。

濯滄浪。榮華敵勳業，歲暮有嚴霜。我觀鴟夷子，才格出尋常。群凶逆未定，側佇英俊翔。**以上從客夔說，與首段對照，不在壯遊內。**

　　我今已老，猶憶童年，早廁文場。此時主持斯文者，崔、魏兩公，即以班、揚許我。蓋我於斯文，當七齡詠詩，便見鳳皇而作賦；九齡書字，已共所賦而成囊也。唯是有嗜酒豪性，疾惡剛腸，雖在少游，恥逐兒輩。嗜酒故飲酣直視，八極皆空；疾惡故眼底蒼茫，無非俗物。往者小時出遊，然猶未壯。壯遊自吳、越始。開元中，扁舟東下，先抵姑蘇。浮海興豪，會有他阻，而東吳勝事，已一一親歷矣。王謝風流，無復烏衣之跡；闔廬墳墓，空傳石虎之名。然而劍池寒流，石壁尚在；長洲舊苑，芰荷猶香。嵯峨閶門之北路，水號回塘；式瞻太伯之清風，人趨古廟。吳亡足涕，越伯堪思。既已遊吳，因而下越。枕戈雪恥，憶越王反國之年；刻石銘功，想祖龍渡浙之歲。鱄諸行刺，闔廬之霸堪嗤；買臣步歸，守邸之驚可哂。天下稱白，越女無雙；五月猶涼，鑑湖一曲。剡溪之水真秀，天姥之峰更奇。欲罷不能，壯哉遊也！往者吳、越壯遊有如此。由越而歸，已是中歲。再赴貢舉，觀國之光。所向無堅，欲降屈、賈之壘；雄視一世，何有曹、劉之牆。在我似不媿班、揚，乃考功不盡如崔、魏。忤時下第，遂辭京兆之堂；壯志未衰，更有齊、趙之役。從茲放蕩，頗覺清狂。遊趙則春歌趙武之叢臺，遊齊則冬獵青丘之古道。呼鷹則風生耳後，逐獸則雪沒馬蹄。射飛則落雲裏之鶩鷁，縱鞚則共蘇侯之鞭轡。蓋蘇侯本是山簡，而待我亦如葛彊。此遊快意，殆八九年於外，而西歸咸陽也。往者齊、趙壯遊有如此。天寶五載，玄宗詔天下有一藝者，即詣闕下。我之西歸，職是之故。此時長安道上，其許我者必詞伯，如往年崔、魏之徒；同賞遊者亦賢王，如汝陽郡王之輩。我也曳裾，非慕勢利；彼也置醴，實為嘉賓。時玄宗方有朝享大典，我小臣遂獻大禮三賦。感動天子，召試文章；待詔集賢，參列選序。乃我年已過強仕矣。河西之尉不拜，故山之興悠然。自信生涯無過痛飲，脫身歸里，敝憐季子之黑貂；介壽稱觴，尢笑安仁之斑鬢。杜曲之交遊老矣，故鄉之丘隴愈多。耆舊晚，即我之坐次亦日高；白楊多，是彼之死生真接踵。當年權貴滿朝，傾危迭見；秦虢驕縱，錡鋙橫行。林甫剖棺，王鉷籍第，朱門赤族，概可見矣。而玄宗太平日久，侈心漸忩。就舞馬一端，日飼豆粟；鬭雞一事，爭輸稻粱。凡此奢侈，不能枚舉。興亡難於顯示，引古聊寓諷詞，而國家禍亂遂生矣。往者壯遊長安時有如此。未幾，祿山犯闕，潼關旋破，上皇行宮劍外，太子駐蹕朔方。殺氣黑崆峒之巔，旌旗黃少海之色。俄而肅宗冊立，遂享鈞臺；天子臨戎，躬親逐鹿。移軍鳳翔，四海之援兵皆赴；分命螭虎，豺狼之

立殣何難。乃先是房琯陳濤斜之敗，爪牙之士，一不中矣。因之胡羯益肆跳樑，至清渠之役，賊以偽退而誘我師，七日相持，我以無援，而至敗績。大軍草草，一而至再。於時府庫空虛，民生凋瘵。我麻鞋見主，涕淚受官。上痛木主灰飛，下憫黔黎塗炭。伏青蒲而奏事，守禁掖而不離。正主憂臣辱之秋，為亡身殉國之日。偶因疏救夫房琯，遂致聖怒之不測。幸而天威頓霽，得免推問。聖度之優容如此，寓內之小康庶幾。我往者由鳳翔而扈從還京，壯遊從此止，而我年亦將老矣。自出華州司功以來，往日青蒲，小臣之議論永絕；殘年異地，孤蹤之流落堪傷。羽翮摧頹，豈有飛揚之日；蘭芳凋損，空悲哀壑之秋。綿山自焚，之推雖不言祿；江潭長往，漁父何忍獨清。自念欲建勛業，必在榮華之歲；已經遲暮，難免嚴霜之摧。彼鴟夷子，非我比也。才格出群，不宜投老衡嶽。況群凶未定，猶望翔步天衢。他日功成身退，尚未晚也。回首壯遊，能禁衰老之歎哉？○公《進鵰賦表》云：「臣自七歲所綴詩，向四十載矣，約千有餘篇。」〔註7〕「七齡」四句非漫下。「舉隅見煩費」，即公《杜氏墓誌》中「舉茲一隅，昭彼百行」〔註8〕之意。「爪牙」二句，舊指房琯陳濤斜之敗，似也。若「大軍載草草」，必清渠之役。先曰「一不中」，又曰「載草草」，分明兩事。清渠之潰，在至德二載五月，時公奔赴鳳翔，目擊其敗，故連及之，遂接疏救房琯一事。「鴟夷子」，公借范蠡比李泌。泌歸衡山，代宗時事，有非李泌不能匡救者，公望朝廷速徵之。

白帝

白帝城中雲出門，白帝城下雨翻盆。高江急峽雷霆鬥，古木蒼藤日月昏。以上「白帝」城雨景。戎馬不如歸馬逸，千家今有百家存。哀哀寡婦誅求盡，慟哭秋原何處村。四句感時。

　　白帝雲生，則雲滿城中，若從城門出矣。因是雨從城注，有翻盆之勢焉。江為峽束，波鬥雷霆，不但「雨翻盆」耳；木與藤合，陰霾日月，不但「雲出門」耳。夫雷霆到秋而還鬥，日月當晝而竟昏。陰陽乖錯，晦明失候，即時事可知。自乾坤多故，人厭甲兵，馬思休息。歎彼戎馬，何如歸馬。叛亂未夷，不知何日得逸也。自征夫調遣，父南子北，人去室存。昔日千家，僅有百家。戰伐未息，只恐百家亦難也。夫此百家所存者，豈有丁男？誅求之餘，但存寡婦。而今亦將盡，秋原慟哭，此時尚有何處村哉？

〔註7〕《杜詩詳注》卷二十四。
〔註8〕《杜詩詳注》卷二十五《唐故萬年縣君京兆杜氏墓誌》。

雨

萬木雲深處，連山雨未開。二句「雨」。風扉掩不定，水鳥過仍迴。鮫館如鳴杼，樵舟豈伐枚。四句「雨」意。清涼破炎毒，衰意欲登臺。二句自寫。

雲深使萬木為隱，因而雨勢連山，並峰巒亦不辨焉。雨來風至，風扉本以當風，今「掩不定」。雨甚水漲，水鳥喜於泛水，今「過仍迴」。此時惟水居鮫人，杼聲與雨聲相應；乃山中樵子，斧聲因雨聲亦停。惟有秋炎，得此少破，登陽臺，襲快風，衰意或少抒云。

雨晴

雨晴山不改，晴罷峽如新。二句題面。天路看殊俗，秋江思殺人。有猿揮淚盡，無犬附書頻。故國愁眉外，長歌欲損神。六句述懷。

當雨勢連山，山如改矣。至雨晴，依然是此山也。豈惟不改，晴罷而看山色，若因洗而更新。當此雨晴，長安天路，亮亦可到。如何看天路於殊俗，巫峽秋江，亦自可泛。無奈對秋江而徒想，止有腸斷之猿，聽堪揮淚；曾無到家之犬，憑以寄書。遙想故國，只在愁眉外耳。長歌當哭，能不損神哉！

垂白

垂白馮唐老，清秋宋玉悲。二句總起。江喧長少睡，樓迴獨移時。二句承「垂白馮唐老」。多難身何補，無家病不辭。甘從千日醉，未許七哀詩。四句承「清秋宋玉悲」。

昔馮唐老於郎署，我亦馮唐。昔宋玉當秋而悲，我猶宋玉。老人與靜為緣，江喧睡常不穩；老人登高而愁，樓迴立獨移時。馮唐之老，若是堪憐也。世猶多難，一身無補於時；我已無家，常病又奚足惜。計惟千日醉耳，安能更酬《七哀》，重增宋玉悲哉！

洞房

《洞房》一章另起，以下六章皆追歡開、寶年間始末。明皇致亂之由，隱然殷鑒。《提封》一章，責成代宗也。

洞房環珮冷，玉殿起秋風。秦地應新月，龍池滿舊宮。四句「洞房」。繫舟今夜遠，清漏往時同。萬里黃山北，園陵白露中。四句感懷。

自馬嵬人去，洞房之環珮冷矣。玉殿淒涼，秋風蕭瑟，上皇安在哉？想秦地於今

宵，應懸新月；望龍池於興慶，徒滿舊宮。我繫舟巫峽，已遠秦地。龍池之間，乃清漏更傳。猶想玉殿洞房之處，其如「萬里黃山」、「園陵白露」何！是寂寂繫舟，真憐今夜；淒淒清漏，真憶往時也。○先是列宗陵寢為吐蕃焚掘，子孫倘有白露之感，亦應發憤殄滅，為除凶雪恥計。此末章責成代宗。

宿昔

宿昔青門裏，蓬萊仗數移。花驕迎雜樹，龍喜出平池。落日留王母，微風倚少兒。六句敘遊幸之事。宮中行樂祕，少有外人知。二句諷辭。

今日洞房寂寞矣，宿昔何如？宿昔行樂多端，請先言移仗。遊幸之事，當年蓬萊移仗，由青門而出，往來華清諸宮，每一移仗，凡雜樹之花，皆驕而若迓；平池之龍，亦喜而出遊。其移仗所在，落日慇懃，還留王母而不去；微風繾綣，爭倚少兒而不歸。此時宮中行樂，天下之人，莫不心非齒冷。而猶曰「祕」也，外人少知也。○花曰「驕迎」，寫出怙恩恃寵。龍曰「喜出」，龍不宜出，出而且喜，此日之喜，他日之悲。天寶中，興慶池小龍一夕望西南去。夫龍為明皇發祥之兆，一夕飛去，奔蜀之禍已見。漢武於王母臨去，下席請留。公以王母比貴妃，貴妃曾度為女道士也。少兒，漢衛媼女，通於霍仲孺，〔註9〕公以比秦虢諸姨。

能畫

能畫毛延壽，投壺郭舍人。每蒙天一笑，復似物皆春。四句宿昔之事。政化平如水，皇恩斷若神。時時用觚戲，亦未雜風塵。四句諷辭。

宿昔之事，又見優賤承恩矣。漢時杜陵畫工有毛延壽，此日畫鷹畫馬如馮紹正、韓幹，是即毛延壽。漢武投壺為樂，有侏儒郭舍人。此日如侏儒黃瓠，明皇呼為肉幾，是郭舍人之流。舍人一投壺，天顏為喜；畫工一落筆，萬物生春。夫天顏有喜，近臣知之，如何舍人每蒙天笑？聖人御世，民登春臺，如何物皆春出自畫工？夫嚬笑不輕，皇恩之斷也；與世偕春，政化之平也。假令當日政化不偏，其平如水；皇恩不測，其斷若神；豈特能畫投壺，無傷國治；即使戲及角觚，何至邊境風塵？無如當時不然也。

鬥雞

鬥雞初賜錦，舞馬既登牀。簾下宮人出，樓前御柳長。四句宿昔之事。仙遊終一閟，女樂久無香。寂寞驪山道，清秋草木黃。四句今日之感。

〔註9〕《漢書》卷六十八《霍光傳》。

宿昔之事，又見鬥雞舞馬矣。當年移仗華清宮，嘗有鬥雞之戲。以賈呂為五百小兒長，金玉錦繡，日至其家，是鬥雞者賜錦矣。開元間，明皇敕貴妃以下，毋得服珠玉錦繡。至天寶間，鬥雞者亦賜錦。鬥雞賜錦，是此日始。又嘗有舞馬之戲，明皇教舞馬四百蹄，施三層木牀，乘馬於上，忭轉如飛。夫馬，畜之賤者，既已登牀。凡屬佞倖，何不可廁御榻？當鬥雞舞馬時，宮人出簾下窺者，不知其數也。當宮人出簾下時，樓前御柳從風拂者，不知幾許長也。相傳鬥雞舞馬，明皇教宮人數百皆擊雷鼓，為破陣樂與傾杯曲，則簾下宮人應有女樂之奏。自明皇上仙，女樂絕響。當年遊幸華清時，驪山道上，翠華拂天，草木亦為生色。今龍輦不來，驪山寂寞，清秋蕭瑟，惟有草黃木落，是可傷也。○按：白樂天《勤政樓前老柳》詩中有「開元一株柳，長慶二年春」〔註10〕句。「樓前御柳長」，語非漫下。

歷歷

歷歷開元事，分明在眼前。無端盜賊起，忽已歲時遷。四句追感。**巫峽西江外，秦城北斗邊。為郎從白首，臥病數秋天。**四句自歎。

宿昔天寶間事如此。若開元政事何如？開元時，君相勵精圖治，政事脩舉，歷歷在眼。不意天寶末年，盜賊忽起。追維其故，誰階之厲？自河朔畔亂，世歷三朝；歲時之遷，不覺轉瞬。我羈棲巫峽，寂寞西江，遙望秦城，依稀北斗。今日雖身為郎官，數秋以來，侵尋老病。歎功名之頹落，慨日月之逾邁，殆與盜賊相終始。而「歷歷開元事」，徒付西江流水，北斗迢遙而已。○《宿昔》三章，便是致亂之由。卻曰「無端盜賊起」，諱之，正痛之。

洛陽

洛陽昔陷沒，胡馬犯潼關。天子初愁思，都人慘別顏。四句追敘幸蜀。**清笳去宮闕，翠蓋出關山。故老爭流涕，龍顏幸再攀。**四句追敘還京。

猶憶祿山初畔，潼關未潰，先陷洛陽。洛陽既潰，隨破潼關。潼關未破時，封常清上表而上不見，哥舒翰告急而上不聞。潼關破，平安火不至，上始懼。何天子愁思，此日初急也？於時禦寇無策，倉皇幸蜀，出延秋門，過便橋，至咸陽望賢宮，都人爭擁馬前，愁慘如此。猶幸天祚有唐，兩京即復。賊騎清笳，去宮闕而遠遁；上皇翠蓋，出關山而遂回。我時忝為故老，且喜且悲，攀顏流涕，即都人別顏，亦於此大慰哉！○故老不作自己，恐與「都人」句無別。

〔註10〕白居易《白氏長慶集》卷十九《勤政樓西老柳》。

驪山

驪山絕望幸，花蕚罷登臨。地下無朝燭，人間有賜金。下四句分應。鼎湖龍去遠，承「絕望幸」句。銀海雁飛深。承「罷登臨」句。萬歲蓬萊日，長懸舊羽林。應「地下」、「人間」二句。

龍顏幸攀，安得長在？猶憶上皇望幸，每歲十月，必至驪山華清宮。賓天以來，望幸已絕。至所造花蕚樓，生時與諸王兄弟宴集其上。賓天以來，登臨亦罷。「絕望幸」、「罷登臨」，地下不可問矣。天寶故事：凡早朝，必秉燭會群臣。地下安得有此？上皇在日，多賜近臣金，如金錢詔會之類。當時百官，強半上皇舊臣。賜金之惠，亦曾叨竊。「地下無朝燭」，吁嗟已矣；「人間有賜金」，遂忘之耶？「望幸絕」則龍去鼎滿，攀髯永訣；「登臨罷」則雁飛銀海，同氣終分。惟有蓬蓬舊日，還懸陵寢羽林耳，安見地下遂異人間哉？

提封

提封漢天下，萬國尚同心。借問懸車守，承「提封」句。何如儉德臨。承「同心」句。時徵俊乂入，莫慮犬羊侵。願戒兵猶火，恩加四海深。四句申足上意。

往事已矣，今日何如？顧此提封，雖經喪亂，猶然全盛版圖也；即此萬國，雖遭寇盜，依然一統人心也。但似此提封，守之者不在險，在德。懸車而守，有何益哉？似此人心，臨之者不在威，在儉。儉德臨之，庶不失耳。彼長國家者，莫不喜安惡危。導之奢而不崇儉德者，皆由於小人。小人用則外夷輕，賢人相則敵國懼，其要在於徵俊乂至。兵猶火也，不戢自焚，人君尤當痛戒者。用賢人，崇儉德，以加恩四海，則萬國人心，永戴有唐；一統提封，長為漢有。懸車而守，誠不必也。○明皇致亂，起於侈心。揭出「儉德」，保邦致治，中興之本。

偶題

文章千古事，得失寸心知。作者皆殊列，名聲豈浪垂。騷人嗟不見，漢道盛於斯。前輩飛騰入，餘波綺麗為。後賢兼舊例，歷代守清規。以上泛論。法自儒家有，心從弱歲疲。永懷江左逸，多病鄴中奇。驌驦皆良馬，麒麟帶好兒。車輪徒已斲，堂構惜仍虧。謾作潛夫論，虛傳幼婦碑。緣情慰漂蕩，抱病屢遷移。自起至此，皆發明「文章千古事」一句。經濟慚長策，飛樓假一枝。塵沙傍蜂蠆，江峽繞蛟螭。蕭瑟唐虞遠，

聯翩楚漢危。聖朝兼盜賊，異俗更喧卑。鬱鬱星辰劍，蒼蒼雲雨池。兩都開幕府，萬寓插軍麾。南海殘銅柱，東風避月支。音書恨烏鵲，號怒怪熊羆。**以上十六句皆洗發「經濟慚長策」一句。**稼穡分詩興，柴荊學土宜。故山迷白閣，秋水憶皇陂。不敢要佳句，愁來賦別離。**六句挽文章。**

此詩大指，自言少習文章，壯無經濟。文章豈一日事！司馬遷曰：「藏之名山，傳之其人」，蓋千古事也。其中得失，他人難喻。曹植曰：「文之佳惡，我自知之」〔註11〕，亦問諸寸心而已。凡稱作者，言人人殊。苟有聲名，必非漫然。顧荒遠以前，不可稽矣。稽古作者，必自姬漢始。騷人如屈、宋，望古而遙；漢代如馬、班，比今為盛。凡為前輩，皆能飛騰，而入此道；所以餘技，尚有綺麗，以潤後人。於是後賢謀篇，不出前人舊例；歷代好尚，各有一定清規。若我本儒家，自有儒家之法。而我於家法，已疲弱歲之心。惟是永懷不置者，江左之彥，其氣頗逸；猶病未能者，鄴中之俊，其氣頗奇也。自歎驥子、麟兒，原自不乏。乃斲輪之巧，父子不傳；作室之法，堂構難肯。是以隱居有論，漫擬《潛夫》；絕妙好辭，虛稱作者。不過緣情偶製，以慰羈懷；無奈抱病難工，更多轉徙。文章優而經濟詘，已足媿矣；文章詘而經濟迂，尤足羞也。不獨謀國無策，直至謀身無具。飛棲不定，聊假一枝。傍蜂薑而為鄰，繞蛟螭而作伴。況玄、蕭授受，唐虞之世代已遙；夔、蜀亂離，楚漢之烽煙未息。「唐虞遠」，而盜賊多於聖朝；「楚漢危」，而喧卑甚於殊俗。庶幾仗星辰之劍，以斬蛟螭；興雲雨之池，以蕩蜂薑。乃獄底終埋，池中久處。望之當事，而荊州夔府，幕府胥開；南北東西，軍麾盡插。如何茫茫南海，銅柱空殘；渺渺東風，月支未斬。是蜀亂正紛，吐蕃又寇也。捷書渺矣，烏鵲之信空傳；軍士喧然，熊羆之號已甚。亦由經濟無長策以至此。既不能出而有為，亦止有退而守拙。所謂文章，不過詩興；所謂經濟，不過土宜。而況故山白閣，望眼空述；秋水皇陂，神遊何處？身羈巫峽，渺不可追，經濟已矣；愁來作賦，佳句徒然，即文章亦何足千古哉！

送田四弟將軍將夔州柏中丞命起居江陵節度陽城郡王衛公幕

離筵罷多酒，起地發寒塘。**送別。**回首中丞座，馳牋異姓王。**將命起居。**燕辭楓樹日，雁度麥城霜。**由夔之江陵。**空醉山翁酒，遙憐是葛彊。**自謂。**

將軍使命在身，祖道之酒，雖多亦罷。其起發之地，即在夔峽之寒塘。於時臨行而回首中丞，志別也；起居而馳牋節度，非無故也。將軍別中丞，去夔峽，為「燕辭楓樹日」；將軍至江陵，謁郡王，已「雁度麥城霜」。將軍此筵，山翁之酒，不為

〔註11〕曹植《曹子建集》卷九《與楊德祖書》、《文選》卷四十二。

空醉。我無使命，與此祖餞，豈不虛叨。中丞為山翁，將軍是葛彊，我遙望江陵，憐汝不置耳。

吾宗公自注：「衞倉曹崇簡。」

吾宗老孫子，質樸古人風。以下全寫此二句。**耕鑿安時論，衣冠與世同。**持身「質樸」。**在家常起早，憂國願年豐。**處家國「質樸」。**語及君臣際，詩書滿腹中。**學問「質樸」。

　　惟古人質樸，吾宗孫子有其風焉。持身處世，以至學問，無不見其質樸者。耕食鑿飲，無異議以違時；布衣帛冠，無畸趨以招咎。為我一家，故知其家常早起；職司倉曹，故知其願在年豐。或者以見聞寡陋疑之，乃語及君臣，於古人經書，不翅滿腹，不但如他人經書滿口耳。「質樸古人風」如此。

第五弟豐獨在江左近三四載寂無消息覓使寄此　二首

亂後嗟吾在，羇棲見汝難。二句領至末。**草黃騏驥病，沙晚鶺鴒寒。楚設關城險，吳吞水府寬。**點「獨在江左」。**十年朝夕淚，衣袖不曾乾。**

　　亂後我在，亦云幸矣。無奈羇棲異地，不能見汝。何況旅食為艱，人如病驥；年華侵老，空憶在原。我雖在也，亦暫時耳。所以「見汝難」者，我於此處，「關塞極天」，欲下不得下；汝於彼處，「江湖滿地」，〔註12〕欲上不得上。計亂後到今，十年於茲。衣袖之淚，朝夕不置。汝奈何久稽江左，使我見汝之難至此。

聞汝依山寺，杭州定越州。風塵淹別日，江漢失清秋。四句「久無消息」。**影著啼猿樹，魂飄結蜃樓。明年下春水，東盡白雲求。**四句「覓使寄」詩意。

　　汝三四載無消息矣，近聞僑居山寺，但不知杭州，定越州乎？似此風塵久客，徒淹別日，而況江漢空流，並失清秋。恐消息從此竟絕也。此時我影，雖羇猿樹；此時我魂，已飄蜃樓。少待明年，春水泛溢，我扁舟出峽，東盡白雲之鄉而求汝。此時杭州、越州有定所矣，今姑覓使寄詩耳。〇杭、越近海，海中蜃氣結為樓臺，故曰「結蜃樓」。「求」，即《小雅》「兄弟求矣」〔註13〕之「求」。

〔註12〕《杜詩闚》卷二十四《秋興八首》之七：「關塞極天惟鳥道，江湖滿地一漁翁。」
〔註13〕《小雅・常棣》。

卷二十四

夔州詩大曆元年

解悶　十二首

草閣柴扉星散居，浪翻江黑雨初飛。山禽引子哺紅果，承「草閣」句。
溪女得錢留白魚。承「浪翻」句。

　　即景解悶。　巫峽間人，星散而處。其下浪翻江黑，又是峽雨初飛之候。爰有山
禽，引雛哺果；隨有溪女，得魚換錢。對斯景也，我悶釋矣。○《遊何將軍山林》曰
「河魚不取錢」〔註1〕，此曰「溪女得錢留白魚」，各自有致。

商胡離別下揚州，憶上西陵故驛樓。為問淮東米貴賤，承「商胡」句。
老夫乘興欲東遊。承「憶上」句。

　　思遊吳以解悶。　揚州我舊遊處。西陵風景，極不忘之，故忽見商胡將下揚州，
因憶西陵驛樓，往年曾登臨其上。爾商胡此去，淮東米價貴賤，好為老夫一問。蓋老
夫作客，在日糴之數；扁舟久泊，旦晚東遊也。○「問」字暗用王導問王述江東米價
事〔註2〕。

一辭故國十年秋，每見秋瓜憶故丘。二句「憶故丘」，正懷鄭監。今日南湖
采薇蕨，何人為覓鄭瓜州。公自注：「今鄭祕監審。」○二句「覓鄭瓜州」，正

〔註1〕《杜詩闡》卷二《陪鄭廣文遊何將軍山林十首》之六。
〔註2〕《晉書》卷七十五《王述傳》：「少襲父爵，年三十尚未知名，人或謂之癡。
　　　　司徒王導以門地辟為中兵屬，既見無他言，惟問以江東米價，述但張目不答。
　　　　導曰：『王掾不癡，人何言癡也？』」

「憶故丘」。

思遊江陵以解悶。　我本長安人，長安東門為邵平種瓜處，一辭故國，早是「十年秋」矣。每見秋瓜，便憶故丘。彼鄭監亦我故鄉人，其莊近長安瓜州村，今日謫居江陵，徒采南湖薇蕨耳。何人為我覓取鄭瓜州，一訪故國十年秋。是不得歸故國，見故國人如歸故國也。

沈范早知何水部，曹劉不待薛郎中。二句謂薛不遇知己。**獨當省署聞文苑，兼泛滄浪學釣翁。**二句即用薛詩以美薛。

以下五章述詩解悶。　今日薛郎中璩，即昔年何水部遜也。乃沈約、范雲早知水部，而曹植、劉楨不遇郎中。誰為郎中知己者？昔在省部，獨開文苑；今在荊州，兼學釣翁。我猶及讀其詩，想其人耳。○「省署聞文苑」，「滄浪學釣翁」，即薛詩。曰「獨當」，言其無敵；曰「兼泛」，惜其閒散。

李陵蘇武是吾師，孟子論文更不疑。公自注：「校書郎孟雲卿。」**一飯未曾留俗客，數篇今見古人詩。**二句正是論文。

古詩傳者，我師蘇、李，孟校書真同調哉！我平生一飯之頃，厭留俗客，獨於校書，最為傾倒。諷其數篇，彷彿古人，悶斯釋矣。○此與上章，即公《別崔渙因寄薛孟》〔註3〕「荊州遇薛孟，為報欲論詩」意。

復憶襄陽孟浩然，清詩句句盡堪傳。二句憶其詩。**即今耆舊無新語，漫釣槎頭縮項鯿。**結句即物以思其詩。

襄陽雖往，其詩清新，猶昨日也。今日豈無耆舊，人則舊也，詩則欠新。彼槎頭縮項鯿，襄陽之魚。「魚藏縮項鯿」〔註4〕，襄陽之句。今人襄陽之句，久矣絕響，但能釣得槎頭縮項鯿耳，是足解頤也。

陶冶性靈存底物，新詩改罷自長吟。此句正是「陶冶」。**熟知二謝將能事，頗學陰何苦用心。**二句「改罷長吟」之故。

詩本性靈，性靈不容一物，功須陶冶，渣滓去，清虛來。此中所存者，更有何物，惟改罷自長吟而已。誰知我者？古有二謝、陰、何耳。我於二謝，熟知其得力於性靈；於陰、何，頗學其苦志於陶冶。所由今日新詩，長吟自得，亦默與二謝、陰、何結契千古而已。

不見高人王右丞，藍田丘壑盡寒藤。二句「悶」。**最傳秀句寰區滿，未絕風流相國能。**公自注：「右丞弟今相國縉。」○二句「解悶」。

〔註3〕《杜詩闡》卷二十三《別崔渙因寄薛璩孟雲卿》。
〔註4〕《孟浩然集》卷二《冬至後過吳張二子檀溪別業》。

高人右丞，今不見矣。藍田別業，徒見寒藤千尺耳。其詩則秀絕人區，誰繼之者？難弟相國縉，今能之否？庶幾右丞風流，絕而未絕乎？○當時縉附元載，本無足取。特右丞詩集，代宗嘗求縉上之，故有末句。「能」字虛押，擬議之辭。

先帝貴妃俱寂寞，荔支還復入長安。炎方每續朱櫻獻，承「荔支」句。**玉座應悲白露團。**承「先帝」句。

以下四章賦荔支以解悶。　猶憶先帝在日，貴妃嗜生荔支，置驛傳廷。今先帝、貴妃俱已寂寞，荔支之獻，還入長安。仙遊久悶，時薦不改也。蜀為炎方，荔支之獻，必繼朱櫻、居玉座者。回想先帝，當此秋薦，能不悲白露團團耶？

憶過瀘戎摘荔支，青楓隱映石逶迤。二句在瀘戎時。**京華應見無顏色，紅顆酸甜只自知。**二句貢京華時。

荔支生於瀘戎者為佳，猶憶客秋過瀘、戎兩州，曾摘荔支於青楓白石間。此時初離樹頭，色味交美。一貢京華，迢遞關山，顏色已變。紅顆之內，其為酸甜，誰復憐取，只自知耳。此先帝必欲生致之哉！○公去秋《宴戎州楊使君樓》，有「輕紅劈荔支」句〔註5〕，「憶過」句指此。

翠瓜碧李沉玉甃，赤梨葡萄寒露成。二句見諸果不入貢。**可憐先不異枝蔓，此物娟娟長遠生。**二句傷荔支偏入貢。

同荔支薦者，有翠瓜，有碧李，沉於玉甃者，在在是也；有赤梨，有葡萄，成於寒露者，處處然也。數種初生，同枝共蔓，荔支何為娟娟獨秀，偏生遠方？既生遠方，安免於驛騎傳送矣？

側生野岸及江海，不熟丹宮滿玉壺。二句言入貢。**雲壑布衣鮐背死，勞生重馬翠眉須。**二句傷重色輕賢。○「重馬」，出《前漢書·劉屈氂傳》〔註6〕。師古《注》：「重謂懷孕者。」

荔支名為側生，作酸南裔，不過在江蒲野岸間，非熟於月宮禁苑。乃至尊玉壺內，常見其滿，豈其自致？亦殊勞人馬之力矣。彼雲壑布衣鮐背老死，不能博君王色笑者何限！荔支，一物耳，先帝以貴妃所嗜，當年奔騰驛使，至懷孕重馬為之傷耗。究其故，不過為翠眉所須，亦可歎也。

哭王彭州掄

執友驚淪沒，斯人已寂寥。二句先提挽哭意。**新文先沈謝，異骨降松喬。**

〔註5〕《杜詩闡》卷十九《宴戎州楊使君東樓》。
〔註6〕《漢書》卷六十六。

二句初生。北部初高選，東堂早見招。蛟龍纏倚劍，鸞鳳夾吹簫。四句婚宦。歷職漢廷久，中年胡馬驕。兵戈聞兩觀，寵辱事三朝。四句內任。蜀路江干窄，彭門地里遙。解龜生碧草，諫獵阻雲霄。四句出守。頃得戎麾出，叨陪幕府要。將軍臨氣候，戰士塞風飈。井渫泉誰汲，烽疎火不燒。前籌多自暇，隱几接終朝。八句佐幕。以上敘其生時。翠石俄雙表，寒松竟後凋。贈詩焉敢墜，染翰欲無聊。再哭經過罷，離魂去住銷。之官方玉折，寄葬與萍漂。八句哭其死。曠望渥窪道，應「蛟龍」句。霏微河漢橋。應「鸞鳳」句。夫人先即世，承「河漢」句。令子各清標，承「渥窪」句。巫峽長雲雨，秦城近斗杓。馮唐毛髮白，歸興日蕭蕭。四句自傷。

　　執友王郎，忽驚淪沒，我輩長寂寂矣。請遡其幼時。文采出新，不啻沈、謝；骨表殊眾，彷彿松喬。請遡其婚宦。其起家始於北部高選，其締媚乃係東堂見招。北部選則匣裏蛟龍，聳身倚劍；東堂招則臺邊鸞鳳，比翼吹簫。請遡其喪亂時。當歷職漢廷，方期寵任；奈中年賊騎，忽爾縱橫。在朝廷，兵戈滿兩觀之間；在王郎，寵辱更三朝之主。而漢廷不能久留矣。請遡其出守與佐幕時。其出守在蜀路彭門，當任滿而遂解龜，地留碧草；已辭闕而思諫獵，勢阻雲霄。雖身遠闕廷，心存君父也。其佐幕在戎麾軍府上，使將軍不昧氣候，下令壯士，克靖風飈，資渴無煩汲井泉，嚴警不必舉烽火，故前籌日暇，隱兒時多也。今安在耶？沈、謝之新文猶昨，翠石森森，忽焉雙舉；松喬之異骨猶是，寒枝蕭蕭，竟已後凋。平生贈我之詩，焉敢失墜？今日哭爾之作，但覺無聊。經過之地，從此罷矣，能無再哭；去住之人，總無憑也，未免消魂。痛爾之官未久，玉折忽然；傷哉旅葬他方，萍颯與共。蛟龍劍竟何去也，幸渥窪之龍馬有種；鸞鳳簫不復聞矣，況河漢之間橋亦空。望河漢，夫人已先即世；撫渥窪，令子喜有清標。我也身羈巫峽，終遠秦城，白首馮唐，歸興蕭颯。斯人寂寥，真寂寥哉！○「東堂」句，向指都謨事。愚意下有「鸞鳳」等句，後有「河漢橋」等句，斷是招壻之招，王必締姻宗室也。「蜀路」、「彭門」，正指攜酒草堂時。時高適代為彭州刺史，正王解任日。

覆舟　二首

　　舊註：玄宗好神仙，黔陽郡秋貢丹砂等物，以供燒煉。使者沉舟於此。公作《覆舟二首》，追諷之。

巫峽盤渦小，黔陽貢物秋。丹砂同隕石，翠羽共沉舟。四句「覆舟」。羈使空斜影，龍宮閟積流。篙工幸不溺，俄頃逐輕鷗。四句諷辭。

　　猶記某年某月，此巫峽盤渦處，當貢物使者從黔陽而來之秋，舟竟覆矣。丹砂之重者，誠如石而隕水；翠羽之輕者，亦積厚而沉舟。遙想押貢使者，與物俱流，斜影亦空於水際，而與舟俱沒，至於水底龍所居者。流水為覆舟所壓，亦閟而不能出羈。使之斜影已空，羈使溺矣。龍居之積流，亦必物與舟無不溺。所不溺者，篙工耳。俄頃之際，逐鷗泛泛。回首人也、物也、舟也，竟安在也？

竹宮時望拜，桂館或求仙。姹女凌波日，神光照夜年。四句諷朝廷。**徒聞斬蛟劍，無復爨犀船。使者隨秋色，迢迢獨上天。**四句寫覆舟，諷使者。

　　彼時君王，未知舟覆，方於竹宮望拜，桂館求仙。求仙必來姹女，夫姹女能凌波者；望拜必有神光，夫神光能照夜者。遙想姹女凌波，雖有盤渦，何足為險？且當神光照夜，倘遇覆舟，何難呵護？竟何如哉！乃或者有荊人斬蛟劍，得以斬蛟而免於覆。乃徒聞其有斬蛟劍耳，何救於覆也？抑是溫嶠爨犀船，可以燭水怪而免於覆，奈早已溺夫爨犀船何，犀不足恃矣。此時使者，斜影既空，獨隨秋色。是君王求仙，尚屬子虛；使者上天，真成捷徑哉！○「上天」若作回朝見君解，似誤。前章曰「篙工幸不溺」，明言使者亦溺。「隨秋色」，「獨上天」，暗用乘槎斗牛事，真解頤句。

峽口

峽口大江間，西南控百蠻。二句總起。**城欹連粉堞，岸斷更青山。**二句峽口。**開闢當天險，防隅一水關。**二句「控百蠻」。**亂離聞鼓角，秋氣動衰顏。**二句起下章。

　　瞿唐峽口，兩崖對峙，其西南一帶，直控百蠻，而城連粉堞，岸繞青山也。自開闢以來，天設其險。而瞿唐水關，人之防隅者，只此一路，故地險，守亦易耳。此時鼓角一聲，秋氣忽動，亂離聞之，如此衰顏何！

時清關失險，世亂戟如林。去矣英雄事，承「時清」句。**荒哉割據心，**承「世亂」句。**蘆花留客晚，楓樹坐猿深。疲苶煩親故，諸侯數賜金。**公自注：「主人柏中丞頻分月俸。」○四句自歎。

　　險則險矣，但時清則盜賊衰息。雖有天險，安所用之？世亂則寇盜縱橫，雖有天險，亦不足恃。當年劉先主誠英雄，其德撫有全蜀，惜乎其事已去。彼公孫述何人，亦曾躍馬稱帝，割據一方，其心亦祗自荒耳。今日江上蘆花，留客已晚；峽間楓葉，坐猿偏深。我老病之人，疲苶已極，敢煩親故，損惠相將？乃頻頻賜金，出自諸侯高誼，何德以堪之哉？

秋風　二首

秋風淅淅吹巫山，上牢下牢脩水關。二句防秋。吳檣楚柁牽百丈，暖向神都寒未還。二句民困于役。要路何日罷長戟，戰自青羌連百蠻。中巴不得消息好，暝傳戍鼓長雲間。四句發明前截。

　　首傷盜賊未息。　巫山巫峽，秋氣蕭森矣。《月令》：「涼風至，完隄防。」況此上牢下牢，為峽內地，水關之脩葺尤急也。時往來水關外者，或吳檣，或楚柁，無非輸運，以入京都。暖時向神都，而深秋猶未還，民力艱哉！所以然者，必要路梗塞也。要路梗塞者，必盜賊多，干戈未休也。而況青羌白蠻，兵連禍結，遂使中巴之消息斷，雲間之戍鼓傳。水關之脩，亦為此耳。

秋風淅淅吹在衣，東流之外西日微。天清小城搗練急，石古細路行人稀。四句泛寫。不知明月為誰好，早晚孤帆他夜歸。會將白髮倚庭樹，故園樓臺今是非。四句自寫。

　　次傷故園不得歸。　吹巫山，秋風淅淅，寒初近也。吹在衣，秋風淅淅，寒漸進矣。況大江東流，東流之外，西日亦微。「秋風淅淅吹在衣」，則刀尺欲動，搗練所以急耳。「東流之外西日微」，則馬首誰託？行人所以稀耳。日沉月生，嗟此明月，不知為誰好也。月出，孤帆可行。計此孤帆，亦早晚將夜歸也。誠得夜歸，摩挲庭樹，不已身在故園樓臺明月中哉？但不知早晚孤帆果得夜歸與否，徒令人懷故園樓臺。今日是非何若耳！○巴船夜行，故曰「夜歸」。

西閣　二首

巫山小搖落，碧色見松林。百鳥各相命，孤雲無自心。層軒俯江壁，要路亦高深。六句「西閣」。朱紱猶紗帽，新詩近玉琴。功名不早立，衰疾謝知音。哀世非王粲，終然學越吟。六句西閣感懷。

　　閣傍巫山，秋色搖落，特較他方為小搖落。所以松林一帶，尚餘碧色耳。於時白鳥飛棲者，各相引類；孤雲往來者，自為卷舒。百鳥不能為孤雲之無心，孤雲不欲為百鳥之相命。我其孤雲哉！顧此西閣，上有層軒，既俯江，亦俯壁，下為要路。江既深，壁復高，我今居此，自念為郎，曾佩朱紱。朱紱猶然紗帽，吏耶？隱耶？兩無取矣。自喜觸境，頻有新詩。新詩得近玉琴，高山流水，庶幾似之。佩朱紱，期早有建立耳。「功名不早立」，朱紱徒然也。賦新詩，將邂逅知音耳。「衰疾謝知音」，新詩何用也。惟是哀世不同王粲，鄉思猶之莊舄。世雖無知音者，安能禁我終學越吟耶？○朱紱為仕者服，紗帽為隱者巾。「朱紱猶紗帽」，謂雖仕猶隱也。

嬾心似江水，日夜向滄洲。與結句相應。不道含香賤，其如鑷白休。經過凋碧柳，蕭瑟倚朱樓。畢娶何時竟，消中得自由。豪華看古往，服食寄冥搜。詩盡人間意，兼須入海求。十二句都承上章後半截意。

　　此悠悠江水，長向滄洲去者，我之嬾心，誠然似之。所以含香之職，原不為賤；鑷白之年，且復歸休。而況身所經過，動凋碧柳；心無棲薄，時倚朱樓。尚平之累未完，茂陵之病常作乎！彼豪華之境，往古誰存；服食之餘，冥搜寄興。我意常在求仙耳。所以詩雖深造，不過人間。庶幾入海島，訪蓬萊，以畢我餘生而已矣。○「滄洲」，如海外三山。結句「入海求」，正次句「日夜向滄洲」也。

社日　二首

九農成德業，百祀發光輝。報效神如在，馨香舊不違。四句「社日」。南翁巴曲醉，北雁塞聲微。尚想東方朔，詼諧割肉歸。四句「社日」之感。

　　此因秋社傷久客。　昔少皥以九扈為農正，使各隨土宜以教民，其成物溥，其利民大，故光輝之發，百祀如一日耳。奉粢盛以報效之，九農之神如在也。即明德以薦馨香，百祀之舊典不違也。唯是我非南人，居南則亦南翁。既醉聽巴渝之曲，我其竟老於南與？我本北人居南，喜聞北雁，側耳覺塞聲之微，我終不得歸北與？猶憶當年在朝，每逢祠社，詔賜從官，曾叨分肉。今南翁曲醉，北雁聲微，想方朔之詼諧割肉，歸遺細君，祇有神往而已。

陳平亦分肉，太史竟論功。今日江南老，他時渭北童。四句衰老之歎。歡娛看絕塞，涕淚落秋風。鴛鷺回金闕，誰憐病峽中。四句留滯之歎。

　　承上章。　獨東方朔哉？陳平於里社日，亦曾為宰分肉。分肉細事耳，乃平自言宰天下如是肉。太史竟以陳平之志，見於社下，論其佐漢之功。當陳平分肉，猶少年也。人見我今日為江南老，不知往年生長長安為渭北兒童，亦如陳平宰分肉時乎？奈何歡娛之舉，徒看絕壁；涕淚之落，止向秋風。計此時在朝臣子，賜肉歸者，從鴛鷺，回金闕，亦誰憐渭北故人，老病江南也？

江月

江月光於水，高樓思殺人。天邊長作客，老去一霑巾。玉露團清影，銀河沒半輪。一句「承光於水」。誰家挑錦字，燭滅翠眉顰。二句應「思殺人」。

　　我見江月，直光於水，但見月，不見水。此時月在江上，樓在月中。人在樓裏，何以遣此？蓋由作客天邊，長無歸日；又經老去，輒一霑巾也。月之映水者，彷彿玉

露團影；水之映月者，不啻銀河沒輪。不誠江月光於水哉？計此時對月者，不獨高樓旅客。明月關山之際，長征之客未還，其家人豈無挑錦思遺者？挑罷燭滅，燭滅見月，翠蛾之顰，其情與高樓之客無異，但不知是誰家婦耳。此霑巾，彼顰眉，同是高樓思殺人也。

吹笛

吹笛秋山風月清，誰家巧作斷腸聲。二句總。**風飄律呂相和切，月傍關山幾處明。**二句正見「風月清」。**胡騎中宵堪北走，武陵一曲想南征。**故園楊柳今搖落，何得愁中卻盡生。四句發明「斷腸」句。

山為秋山，吹笛於此，風月倍清。夫巫峽猿啼，其聲斷腸。今吹笛之聲，亦能巧作，不知誰家有此傷心調耶？「風月清」何如？笛中律呂，風飄如和，風清無非笛清也。曲裏關山，月傍偏明，笛清能使月清也。「斷腸」何如？昔者，陳朝周弘讓賦「長笛吐清氣」，有「胡騎北歸」之句。今日吐蕃、党項聽此，亦堪北走。馬援南征武陵，袁生吹笛作歌和之，有「滔滔武溪」之句。今日軍麾幕府，聽此應想南征。且笛中有折柳一曲，因想故園楊柳，當此清秋，搖落應盡。不意笛中吹出，乃是楊柳之調，得毋搖落者忽生信哉？「巧作斷腸聲」也。

孤雁

孤雁不飲啄，飛鳴聲念群。誰憐一片影，相失萬重雲。望盡似猶見，哀多如更聞。六句孤雁。**野鴉無意緒，鳴噪日紛紛。**二句寫意。

雁為孤雁，飲啄何心？聽其飛而鳴之聲，安於孤又若自傷其孤，遠於群又若不忍離夫群。其聲切切，蓋念群也。雁惟孤，但有「一片影」，群何在？前有萬重雲，誰憐其與群相失。竟一片之孤，萬重之遠，不復能相及哉！望盡矣，其影有無，似猶見焉。哀多矣，其聲斷續，如更聞焉。孤雁有意緒如此。若野鴉，鳴噪紛紛耳。紛紛則不孤矣。○此詩似傷諸弟分散，隻處夔峽。

遣愁

養拙蓬為戶，茫茫何所開。二句領至末。**江通神女館，地隔望鄉臺。漸惜容顏老，何由弟妹來。兵戈與人事，回首一悲哀。**

拙本我素，亦賴能養。既養拙，不妨蓬為戶。但我本東西南北人，豈甘杜門寂守者？今竟一望茫茫，何所聞也？被蓬戶外，近有神女館，江自通耳，我不能即圖出峽也；遠有望鄉臺，地終隔矣，我何由再赴成都也。而況容顏老矣，豈能再少；弟妹分

矣，欲見無由。夫江雖通而地自隔，兵戈已梗塞；容顏老而弟妹疏，人事又蹉跎。回首茫茫，終何所聞耶？

夔府書懷四十韻

昔罷河西尉，初興薊北師。不才名位晚，敢恨省郎遲。扈聖崆峒日，端居灩澦時。萍流仍汲引，樗散尚恩慈。遂阻雲臺仗，常懷湛露詩。翠華森遠矣，白首颯淒其。十二句總敘。拙被林泉滯，生逢酒賦欺。文園終寂寞，漢閣自磷緇。病隔君臣議，慚紆德澤私。揚鑣驚主辱，拔劍撥年衰。社稷經綸地，風雲際會期。血流紛在眼，涕泗亂交頤。四瀆樓船泛，中原鼓角悲。賊壕連白翟，戰瓦落丹墀。先帝嚴陵寢，宗臣切受遺。恆山猶突騎，遼海競張旗。田父嗟膠漆，行人避蒺藜。總戎存大體，降將飾卑辭。楚貢何年絕，堯封舊俗疑。長籲翻北寇，一望卷西夷。不必陪玄圃，超然待具茨。暗寓幸陝一節。凶兵鑄農器，講殿闢書帷。廟筭高難測，天憂實在茲。形容真潦倒，答效莫支持。以上申明昔得扈聖崆峒，今不得叨陪玄圃。使者分王命，群公各典司。恐乖均賦斂，不似問瘡痍。萬里煩供給，孤城最怨思。綠林寧小患，雲夢欲難追。即事須嘗膽，蒼生可察眉。議堂猶集鳳，貞觀是元龜。處處喧飛檄，家家急競錐。蕭車安不定，蜀使下何之。數句客夔時事。釣瀨疏墳籍，耕巖進奕棋。地蒸餘破扇，冬暖更纖絺。豺遘哀登粲，麟傷泣象尼。衣冠迷適楚，藻繪憶遊睢。賞月延秋桂，傾陽逐露葵。大庭終反樸，京觀且僵屍。高枕虛眠晝，哀歌欲和誰。南宮載勛業，凡百慎交綏。以上申明端居灩澦意。

　　猶憶天寶十四載，我河西罷尉，改授兵曹，庶幾致身之秋。乃祿山稱叛，薊北兵興，仕宦又蹉跎矣。自分不才，前此名位，不嫌其晚；後此省郎，豈恨其遲？惟是扈聖崆峒，以至端居灩澦，一生蹤跡，何其萍流樗散耶！豈無汲引，徒沐恩慈，遂阻雲臺，空懷湛露耳。況侍從久違，翠華終遠，孤臣作客，皓首淒其。已矣，終無望矣。自歎青雲薄命，酒肆藏身。往年非怍下考功，即應詔退下，雖集賢召試，文園之分終慳；幸天祿校書，漢閣之投不與。惟時祿山犯闕，朝議紛然，自病下僚，一籌莫佐；空慚皇眷，三賦受知。幾度揚鑣，羸服奔闕而急主辱；幾回拔劍，扈從還京而撥年衰。國運中興，正社稷經綸之地；拾遺初授，為風雲際會之期。血流在眼，淚落交頤。四瀆樓船，一朝盡下。中原鼓角，到處堪悲。賊壕亙白翟之墟，戰

瓦落丹墀之上。乃收京而後，先帝遂有寢廟之脩；彌留未幾，子儀親受河東之命。此時慶緒之餘孽雖平，朝義之流氛未靖。國家誅求，細及為弓之膠漆；道途裹足，爭避禦馬之蒺藜。今上乃敕雍王為總戎，而漁陽之孽遂窮，降將群飾卑辭以納款；而河北之鎮誤留，大體徒然，負固自若。於是楚貢未入滄海，堯封終外薊門。方向北寇而長吁，又見西夷之席捲，致今上遂有具茨之幸。我曾扈聖崆峒，雅欲叨陪玄圃。歎非襄城之七聖，不得追隨；獨訪大隗於具茨，能無迷野？幸而車駕遄返，尚非歸馬之時；黃屋雖開，未是談經之日。忽焉鑄凶兵，闢講殿，廟算誠高矣，杞憂不免。然而憂天無益，報主難酬。豈非崆峒扈聖，回首茫然；玄圃叨陪，自傷無分與？今日端居瀼湄，時事有可歎者。朝廷遣使四出，王翊為稅錢使，裵諝為鹽鐵使，榷酤紛然，青苗到處。凡分主命，各典厥司。惟是賦斂不均，瘡痍莫問。騷然者已徧中原，最怨者莫如夔府。賦重民窮，盜起亂作。綠林嘯聚，勿以萑苻而忽諸；雲夢偽遊，施諸悍將而已晚。正當嘗膽，懲前事之失；尤須察眉，得小人之情。與其務繭絲，毋寧清政本。必使議堂之人，為盈庭集鳳；庶幾貞觀之法，為今日元龜。不此之務，而羽檄喧飛，何日而息；錐刀競急，無濟於時。彼處蕭車，欲安未定；此方蜀使，又下何為？適滋擾耳，無足取也。我也嚴光釣瀨之餘，久疏墳籍；鄭子耕巖之暇，但進奕棊。夔州地蒸，雖餘破扇，終見棄也；峽中冬暖，更著纖絺，亦過時矣。王粲之悲豺虎，不見長安；尼父之泣麒麟，傷哉吾道。楚國之人輕衣冠，夔猶是也；睢水之人工藻繪，夔不然也。月延秋桂，晚景未衰；葵傾太陽，丹心尚在。古大庭氏為至治之世，亂極還治。大庭之撲，有時反也。強如安、史，殄滅無遺。蠢茲蜀寇，綠林雲夢之徒耳。行見京觀高築，鯨鯢遂封。高枕之餘，虛眠清晝；哀歌之際，欲和誰人。白首淒其，豈有志於勛業；南宮猶在，當讓績於故人。今日大臣諸將，欲成功圖像，當各堅其志，勿學秦晉之戰，交綏而退可也。我端居瀼湄時之意如此。○崆峒在平涼府，肅宗嘗幸，公扈從其處。昔黃帝訪廣成於崆峒，故詩中「玄圃」、「具茨」連類而及。具茨在河南，指代宗幸陝。《釋悶》詩亦有「失道非關出襄野」句〔註7〕。《左傳》：「楚昭王涉睢，濟江，入雲中，盜攻之。」〔註8〕《注》曰：「入雲夢也。」篇中「雲夢欲難追」，疑連上「綠林」句，皆指寇盜。況吐蕃入寇，代宗奔陝，猶吳入楚，楚昭王之出也。追往事以為鑒，即不忘河北之難意。「難追」，言悔之無及耳。蓋此段敘賦重民勞，民勞盜起，引來瑱事，似未合時。顏真卿上疏，必以太宗貞觀為法。「貞觀是元龜」，語意正合。

〔註7〕《杜詩闡》卷十六。
〔註8〕《左傳‧定公四年》。

十六夜翫月

舊挹金波爽，皆傳玉露秋。關山隨地闊，河漢近人流。四句翫月。谷口樵歸唱，孤城笛起愁。巴童渾不寐，半夜有行舟。四句翫時所聞見。

　　此月不始今夜。金波之爽，昨已挹之，不獨我耳。凡翫月者，皆傳此月為玉露秋也。此時月裏關山，隨地俱闊，月光使之闊；月邊河漢，近人慾流，月光使之流。翫月如此。忽聞帶月歸唱者有谷口樵，對月起愁者有孤城笛。至於巴童，豈不寐之人？半夜非行舟之候，亦愛月不寐。愛月行舟，所謂「皆傳玉露秋」者，信無一人不翫月哉！

贈李十五文別

峽中鳥獸居，其室附層巔。下臨不測江，中有萬里船。四句寫峽中。多病紛倚薄，少留改歲年。絕域誰慰懷，開顏喜多賢。孤陋忝末親，等級敢比肩。人生意氣合，相與襟袂連。一日遣兩僕，三日共一筵。揚論展寸心，壯筆過飛泉。玄成美價存，子山舊業傳。不聞八尺軀，常受眾目憐。以上敘李十五來夔。且為辛苦行，蓋為生事牽。北回白帝棹，南入黔陽天。四句敘李十五之豫。汧公制方隅，公自注：「汧公，李勉也，宗室鄭惠王孫。」迥出諸侯先。封內如太古，時危獨蕭然。清高金莖露，正直朱絲絃。昔在堯四嶽，今之黃潁川。八句美李汧公。於邁恨不同，所思無由宣。山深水增波，解榻秋露懸。客遊雖云久，亦思月再圓。晨集風渚亭，醉操雲嶠篇。丈夫貴知己，歡罷念歸旋。以上送別。

　　峽人巢居，室附巔末。下臨者，不測之江。而有客所繫者，乃萬里之船。夫豈久羈峽中，與鳥獸居人為伍者？惟是多病紛然，百慮倚薄，偶留絕域，遂改歲華。所足慰者，幸有我賢在，而賢又戚也。自維孤陋，得忝眷末，何圖行序，復列差肩。況意氣合，襟袂連，頻問起居，常叨宴衎也。以言才華，揚論之際，寸心忽開；灑筆之餘，飛泉忽湧。以言世業，如韋玄成之嗣韋賢，復以明經致相；似庾肩吾之有庾信，亦以清新擅名。且文采一身，衣冠八尺，似此器宇，豈受人憐！何以有此辛苦行？蓋被生事牽，不得已，自黔取道之豫章，將謁李汧公勉也。汧公在豫，其治迥出諸侯上，封內不擾，有如太古。危時庶務，獨見蕭然。其地望清高，如挹莖露；其人品正直，若張朱絃。於唐堯為四嶽諸侯，在西漢為潁川太守。惜我於邁，不獲追隨；使我所思，無由共展。李丈行矣。當此山空木落，洞庭始波，計丈到時，汧公懸揭，定為爾解。但我客遊既久，常思故人。今日晨集離亭，醉染佳句，將以壯子行，亦期子早旋耳。

行矣李丈，勿忘故人也！○按：肅宗駐蹕靈武時，管崇嗣背闕坐，李勉彈之。肅宗曰：「吾有李勉，朝廷始尊。」其正直可知。宜此詩中有「正直朱絲絃」句。

江上

江上日多雨，蕭蕭荊楚秋。二句「江上」。高風下木葉，永夜攬貂裘。二句承「秋」。勳業頻看鏡，行藏獨倚樓。時危思報主，衰謝不能休。四句感時。

　　江雨蕭蕭，秋氣至矣。雨來風急，木葉都飄；夜寒授衣，貂裘欲攬。此時思勳業，惟頻看鏡耳。鏡中顏色，少壯幾何，平生「竊比稷與契」〔註9〕者安在？此時念行藏，惟「獨倚樓」耳。樓外乾坤，烽煙未靖，平生「窮年憂黎元」〔註10〕者何為？當此內寇外夷，蜩螗鼎沸，天子孤立，社稷傾危，時事如此，誰為報主者，敢云衰謝，遂置勿問哉？

季秋蘇五弟纓江樓夜宴崔十三評事韋少府姪　　三首

峽險江驚急，樓高月迥明。一時今夕會，萬里故鄉情。四句「江樓夜宴」。星落黃姑渚，秋辭白帝城。二句點「季秋」。老人因酒困，堅坐看君傾。二句自述。為三章之主。

　　江本急也，峽險則驚；月原明也，樓高則迥。江樓開，夜宴舉，一時今夕，此會難得也。夜宴舉，主客集，萬里故鄉，此情倍親也。況河鼓星光，今宵已落；孤城秋色，此夕將辭。傾倒何惜哉！所惜者，老人病酒，不勝杯斝，惟有堅坐，看諸君痛飲而已。

明月生長好，浮雲薄漸遮。悠悠照關塞，悄悄憶京華。四句月。清動杯中物，高隨海上查。不眠瞻白兔，百過落烏紗。四句「堅坐」之意。

　　月本長好，漸為雲遮，幸而浮雲不礙其明耳。仰看關塞，不禁迢迢；忽憶京華，能無悄悄。此時杯中之物，病不能飲，但見月光浮動其中。至海上之查，惟月光隨之而去。堅坐者安能奮飛哉？堅坐則不眠，不眠則但瞻白兔。白兔之光，百過而落烏紗之上。老人堅坐如此，諸君何惜痛飲也。

對月那無酒，登樓況有江。聽歌驚白髮，笑舞拓秋窗。尊蟻添相續，沙鷗竝一雙。六句寫諸君。盡憐君醉倒，更覺片心降。結挽「堅坐看君傾」意。

〔註9〕《杜詩闡》卷四《自京赴奉先縣詠懷五百字》。
〔註10〕《杜詩闡》卷四《自京赴奉先縣詠懷五百字》。

　　既對月，諸君不可無酒；況登樓，又有江以臨眺乎！於時諸君飲而歌，吾不飲，但堅坐而聽君歌。歌聲壯，白髮為之驚。諸君飲而舞，吾不飲，但堅坐而笑君舞。舞袖長，秋窗為之拓。對月有酒矣，樽酒正如澠而添續；登樓有江矣，江鷗方比翼而雙棲。未幾醉倒，真覺諸君酒量非老人可及。至此心降，深服諸君酒德，令老人三舍避也。所謂「堅坐看君傾」與？

西閣雨望

樓雨霑雲幔，一句「西閣雨」。山寒著水城。逕添沙面出，湍減石稜生。菊蕊淒疏放，松林駐遠情。五句「雨望」。滂沱朱檻濕，萬慮倚簷楹。二句雨望之感。

　　樓雨霑幔，尚未滂沱，但見寒山與水城一色耳。循水城而望，雨開沙面，汲逕為添；雨洗石稜，湍痕若減。循寒山而望，雨中菊蕊，疏放堪憐；雨裏松林，遠情慾駐。未幾，雨勢滂沱，豈特雲幔微霑，已覺朱檻胥濕。樓頭孤客，獨倚簷楹，萬慮橫生，高危可懼矣。

戲寄崔評事表姪蘇五表弟韋大少府諸姪

隱豹深愁雨，潛龍故起雲。泥多仍徑曲，心醉阻賢群。四句阻雨。忍待江山麗，還披鮑謝文。高樓憶疏豁，秋興坐氤氳。四句寄詩之意。

　　豹欲澤毛，以成文彩，故須霧雨。今隱矣，又何必雨為？此深愁耳。飛龍在天，宜有興雲施雨之功。今潛矣，故起雲欲何為哉？雲雨則泥多，泥多而徑復曲，則群賢見阻，愛而不見，我心如醉矣。夫泥多仍徑曲，是江山晴麗，正未可必。想諸君欲待江山晴麗而後來訪，亦何忍矣。「心醉阻賢群」，是鮑、謝之文無日得披，我則旦暮思見，定知有日還披耳。憶昨江樓宴會，高秋晴霽，何等疏豁。一時秋興，其坐氤氳，諸君何不惠然，使我徒憶往日耶？

晚晴吳郎見過北舍

圃畦新雨潤，媿子廢鉬來。竹杖交頭拄，柴扉隔徑開。四句「吳郎見過」。欲棲群鳥亂，未去小童催。明日重陽酒，相迎自醱醅。四句去而訂之。

　　圃畦經雨，正好課鋤。廢鋤過訪，我滋媿矣。子廢鋤過，我策杖迎，不覺足之前而杖欲交頭。既策杖迎，遂開扉接。深喜舍在北，而扉只隔徑。乃客方來，群鳥欲栖者已亂；客未去，小童欲歸者已催。今日不及款留，明日重陽，早過快飲，不再訂矣。

九日諸人集於林

題面不曰「九日集諸人於林」，竟曰「九日諸人集於林」。「集諸人於林」，公集之而至。「諸人集於林」，諸人自集於林也，故詩中有「知歸」句。

九日明朝是，相要舊俗非。老翁難早出，賢客幸知歸。四句題面。**舊采黃花膡，新梳白髮微。漫看年少樂，忍淚已霑衣。**四句題情。

舊俗，九日登山飲酒，以免災厄。集諸人於林，亦似登山飲酒，而非如舊俗之免災厄，為此相要也。但老翁如我，艱於早出；年少若諸君，幸賓至如歸耳。而況舊采黃花，尚有餘興；今梳白髮，漸覺稀疎。諸君少年，及時行樂，老夫雖忍淚相陪也，不禁霑衣矣。

夜

露下天高秋水清，空山獨夜旅魂驚。二句領至末。**疎燈自照孤帆宿，新月猶懸雙杵鳴。南菊再逢人臥病，北書不至雁無情。步簷倚杖看牛斗，銀漢遙應接鳳城。**

橫空露下，仰見高天，俯見秋水。有客於此，空山寂歷，獨夜蕭條，旅魂暗驚矣。遙見宿秋水者，有孤帆，疎燈獨照；忽聞響高天者，有雙杵，新月同懸。我旅魂何以驚？蓋由我非南人，頻逢南菊。彼菊非使人臥病者，今依然臥病，意者非菊累我，我實妨菊也。我本北人，猶望北書。彼雁所藉以寄書者，今北書不至，意者非故人不念我，雁實無情也。若牛、斗二宿，原在銀漢。銀漢清光，直接鳳城。我步簷倚杖，仰看牛、斗，庶幾因牛、斗及銀漢，由銀漢達鳳城。是北書雖不來，南菊終當別，其如銀漢迢迢、鳳城渺渺何！

秋日寄題鄭監湖上亭　三首

碧草違春色，沅湘萬里秋。池要山簡馬，月靜庾公樓。四句秋日湖亭。**磨滅餘篇卷，平生一釣舟。**二句自感。**高唐寒浪減，髣髴識昭丘。**二句預期。

春草碧色，至秋而違。一望沅湘，秋光萬里。闊矣！遙想習池，山公騎馬之興，應自不廢。更想庾樓，元規乘月之興，知亦不淺。我磨滅之餘，但留篇什。平生之事，只一釣舟。少待秋深水靜，高唐浪減，會須身到南湖。昭丘遺跡，尚彷彿識之也。

新築湖邊宅，還聞賓客過。自須開竹徑，誰道避雲蘿。四句湖亭。**官序潘生拙，才各賈誼多。捨舟應卜地，鄰接意如何。**四句寄詩之意。

此湖上亭所新築者，往來賓客，應亦不乏。賓客過，則竹徑須開，竹徑開則雲蘿難避。人道其開竹徑以延賓，誰道其避雲蘿以逃世。我官序之拙，有若潘生；子才名之多，直如賈誼。以我拙宦，似子多才。子既新築湖亭，我將卜鄰湖上，子具許我否？**暫住蓬萊閣，終為江海人。揮金應物理，拖玉豈吾身。**四句築亭湖上之故。**羹煮秋蓴弱，杯迎露菊新。賦詩分氣象，佳句莫頻頻。**四句預寫。

子本江海人，昔居蓬閣，幾違素志。今江海之興，始末不渝矣。況物聚必散，揮金乃理之自然；身貴何榮，拖玉非吾所固有。今日蓴羹下豉，興比季鷹；菊露流杯，情同元亮。他日我來卜鄰，賦詩聯句，共分南湖之氣，遮莫佳句頻頻而有也。

秋興 八首

「秋興」二字，出簡文賦。賦曰：「秋何興而不盡？興何秋而不傷？」《秋興》八章盡矣，傷矣。

玉露凋傷楓樹林，巫山巫峽氣蕭森。江間波浪兼天湧，塞上風雲接地陰。四句寫巫峽秋氣。**叢菊兩開他日淚，孤舟一繫故園心。寒衣處處催刀尺，白帝城高急暮砧。**四句無家之感。

首章離鄉之感。　悲哉秋也！萬象搖落，乃玉露團團，凋傷之象，楓先受之。況山島疎峛，巖壑深肅，蕭森之氣，更何如耶！我久欲泝江南下，奈江間波浪，兼天而湧。波浪在下，勢若兼天，蛟螭之縱橫可知。我久欲辭塞北歸，奈塞上風雲，接地而陰。風雲在上，勢若接地，烽煙之擾攘可知。所以棲遲南國，看叢菊之開，還似去年。將涕淚之揮，何日得免也。北望長安，嘆孤舟之繫，解纜無期。是故園之心，終成留滯也。當此杪秋苦寒，正授衣之候，家家刀尺，催製新衣。衣成，擣衣之聲，急不能緩。嗟我客子，何堪薄暮砧聲入耳耶！

夔府孤城落日斜，每依北斗望京華。二句承前「暮」字。**聽猿實下三聲淚，奉使虛隨八月槎。畫省香爐違伏枕，山樓粉堞隱悲笳。**四句都寫「望京華」情事。**請看石上藤蘿月，已映洲前蘆荻花。**結起下章。

此章去國之感。　「催刀尺」，「急暮砧」，仰而見「夔府孤城落日斜」。當此日薄虞淵，天荒地老，孤臣萬里，君門九重，所灼然者，北斗耳。舉頭見斗，不見長安。然而遙循北斗之墟，下是京華之地。當此朝廷失政，藩鎮不臣，星共之義不章，辰居之象安在？我心依北斗，極目京華，興言及此，安得挽斗杓直上哉？望京華而不見，因之下淚。我聽猿而淚，猶之感叢菊而淚也。古云：「猿鳴三峽淚霑裳。」今在巫峽聞之，信非虛語。望京華而不見，或者乘槎。我奉命出華，何不可乘槎返國也？語云：

「八月乘槎犯斗牛。」今憑北斗思之，茫無實據。往者為郎雖賤，庶幾畫省之中，爐香親惹。自傷病廢，不能躬直承明，命蹇如此。是京華以伏枕而疎也。茲焉作客殊方，惟見山樓之外，粉堞周遮。每至黃昏，邊聲四起。世亂如此，是京華以悲笳而隔也。吾一夜所感如此。漫漫長夜，何時得旦？不見月光所照，纔到石上藤蘿，又映洲前蘆荻？夜將曉矣。日月如流，終成留滯，亦奈之何！

千家山郭靜朝暉，日日江樓坐翠微。二句秋曉。**信宿漁人還泛泛，清秋燕子故飛飛。**二句江樓所見。**匡衡抗疏功名薄，劉向傳經心事違。同學少年都不賤，五陵衣馬自輕肥。**四句江樓感懷。

　　此章失志之感。　蘿月沉，荻花隱，起而見「千家山郭靜朝暉」。千家住山郭之傍，山郭在朝暉之內，秋光淨霽，爽氣淒清。乃千家盡傍山郭，江樓獨倚翠微。日日坐，殆與江樓終始矣。「望京華」則「每依北斗」，「坐翠微」則「日坐江樓」，豈非舍北斗則此心無依，離江樓即此身亦誰寄哉？江樓下，所泛者有漁人。彼漁人有何住者，今已「信宿」，而「還泛泛」。江樓中之客，宜去而久不去，是亦「信宿漁人」也。江樓外，所飛者有燕子。彼燕子秋以為期，今已「清秋」，而「故飛飛」。江樓中之客，宜歸而久不歸，是亦「清秋燕子」也。亦知此逗留江樓者，幾經抗疏青蒲上矣。自出貶司功以來，遂丹墀之日遠。彼匡衡抗疏而遷太傅，我也抗疏而遭貶斥，功名比匡衡而薄矣。亦知此依棲江樓者，曾思傳經石渠閣矣。自獻賦失志以來，歎儒術之難起。彼劉向傳經而徵受《穀梁》，我也傳經而詩書牆壁，心事擬劉向而違矣。「日日江樓坐翠微」，所傷者，漁人、燕子為群，同學少年何在也？所悲者，匡衡、劉向不若，同學少年何如也？遙想五陵年少，衣馬輕肥，亦念有客江樓，伴漁人，侶燕子，悼功名之不立，悵心事之多違乎？輕肥者，亦「自輕肥」耳。所謂「厚祿故人書斷絕」〔註11〕者，正此屬與？

聞道長安似奕棊，百年世事不勝悲。提下六句。**王侯第宅皆新主，文武衣冠異昔時。**二句正見「似奕棊」。**直北關山金鼓振，征西車馬羽書遲。**二句時事。**魚龍寂寞秋江冷，故國平居有所思。**「有所思」三字包下四章。

　　此章提出長安，起下四章。　羈巫峽，坐江樓，長安風景不復見矣，惟有託之於聞。長安為自古帝王都，秦、漢以來，變遷不一，大勢只如奕棊耳。開國者往往得勝算，亡國者往往留殘局。誰知前人勝算即為殘局所基，後人殘局又為勝算所起。然則勝算未可恃，殘局未可拋。善奕者因殘局為勝算，不善奕者變勝算為殘局，得失何常之有！長安變遷，且無遠追。即百年間世事，多可悲者。長安中第宅，萬戶相連也。

〔註11〕《杜詩闡》卷十一《狂夫》。

今王侯易，而第宅已易主。一時大臣宿將，競崇新第，甚而浮屠木妖，徧滿京師。世事之可悲者一。長安中衣冠，萬民所望也。今文武異，而衣冠亦異。舊如貂蟬，乃侍中冠也，一變而總戎皆插；如旌旄，本節鉞儀也，一變而奴隸皆麾。世事之可悲者又一。彼當國者，但知營第宅，飾衣冠。關山金鼓之聲，車馬羽書之警，誠有褻如充耳者。豈知直北關山，金鼓尚振，是河朔餘孽正未靖也。況乎征西車馬，羽書又遲，是吐蕃猖獗終無已也。然則長安棋局，依然可覆之棋局。世事如此，彼王侯第宅雕甍翼瓦者，何異燕雀處堂；文武衣冠爭妍取憐者，不過蚍蜉掘穴。興言及此，一盤殘局，無處下子。所為對秋江之淒清，感魚龍之蟄伏，頓覺開、寶年間，故國平居之事，歷歷縈懷也已。

蓬萊宮闕對南山，承露金莖霄漢間。西望瑤池降王母，東來紫氣滿函關。雲移雉尾開宮扇，日繞龍鱗識聖顏。 六母〔註12〕追賦玄宗時事。**一臥滄江驚歲晚，幾回青瑣點朝班。** 二句放逐之感。

　　一思蓬萊殿。　長安宮闕，自紫宸北為蓬萊，山勢已盡，獨對南山。況承露金莖，所云仙人掌者，又聳然霄漢。當年明皇誠勤政親民，則蓬萊宮闕豈非向明出治之所？而乃由宮闕而西望，思下王母於瑤池；由宮闕而東來，空候函關之紫氣。我亦曾獻賦於蓬萊宮闕，當鳳曆軒轅之代，正龍飛四十之春。此時明皇御蓬萊宮闕，紅雲捧而雉尾移，皇帝宸儀，如在天上；朝暾射而龍鱗繞，小臣望見，只此一時。當年以杜陵布衣，得瞻雲日；以二毛老叟，能感至尊。亦誰知有今日滄江之臥與？曾不知自何年一臥，荏苒遲暮，遂至於此。蓋猶憶靈武回鑾之日，身與瑣闥。誰料華州貶斥以來，滄江便臥。回首蓬萊，祇腸斷耳。○「金莖承露」，如當年宮中築壇煉藥等事。明皇度貴妃為女道士，是瑤池王母也。降玄元於永昌街，是函關紫氣也。「雲移」二句，若解作拾遺時事，「青瑣朝班」語為重複。且以下四章，皆思玄宗年間故國平居之事，一字不及肅、代。「青瑣朝班」，亦為滄江放逐之故，追言之耳。

瞿唐峽口曲江頭，萬里風煙接素秋。 二句總。**花萼夾城通御氣，芙蓉小苑入邊愁。** 二句寫「曲江」往事。**珠簾繡柱圍黃鵠，錦纜牙檣起白鷗。** 二句寫「風煙素秋」。**回首可憐歌舞地，秦中自古帝王州。** 二句警戒。

　　一思曲江頭。　我由瞿唐望曲江，有萬里之勢矣。然瞿唐此秋，曲江亦此秋。瞿唐之秋，搖落堪憐；曲江之秋，蕭條似此。明皇往日，亦曾遊幸其處。遊曲江，必從花萼樓而來，入芙蓉園而止，乃御輦則自夾城而達。蓋夾城之中為複道，從南內竟達曲江。其中深沉杳隔，往來者但通御氣。夫以夾城複道之深窣，君王遊幸，但聞御氣

〔註12〕「母」，疑當作「句」。

之通，庶幾芙蓉小苑之流連，別殿徵歌，永絕邊愁之入。乃當年邊愁之入，又安得禁也？青海之烽煙頻傳，南詔之喪亂見告，誰料平安之火，不報潼關；漁陽之箌，忽吟細柳。此日邊愁一入，而花萼、芙蓉便為灰燼。曲江往事如此。今由瞿唐一望，惟有蒼茫素秋而已。曲江宮殿，千門萬戶，向曾「珠簾繡柱」矣。今日素秋中，黃鵠空圍耳。曲江龍舟，橫流泝波，向曾「錦牙檣」矣。今日素秋中，白鷗時起耳。曲江本歌舞地，何以至此？自有長安以來，不知幾人帝、幾人王。大略勤儉者必興，逸豫者必亡。明皇一日不戒，罹百年為戒之禍。有國家者，尚回首知戒也！

昆明池水漢時功，武帝旌旗在眼中。織女機絲虛夜月，石鯨鱗甲動秋風。波漂菰米沉雲黑，露冷蓮房墜粉紅。六句昆明池。**關塞極天惟鳥道，江湖滿地一漁翁。**二句自歎。

　　一思昆明池。　昆明池水，乃漢時穿鑿之功也。當年武帝習戰於此，至今旌旗猶在眼中。乃昆明池水猶昨，武帝旌旗安在哉？昆明以象天河，立於池上者，舊有織女，其機絲更次，久虛夜月之往來，武帝旌旗不見矣。昆明時興雷雨，置於池上者，舊有石鯨，其鱗甲動搖，猶助秋風之蕭瑟，武帝旌旗不見矣。池中有菰米，經波漂而黯澹難尋，料已沉雲俱黑也。旌旗之影，尚有波底否？池中有蓮房，經露冷而淒其欲絕，可憐墜粉猶紅也。旌旗之影，還拂露中否？眼中之旌旗不見，池上之物色空留。當年目擊心傷，今日想像神愴。身違故國，仰見「關塞極天」；夢斷長安，俯見「江湖滿地」。迢迢鳥道，無限烽煙；泛泛漁翁，堪悲身世。能勿興哀於昔年之窮兵黷武哉？○漢武穿池習戰，以象昆明，為征昆明夷也。明皇連擊南詔，事同漢武。公往在長安，目擊其事，有《兵車行》詩，故曰「在眼中」。《平準書》：「漢脩昆明池，治樓船，旗幟加其上，甚壯。」「旌旗」二字亦非漫下。

昆吾御宿自逶迤，紫閣峰陰入渼陂。香稻啄殘鸚鵡粒，碧梧棲老鳳皇枝。佳人拾翠春相問，仙侶同舟晚更移。六句「渼陂」。**綵筆昔曾干氣象，白頭吟望苦低垂。**二句自傷。

　　一思渼陂。　昔年，漢武廣開上林，南至昆吾、御宿。我天寶末年，在長安待詔時，嘗循昆吾、御宿，而行到紫閣峰陰，遂入渼陂也。陂上有香稻，往時鸚鵡所啄者，歎一飽之無時，啄應殘矣。陂上有碧梧，往時鳳皇所棲者，愧千仞之無自，棲應老矣。渼陂之遊何如？猶憶春泛，有青蛾皓齒之歌舞，是「佳人拾翠」也。「春風自信牙檣動，斜日徐看錦纜牽」，此其時乎？猶憶夜遊，有岑參兄弟之好奇，是「仙侶同舟」也。「船舷暝戛雲際寺，水面月出藍田關」，此其時乎？我待詔長安，日遊渼陂，宦情亦澹矣。先是獻賦，已感宸聰；繼而蹉跎，一官不就。回首綵筆昔年曾干氣象者安在？

今日白頭吟望，止有低垂。更欲仰首伸眉，一吐生平之氣，何可復得哉？○「吟望」即前「望京華」之「望」。望蓬萊、望曲江、望昆明、望渼陂，望之不見而思，思之不見而仍望。屈子被放，行吟澤畔，睠顧不忘，正「吟望」二字意。○公身羈夔府，心在長安。前三章當以夔府為主，後五章當以長安為主。於夔府而憶長安，則託之望，故曰「望京華」。望長安而不可見，則託之思，故曰「有所思」。前三章都從望中寫出，身居夔府，不樂居夔府之意。後五章都從思中寫出，心在長安，不得見長安之情。以言天時，巫山、玉露，何如霄漢、金莖也；塞上風雲，何如蓬萊、雲、日也。以言地勢，白帝城之淒其，何如秦中為帝王州也；瞿唐峽之風煙，何如曲江為勝遊處也。以言人事，伴山郭之千家，何如與拾翠佳人春相問也；侶信宿之漁人，何如與同舟仙侶晚更移也。以言物理，下叢菊兩開之淚，何如碧梧香稻為可念也；看江樓燕子之飛，何如鸚鵡鳳皇為可懷也。長安之係人思如此。今日之長安不然矣。今日長安，霄漢、金莖猶然否？蓬萊、雲、日猶然否？想見者，夜月機絲，秋風鱗甲，不勝寂寞耳。秦中為帝王州，猶舊否？曲江為勝遊處，猶然否？想見者，花萼樓邊，芙蓉院裏，不勝荒蕪耳。拾翠佳人，猶登紫閣否？同舟仙侶，猶泛渼陂否？想見者，王侯第宅，文武衣冠，不勝變遷耳。碧梧香稻，猶然如昨否？鸚鵡鳳皇，依然無恙否？想見者，菰米沉雲，蓮房墜粉，不勝淒涼耳。況孤城之落日當樓，三峽之哀猿入耳，悲笳隱而如訴，孤舟繫而不開。寂寂魚龍，秋江獨臥；淒淒刀尺，旅夜偏驚。想故國之旌旗，感少年之裘馬。滄江遲暮，難回青瑣之班；綵筆蹉跎，空起白頭之歎。真可謂「秋何興而不盡，興何秋而不傷」也已。

寄柏學士林居

自胡之反持干戈，天下學士皆奔波。歎彼幽棲載典籍，蕭然暴露依山阿。青山萬里靜散地，白雨一洗空垂蘿。亂代飄零余到此，古人成敗子何如。以上敘林居。荊揚冬春異風土，巫峽日夜多雲雨。赤葉楓林百舌鳴，黃泥野岸天雞舞。盜賊縱橫甚密邇，形神寂寞甘辛苦。幾時高議排金門，各使蒼生有環堵。以上勉學士。

此勸學士出山。自安史作亂，干戈至今。學校廢，詩書輟，學士流離失所矣。歎彼載典籍，依山阿，是亦伏生、轅固之流。惜乎！萬里青山，暴露風雨。靜散之地，但有垂蘿。如子林居者，亦亂代飄零之故耳。但不識古人成敗，載諸典籍，誰為濟時而成？誰為失身而敗？學士審處，果何如耶？彼荊揚春冬，風土獨異；巫峽日夜，雲雨偏多。如百舌多言，鳥之小人，感陰始囀。今爭鳴於赤葉楓林際，是小人得志充斥，

宜乎盜賊縱橫也。彼天雞知時，鳥之君子，宜處霄漢。今起舞於黃泥野岸間，是君子感時而思有為，不甘於形神寂莫也。顧使縱橫者密邇、寂寞者徒自辛苦哉？大抵君子處世，獨善非難，濟時為貴。今學士林居，環堵蕭然矣，其如蒼生暴露何！庶幾排金門，抒高議，使蒼生各有環堵，以免於內溝此時天下爭頌學上功名，出於尋常萬萬，則數年來之干戈，一朝休息。即古人成敗，有卑卑不足數者，學士果有意否？

卷二十五

夔州詩_{大曆元年秋至二年春}

詠懷古跡　　五首

　　五首皆夔蜀古蹟。「詠懷古蹟」者，有懷古蹟詠之也。

支離東北風塵際，漂泊西南天地間。二句總。**三峽樓臺淹日月，五溪衣服共雲山。羯胡事主終無賴，詞客哀時且未還。庾信平生最蕭瑟，暮年詩賦動鄉關。**六句申明支離漂泊之由，結以庾信自況。

　　懷庾信。　東北齊、趙諸州，我少年曾遊其地。今一望風塵，支離難問矣。蜀在天地西南，漂泊於此，夫豈得已！西南有三峽，我今漂泊，一若三峽日月可以久淹者；西南有五溪，我今漂泊，一若五溪雲山可與共處者。揆厥所由，亦由東北支離耳。追維亂原，始於祿山。當時明皇以祿山為不足患，不知其事主終成無賴。東北支離，職此故與？今日故鄉，豈不思歸？無奈詞客哀時，未能即還，西南漂泊，長此安窮也。古詞客哀時者，莫如庾信。信遭侯景亂，奔江陵，居宋玉宅。其平生意況，最為蕭瑟。至暮年動鄉關之思，託諸詩賦。我情同庾信，今日亦聊借詩賦，一遣旅懷而已。

搖落深知宋玉悲，風流儒雅亦吾師。悵望千秋一灑淚，蕭條異代不同時。以上可知者。悲秋之情。**江山第宅空文藻，雲雨荒臺豈夢思。最是楚宮俱泯滅，舟人指點到今疑。**以上可疑者。作賦之指。

　　懷宋玉。　宋玉《九辨》首章曰：「悲哉！秋之為氣。」又曰：「草木搖落而變衰。」亦哀其師屈原被放失職也。此意惟我深知耳。屈原固宋玉師，宋玉之風流儒雅，

亦我千秋以下異代之師。我恨望其人，空一灑淚，蕭條雖似，恨不同時。夫宋玉可知者，悲秋之情；乃宋玉可疑者，作賦之指。彼《高唐》、《神女》兩賦，宋玉文藻，亦宋玉夢思也。今江山故宅，文藻空留；雲雨荒臺，夢思何在？知宋玉者，以為此宋玉文藻，不過託之夢思。不知宋玉者，以為真宋玉夢思，喜而形諸文藻。最可異者，楚宮已泯滅矣，至今舟人過此，猶指高唐神女之遺跡，疑當年果有此事。夫為師悲秋之意，我深知之；為君諷諫之指，到今疑之。事之可印者，人未必知；事之無可疑者，竊竊然疑之。獨宋玉然哉？

群山萬壑赴荊門，生長明妃尚有村。一去紫臺連朔漠，獨留青冢伴黃昏。畫圖省識春風面，環珮空歸月夜魂。六句「明妃」。**千載琵琶作胡語，分明怨恨曲中論。**二句「懷」。

懷明妃。　荊門一路，巖壑爭趨，山川明秀，麗人誕焉，明妃是也。世傳明妃村，至今尚在。向使不入深宮，長為村婦，則春風之面，寧到紫臺；夜月之魂，不留青冢。不幸紫臺去，生長之村長辭矣；青冢留，生長之村不堪回首矣。當其去，春風之面不可復識。使當年春風之面果能熟識，亦何至有紫臺之去？乃元帝草草按圖，不復辨其真在春風之面，亦略識耳。及其死，夜月之魂未嘗不歸。使當年環珮之聲不出深宮，亦何必有魂歸之事？乃明妃死不忘漢，惜漢家不贖之生前，月夜之魂亦空歸耳。凡此皆明妃所怨恨者。此怨恨之情，明妃不能自陳，猶賴千載下，詞客騷人憑弔追賦。如《明妃怨》、《明妃曲》諸樂府，其怨恨之情分明傳出。使當年始終為漢之意，亦不至滅沒也。○琵琶本胡樂，明妃未嘗有彈琵琶出塞事。惟石崇《王明君辭》，其序云：「昔公主嫁烏孫，令琵琶馬上作樂，以慰其道路之思。其送明君亦爾也。」曰「送明君亦爾者」，送者自彈琵琶耳。石崇辭曰：「殊類非所安，雖貴非所榮。父子見陵辱，對之慚且驚。殺身良不易，嘿嘿以苟生。苟生亦何聊，積思常憤盈。願假飛鴻翼，乘之以遐征。」石崇體明妃意，以為琵琶詞其中怨恨，歷歷分明，故曰「分明怨恨曲中論」。按《明妃傳》：「呼韓邪死，其前閼氏子代立，欲妻之。明妃上書求歸，昭帝勅令從胡俗。」「環珮空歸」，公非虛語。

蜀主窺吳幸三峽，發感在此一句。**崩年亦在永安宮。翠華想像空山裏，玉殿虛無野寺中。**公自注：「山有臥龍寺，先主祠在焉。」**古廟杉松巢水鶴，歲時伏臘走村翁。武侯祠屋長鄰近，**公自注：「殿今為寺，廟在宮東。」**一體君臣祭祀同。**

懷先主。　當年蜀主幸峽，本為窺吳之故，豈料喪師後，即崩永安。先是蜀主為陸遜所敗於秭歸，步還魚復，改為永安，崩亦於此，良可歎也。當蜀主伐吳時，

魚復、秭歸之地，連營七百里，旌旗蔽空，今翠華何在？但想像於空山裏耳。玉殿何在？亦虛無於野寺中耳。然杉松之上，水鶴猶巢；伏臘之時，村翁尚走。況武侯祠屋，近在宮東，雖翠華杳渺，玉殿虛無，瞻仰武侯，君臣如在，其祭祀亦一體不廢也。○先主以孫權襲關羽，東征三吳，為吳將陸遜所破。當時孔明遂有「孝直若在，必能制主上東征」之語。胡致堂亦言之，「漢主與關、張久要深契，關為吳所擒，若不報仇，君臣之分不終矣。然命將出師可也。乃以萬真之主，持敵踰年，卒為後生新進所圖」〔註1〕。況吳蜀唇齒，不當相圖。此詩「窺吳」二字，便見出師非正，詩意深痛之也。

諸葛大名垂宇宙，宗臣遺像肅清高。三分割據紆籌策，萬古雲霄一羽毛。伯仲之間見伊呂，指揮若定失蕭曹。六句孔明。**運移漢祚終難復，志決身殲軍務勞。**二句懷。

懷孔明。　三國多人才，惟諸葛為漢宗臣耳。遺像清高，至今想見。當諸葛居南陽時，吟梁父，名臥龍，其清高之致，飄飄然如孤雲野鶴，迥出塵表。至先主三顧，計以馳驅，然綸巾羽扇，清高之致，始終不改。三分割據之籌策，未出草廬而已定。既而從容展布，不出乎此。人見其為紆，豈知有無容急者。斯人也，其為清高，真雲霄中一人與？不獨非張子布、魯子敬可及，並高於崔州平、龐士元一等。擬之於古，殆伊、呂，非蕭、曹也。諸葛以管、樂自況，謙也；陳壽以蕭、管亞諸葛，妄也。夫諸葛以伊、呂才，指揮天下何難。西滅魏，東破吳，蕭、曹何足比數。惜乎，指揮未定耳！大抵可為者人，難回者天，欲成者志，不可必者運。諸葛亦云：「鞠躬盡瘁，死而後已。成敗利鈍，非臣所能逆料。」蓋大運已移，漢祚難復，志雖決，身已殲，軍務之勞，聊報先主於地下云爾。

殿中楊監見示張旭草書圖

斯人已云亡，草聖秘難得。及茲煩見示，滿目一棲惻。四句總挈。**悲風生微綃，萬里起古色。鏘鏘鳴玉動，落落群松直。連山蟠其間，溟漲與筆力。有練實先書，臨池真盡墨。俊拔為之主，暮年思轉極。未知張王後，誰並百代則。嗚呼東吳精，逸氣息清識。**以上詠「草書」。**楊公拂篋笥，舒卷忘寢食。念昔揮毫端，不獨觀酒德。**四句「見示」。

旭之生也，草書散落，珍惜尚少。斯人亡，秘難得矣。一見示，棲愴生矣。但覺

悲風起微綃之間，古色觀萬里而外耳。其筆勢之動，如群玉鏘鏘而搖曳；其筆勢之直，如群松落落而挺節。其筆力聯絡，若連山蟠於楮上；其筆力雄放，若溟渤漲於行間。有練即書，何其勤也！臨池盡墨，何其酣也！當其壯年，止以俊拔為主。及乎晚歲，更覺精銳畢出。張旭以前，有王羲之。羲之而後，但有旭耳。旭，吳人，為東吳精，稟東吳之逸氣，作龍蛇之草書。凡具清識者，莫不感動，而公為寢食都忘也。夫旭之草書，多於醉後。醉後能書，是亦酒德。然使人珍重者，誠念揮毫之妙耳，豈但觀其酒德以醉而能書為神哉？

楊監又出畫鷹十二扇

近時馮紹正，能畫鷙鳥樣。明公出此圖，無乃傳其狀。四句總。殊姿各獨立，清絕心有向。疾禁千里馬，氣敵萬人將。四句寫「畫鷹」。憶昔驪山宮，冬移含元仗。天寒大羽獵，此物神俱王。當時無凡才，百中皆用壯。六句感往事。粉墨形似間，識者一惆悵。二句挽「畫鷹」。干戈少暇日，真骨老崖嶂。為君除狡兔，會是翻韝上。四句托感。

開元中，馮紹正以畫鷹傳。楊公畫扇，非出紹正，乃狀貌若得真傳。此扇上鷹，其姿矯異，各自殊絕；其心清絕，各有所向。以擬其疾，千里馬禁而不前。以言其氣，萬人將差堪與敵。畫鷹如此，因憶真鷹。明皇太平時，常於冬十月幸驪山，較羽獵。時寧王有高麗赤雁，尤俊異，常署駕前。當時天子神武，左右總非凡材，故用此英物。一搏一擊，如狡兔之類，盡殺乃止。今畫上鷹彷彿似之。乃回首驪山風雪處，含元移仗，無復昔日。徒然摰摰粉墨，何益之有！所以然者，世屬干戈，遊幸少暇，豈無真骨，老於崖間？彼山中狡兔，未嘗絕也。真骨雖老，其為君搏擊，心未嘗忘，但淪落巖岸，力何由用？必也置諸韝上，親近至尊，乃能翻騰而起，為君除狡兔不難也。惜乎不遇先帝，坐令真骨埋沒。今日但於畫圖間，挹其英姿猛氣哉！〇此詩結四句，即公《進鵰賦》中語。「莫試鉤距，空廻斗星。眾雛倘割鮮于金殿，此鳥已將老於巖扃」〔註2〕，皆是自傷不見試也。

送殿中楊監赴蜀見相公

去水絕還波，洩雲無定姿。人生在世間，聚散亦暫時。離別重相逢，偶然豈足期。六句泛言別離。送子清秋暮，風物長年悲。二句「送楊監」。豪俊貴勳業，邦家頻出師。相公鎮梁益，軍事無孑遺。解榻再見今，

〔註2〕《杜詩詳注》卷二十四《鵰賦》。

用才復擇誰。況子已高位，為郡得固辭。難拒供給費，慎哀漁奪私。干戈未甚息，紀綱正所持。以上勉之。泛舟巨石橫，登陸草露滋。二句「赴蜀」。出門日易久，當念居者恩。二句囑之。

　　去水不還，洩雲難定，人生聚散猶是耳。今日送子往蜀，且當暮秋，風物蕭條。雖長年舟子，習於江湖者，亦愁絕也。豪俊不然。蓋豪俊以勳業為事者，正值邦家多故，相公坐鎮於此，子往赴幕，陳蕃之榻必為子解。雖子為殿中秘監，其位已高，此行倘擇為郡守，無須固卻。蓋以軍事孔亟，供給難違。乘勢侵漁，所當嚴絕。況郡守方面，紀綱在焉。欲靖干戈，尤當整肅。子若辭郡守，二事將誰望也？子行矣。此去水路則大石阻楫，陸行則草露沾衣。物皆風物，堪悲者，出門之人，歲月易馳；在家之人，懷思獨切。行矣，楊子志我言哉！○此章要言，只「難拒供給費」四句，欲其佐鴻漸不逮也。成都經崔旴亂，民已困極。鴻漸至成都，又納崔旴重賂。夫崔旴本漁奪所得之物，鴻漸不拒。公於揚〔註3〕赴幕曰「難拒供給費，慎哀漁奪私」，為鴻漸言也。崔旴殺主帥謀叛，紀綱掃地，鴻漸至成都，但接以溫恭，無一言責其干紀，紀綱可知。公於楊赴幕曰「干戈未甚息，紀綱正所持」，亦為鴻漸言也。司馬勝之拜漢嘉太守，固讓不之官，〔註4〕故詩中有「為郡得固辭」句。

孟冬

　　雲安、夔州居南方，天時氣候都異。公作《月令》詩獨多，如十二月、一日、七月一日、七月三日、九月三十日、十月一日、立春、孟冬，以至或雷、或雨、或熱、或雪、或苦寒，無不詳記，所謂「甲子西南異」〔註5〕也。

殊俗還多事，方冬變所為。破柑霜落爪，嘗稻雪翻匙。二句承「變所為」。巫峽寒都薄，烏蠻瘴遠隨。二句應「殊俗」。終然減灘瀨，暫喜息蛟螭。結挽「多事」意。

　　夔為殊俗，蜀亂未平，人還多事。令值孟冬，天時又轉，物變所為。破柑作酸之味，一變矣。嘗稻作甘之味，一變矣。地氣不然，入冬而峽寒獨薄，雖寒而蠻瘴偏隨。惟是瞿唐之水，交冬而淺；蛟螭之類，水淺則徙。是亦可喜者。灘瀨減，蛟螭息，為干戈靜、盜賊滅之象。「還多事」者，終無事與？

〔註3〕「揚」當作「楊」。
〔註4〕（晉）常璩《華陽國志》卷十一《後賢志》：「司馬勝之，字興先，廣漢綿竹人也。……終以疾辭去職，即家拜漢嘉太守，候迎盈門，固讓不之官。」
〔註5〕《杜詩闡》卷十二《重簡王明府》。

悶

瘴癘浮三蜀，風雲暗百蠻。悶之由。捲簾惟白水，隱几亦青山。悶在景。猿捷長難見，鷗輕故不還。悶在物。無錢從滯客，有鏡巧催顏。悶在境。

西來三蜀，瘴癘都浮；南去百蠻，風雲為暗。悶矣！此際捲簾，一望只水；此時隱几，所見惟山。夫白水青山，本娛人之景，心有所悶，則雖門迎白水，坐對青山，無非添愁導恨之物。庶假猿、鷗以釋悶，乃猿自捷也，何處攀援而長不見；鷗自輕也，何方遊戲而故不還。一捷一輕，無滯使然。我則欲去而客裝終澀，未老而青鏡如催，既愧猿、鷗，空對山水，日與瘴癘風雲為緣，悶安得遣與？

雷

巫峽中宵動，滄江十月雷。龍蛇不成蟄，天地劃爭廻。二句「滄江十月雷」。卻礙空山過，深蟠絕壁來。何須妬雲雨，霹靂楚王臺。四句「巫峽中宵動」。

山本靜物，夜亦靜時，今巫峽中宵動者，則以「滄江十月雷」也。《月令》：「仲秋雷，乃收聲，蟄蟲壞戶。」十月雷非無故者。因而龍蛇之蟄者，亦驚而不能成蟄。十月為天地閉塞時，雷復出地，則天地不安於閉塞，而劃然爭回，轉行夏令。巫峽動何如？其聲前而復後，卻礙空山；其勢去而復來，深蟠絕壁。彼雷能散雲雨者，意妬陽臺雲雨，為此霹靂耶？竊恐不為此也。〇十月辛卯，「燁燁震電」〔註6〕，《小雅》誌皇父之亂。當時元載即皇父。「滄江十月雷」五字紀異。

朝　二首

清旭楚宮南，霜空萬嶺含。二句「朝」景。野人時獨往，雲木曉相參。俊鶻無聲過，饑烏下食貪。四句「朝」景中所見。病身終不動，搖落任江潭。以感歎結。

孟冬日行北陸，朝旭宜在楚宮南。日出霜空，氛陰都盡，故楚宮以南，萬嶺皆含清旭。此時朝景中，野人喜日出而身獨往，野人有事而動也；雲木向日出而影相參，雲木無情亦動也；俊鶻當日出而思搏擊，鶻之乘時而動也；饑烏見日出而尋稻粱，烏之及時亦動也。獨我病身，終不能動。江潭搖落，奈朝景何！

浦帆上聲。晨初發，郊扉冷未開。村疎黃葉墜，野靜白鷗來。四句「朝」景。礎潤休全濕，雲晴欲半廻。巫山冬可怪，昨夜有奔雷。四句「朝」雨。

〔註6〕《小雅·十月之交》：「十月之交，朔月辛卯。……燁燁震電，不寧不令。」

浦帆初發者，夜向晨也；郊扉未開者，晨猶冷也。村落蕭疎，黃葉無風自墜；野塘寂歷，白鷗趁曉先來。此時亟望朝霽，乃礎柱潤，將雨徵也，「休全濕」，疑其已霽；洩雲晴，雨歇候也，「欲半回」，疑其又雨。蓋冬行夏令，昨夜奔雷，陰晴殊未定耳。

南極

南極青山眾，西江白谷分。「南極」山水。古城疎落木，荒戍密寒寒。「南極」風景。歲月蛇常見，風颭虎忽聞。近身惟鳥道，殊俗自人群。「南極」人物。睥睨登哀柝，蟾弧照夕曛。亂離多醉尉，愁殺李將軍。「南極」時事。

夔為南極，此地關塞極天，青山獨眾。其西江漢水與大江合流處，至白谷始分。此青山白谷間，公孫所築白帝城，古矣。落木蕭疎，峽口所設屯戍處，亦荒矣。寒雲密布，此古城荒戍間，有蛇焉，蛇偶見則易禦，常見則難禦；有虎焉，虎習聞則易防，忽聞則難防。不獨蛇、虎，近身之地，無非鳥道；殊俗之類，自為人群。況時值亂離，聽哀柝，覽蟾弧，計此時，惟醉尉得志耳。夫豈故李將軍之時，夔地尚可居否？

晚

杖藜尋晚巷，炙背近牆暄。人見幽居僻，承上。吾知拙養尊。起下。朝廷問府主，耕稼學山村。歸翼飛棲定，寒燈亦閉門。結挽幽居。

巷無居人，杖藜尋之；牆有餘暄，炙背就之。居何幽也！似此幽居，人見為僻，我意不然，但知拙養為尊也。朝廷之事，非我所知；山野之夫，惟稼堪學。蓋非府主而與朝廷，為不安於拙；本山村而習耕稼，所養為已尊。此時鳥已定棲，人當知止。燈寒門閉，回首杖藜炙背處，晚暄安在哉？○楊惲南山之歌，譏刺朝政，不免禍患。「朝廷問府主」，大是學問。

西閣夜

恍惚寒山暮，逶迤白霧昏。山虛風落石，樓靜月侵門。「西閣夜」景。擊柝可憐子，無衣何處村。時危關百慮，盜賊爾猶存。「閣夜」所感。

寒日下山，忽焉已暮；日沉霧起，一望皆昏。霧密則風生，木脫山空，風落石而難遏；霧散則月出，夜靜樓虛，月侵門而不避。況風聲所傳，直聞擊柝之子；月色所照，恍見無衣之村。既憐擊柝，又念無衣，顧此時危，百慮交集，無非為爾盜賊故。盜賊一日不滅，擊柝者何日休，無衣者何日遂生。嗟爾盜賊，至今尚有耶？

月圓

孤月當樓滿，寒江動夜扉。委波金不定，承「動夜扉」。照席綺逾依。承「當樓滿」。未缺空山靜，高懸列宿稀。二句「圓」。故園松桂發，萬里共清輝。二句月圓人未圓。

　　月孤矣，幾人對此，覺當樓滿耳。直使寒江之色，亦動樓扉。孤月當樓，樓中有月矣；寒江動扉，樓中有江矣。樓中有江，委波不定，月波與江波相映也；樓中有月，照席相依，金波與綺席一色也。凡此皆圓之故。圓則未缺，空山正靜；圓復高懸，列宿無光。乃月雖圓，人未歸也。松桂無依，清輝徒共。所謂孤月，彌形其孤，然則月圓不轉怪其圓哉！

中宵

西閣百尋餘，中宵步綺疏。點「中宵」。飛星過水白，落月動沙虛。擇木知幽鳥，潛波想巨魚。「中宵」所見。親朋滿天地，兵甲少來書。「中宵」所感。

　　閣峻百尋，綴以綺疏。我中宵散步其處，適見流星過水，其光在水而水為白；月落動沙，光已去沙而沙為虛。此時擇木棲者為知幾鳥，幽鳥非凡鳥；此時潛波底者是得所魚，巨魚非凡魚。人處亂世，當如魚鳥，未識西閣是擇木、潛波處否？乃親知契闊，兵甲無書，蕭條至此也。

不寐

瞿唐夜水黑，城內改更籌。翳翳月沉霧，輝輝星近樓。「不寐」所聞見。氣衰甘少寐，心弱恨容愁。多壘滿山谷，桃源何處求。「不寐」所感。

　　夜深矣，瞿唐水黑，城內更移。於時月沉於霧，翳翳如無；星近於樓，輝輝若逼。何以不寐？氣衰故耳。氣衰自然不寐，老至使然，我所甘也。亦愁多故耳。心弱何以容愁？世亂使然，我所恨也。當此四郊多壘，直滿山谷，縱有桃源，何處尋耶？

鷗

　　詠物七章，於鷗賞其遊戲，於猿戒其用奇，於黃魚惜其長大，於白小憐其細微，麂不能善藏，鸚鵡聰明而自損，雞不能遊方之外，皆假物說法。

江浦寒鷗戲，「戲」字貫下。無他亦自饒。卻思翻玉羽，隨意點春苗。雪暗還須落，風生一任飄。幾群滄海上，清影日蕭蕭。

　　江浦寒矣，鷗戲自若。一戲而外，更無他意，其樂趣亦自饒矣。鷗戲何如？鷗有

玉羽，戲而時翻。「卻思翻」者，翻得有意。浦有春苗，戲而時點。「隨意點」者，點得無心。至於雪暗，還見落浦；及其風生，一任飄江。似此滄海之上，其群不一，遊戲之趣，當無日不然也。○「春苗」當是「青苗」。夔有青苗陂，公《夔州歌》「北有澗水通青苗。晴浴狎鷗分處處」〔註7〕。

猿

裊裊啼虛壁，蕭蕭掛冷枝。艱難人不免，隱見爾如知。四句美其知幾。**慣習元從眾，全生或用奇。前林騰每及，父子莫相離。**四句戒其用奇。

猿聲啼壁，未見其形，先聞其聲，隱矣。猿身掛枝，既聞其聲，旋現其形，見矣。夫人處世，不免艱難，所以踟躕隱見，出不輕出，處不竟處。彼猿有何艱難，乃時隱虛壁，時見冷枝，一似知隱見之幾者。夫啼壁掛枝，難矣。猿由慣習，故從眾同然。抑啼壁掛枝，危矣。猿以全生，或用奇所致。然用奇未可恃，倘恃便捷，至騰前林，父子不保，悔之晚矣。○《國策》：「環山者三，騰山者五。」故曰「騰每及」。父子相離，如桓公入蜀，至三峽，部伍中有得猿子者，其母攀崖哀號。齊武帝出景陽山，見一猿悲號，問丞：「此猿何意？」答曰：「猿子前日墜崖死，其母求之不見耳。」此父子相離之類。

黃魚

日見巴東峽，黃魚出浪新。脂膏兼飼犬，長大不容身。筒箭相沿久，承首聯。**風雷肯為神。**承次聯。**泥沙卷涎沫，回首怪龍鱗。**申足上意。

巴俗黃魚出浪日新者，蜀人嗜魚也。如何脂膏，兼以飼犬？雖曰長大，其如身不為人容何！夫日日出浪，則筒箭取魚，相沿已久。長大不容，則風雷雖神，孰為爾神？大抵風雷原肯變化夫物，特不能為塊然長大。如黃魚者，亦變化之甚者。或槁死泥沙，並不為筒箭所見取。回首龍鱗，反怪其變化之神速，亦已愚矣！○此詩即公《鵰賦》中謂「鶹鸒之屬，莫益於物。空生此身，長大如人，味不足珍」〔註8〕之意，皆指庸流也。

白小

白小群分命，天然二寸魚。細微霑水族，風俗當園蔬。入肆銀花亂，傾箱雪片虛。六句「白小」。**生成猶拾卵，盡取義何如。**結諷蜀人。

〔註7〕《杜詩闡》卷二十六《夔州歌十絕句》之六，此係第二、三句。
〔註8〕《杜詩詳注》卷二十四。

白小為魚，雖則細微，群分一命，二寸之質，分定天然。夫豈不欲變化於二寸外？而不可得，是即命也。似此細微，空霑水族，庶幾安命，乃可免取。無奈風俗不然何！以其細微，比諸園蔬，而入肆如花，傾箱若雪矣。彼生成之道，拾卵保生；此白小之魚，盡取忘義。何夔俗之貪耶！黃魚以長大不容，白小以細微盡取，物不幸生夔，大小皆不能自全如此。

麂

永與清溪別，蒙將玉饌俱。無才逐仙隱，不敢恨庖廚。四句歎「麂」。亂世輕全物，微聲及禍樞。衣冠兼盜賊，饕餮用斯須。四句大意。

麂生清溪，可與長年，何至永別？一別清溪，真成永訣矣。夫被繡入廟，不如曳尾泥塗。麂舍清溪，借玉饌，人為麂幸，不知其身供刀俎，亦已久矣。麂亦何樂蒙此籠將為！彼鹿，麂類耳。鹿有才能，常隨仙隱；麂惟拙劣，命懸庖廚。亦何恨之有？獨是處此亂世，已輕全物。欲自全者，計惟嘿足容耳。麂不能然。庖廚之禍，又焉能免？今日衣冠盜賊，同一饕餮。以我微軀，供彼匕箸，麂真昧於保身矣。○「永與清溪別」，語甚悲痛。揚雄投閣，陸機入洛，皆是「亂世輕全物」。此管寧遼海，龐公鹿門，欲為天地間完人耳。

鸚鵡

鸚鵡合愁思，聰明憶別離。翠衿渾短盡，紅嘴謾多知。二句承「聰明」。未有開籠日，空慚宿舊枝。二句寫「愁思」「別離」之意。世人憐復損，何用羽毛奇。二句感歎。

鸚鵡靈鳥，嬉遊高峻，愁思為何？蓋由自負聰明，離群思切耳，雖有翠衿，不覺渾短；為恃紅嘴，翻惜多知。而況閉之籠中，故巢終遠。世人愛其聰明，未嘗不憐；妬其羽毛，又復遭損。安用此翠衿、紅嘴為？○彌衡《鸚鵡賦》曰：「長吟遠慕，哀鳴感類。放臣屢歎，棄婦欷歔。感生平之遊處，若壎箎之相須。何今日之兩絕，若胡越之異區。」公曰「合愁恩」、「憶別離」，取材於此。

雞

紀德名標五，初鳴度必三。殊方聽有異，失次曉無慚。二句巫峽之雞。問俗人情似，充庖爾輩堪。二句失旦使然。氣交亭育際，巫峽漏司南。二句解失旦之故。

雞有五德，三號後旦。此常度也。殊方聽之，往往失次。失次而曉，雞無慚哉？

彼物情猶人情，殊方之人情有異，雞何獨不然？既已失次，不足司晨。以之充庖，何辭之有！雖然，雞有五德，何至於此？或者入冬節氣，正交生育，司南之旦，至於偶漏，不足為雞咎矣。

昔遊

昔者與高李，公自注：「李白、高適。」晚登單父臺。寒蕪際碣石，萬里風雲來。桑柘葉如雨，飛藋與徘徊。清霜大澤凍，禽獸有餘哀。以上敘昔遊之地。是時倉廩實，洞達寰區開。猛士思滅胡，將帥望三台。君王無所惜，駕馭英雄材。幽燕盛用武，供給亦勞哉。吳門轉粟帛，泛海陵蓬萊。肉食三十萬，射獵起黃埃。以上敘昔遊時事。隔河憶長眺，青歲已摧頹。不及少年日，無復故人杯。賦詩獨流涕，亂世想賢才。有能市駿骨，莫恨少龍媒。商山議得失，蜀主脫嫌猜。呂尚封國邑，傅說已鹽梅。景晏楚山深，水鶴去徘回。龐公任本性，攜子臥蒼苔。以上昔遊所感。

我天寶初載，客遊兗州，與高、李兩公同登單父臺上。遠見寒蕪，直際碣石。夫碣石在薊，而寒蕪遠際，則風雲來萬里矣。於時桑柘落，飛藋亂，清霜隕，禽獸號，秋氣悲哉！猶幸國家全盛，倉廩實，寰區開。明皇開邊之心正侈，故猛士貪功名者皆思滅寇；邊將入相之路未杜，故將帥邊功盛者咸望三台。倉廩實，寰區開，君王爵賞不吝矣。猛士貪功名，將帥得入相，駕馭大權亦得矣。惟時祿山已為范陽節度使，幽燕用兵，邊事日壞。竭粳稻以供漁陽，泛雲帆以給薊北。祿山部下，肉食者號三十萬。每一射獵，黃塵四起。然則我遊兗州，登單父臺時，隔河長眺，所見「寒蕪際碣石」者即此幽燕處哉？我當青歲，顧此時事，志便摧頹，不復思有為也。況今老大，故交零落，惟有憶昔揮涕，撫今懷才耳。大抵太平之世，不見賢才；禍亂之餘，便思嶽降。今日高、李雖逝，豈無駿骨龍媒，如商山四皓出定儲君者，如南陽孔明起扶蜀主者，如呂尚垂暮建功名、封國邑者，如傅說致主奏鹽梅、成中興者？乃竟楚山日暮，水鶴高飛哉！我本龐公，性耽偕隱，縱未能攜妻採藥，遠赴鹿門，亦且挈子固窮，蒼苔長臥矣。他何慕焉？○「商山」等句，應指李泌。當肅宗即位靈武時，得失未定，李泌謂位雖即，凡事須待上皇歸，得失遂定。及肅宗表請上皇，語李泌曰：「朕已表請上皇東歸，朕當還東宮」，泌謂「如此，上皇不歸矣」。已而表至，上皇欲不歸。是上皇有嫌猜也。李泌易表至，上皇喜，乃還，嫌猜盡釋。故曰「商山議得失，蜀主脫嫌猜」。上皇奔蜀，唐人多以蜀主比之。當時靈武扈從功臣皆封國邑如呂尚，而晉爵入相者如

傅說，故曰「呂尚封國邑，傅說已鹽梅」。李泌辭歸衡山，歲久不召，公蓋傷之。故曰「景晏楚山深，水鶴去徘回」。公亦扈從舊臣，不蒙介推之賞，諫垣不終，旋見放逐，自安龐公已耳。故曰「龐公任本性，攜子臥蒼苔」。無非昔遊所感。

寄杜位公自注：「頃者，與位同在故嚴尚書幕。」

寒日經簷短，窮猿失木悲。峽中為客恨，江上憶君時。天地身何往，風塵病不辭。二句承「峽中為客恨」。封書兩行淚，霑灑裛新詩。二句承「江上憶君時」。

　　我年彌促，寒日短矣。嚴公長逝，而我無依，窮猿悲矣。所由天涯作客，重有峽中流落；棲遲江上，轉憶與君同在嚴幕時也。我峽中為客，則天地雖大，一身何往？風塵失足，老病安辭？我江上憶君，既封書述為客之情，復題詩志在幕之痛。聚散存沒之感，一時交集，子念此否？

送鮮于萬州遷巴州

　　鮮于名炅，仲通子。往公上仲通詩有「鳳穴雛皆好」〔註9〕句。今遷巴州者，亦一也。

京兆先時傑，琳琅照一門。提「鮮于萬州」。朝廷偏注意，接近與名藩。「遷巴州」。祖帳維舟數，寒江觸石喧。看君妙為政，他日有殊恩。四句「送」。

　　爾翁人傑，曾官京兆尹，而況父子六人，皆有令聞，琳琅盛矣！所以朝廷注意。今日子由萬州遷巴州，獨與鄰近之名藩。一時送行者，祖餞客多，維舟日久。寒江水落，觸石聲喧。我獨為君進一辭，曰：「看君妙為政。」夫吏治以政為先，此去為政，貴有殊績。有殊績，斯有殊恩。先時京兆，何難復踵其休哉？〇按：仲通長於吏治，子能繼之。《萬州碑》載鮮于炅政績甚詳，宜有「妙為政」句。

西閣三度期大昌嚴明府同宿不到

問子能來宿，今疑索故要。二句「期宿不到」。匣琴虛夜夜，手板自朝朝。金吼霜鐘徹，花催蠟炬銷。早鳧江檻底，雙影謾飄飄。六句寫「不到」情景。

　　我前問子，得來宿之訊，直至三度相期而不到，意必欲索我所期之故，以不到要

〔註9〕《杜詩闡》卷二《奉贈鮮于京兆二十韻》。

我耳。子不來，我貯匣琴而待知己，「虛夜夜」矣。子不來，子拄手板而迎上官，「自朝朝」矣。我之匣琴，既虛夜夜，所以金鐘之吼，徒徹霜天；花蠟之催，空銷炬影。不見子來同宿也。子之手板，既自朝朝，所以江檻之際，不見王喬；早鳧之浮，但有鳧影。虛疑是子，而所期勿踐也。子心忍矣？

西閣曝日

凜冽倦玄冬，負暄嗜飛閣。二句題面。羲和流德澤，顓頊愧倚薄。毛髮具自和，肌膚潛沃若。太陽信深仁，衰氣歘有托。欹傾煩注眼，容易收病腳。以上「曝日」之樂。流離木杪猿，翩躚山巔鶴。朋知苦聚散，哀樂日已作。即事會賦詩，人生忽如昨。古來遭喪亂，賢聖盡蕭索。胡為將暮年，憂世心力弱。以上曝日所感。

玄冬凜冽，登閣嬾矣。惟是閣西日東，能納朝旭，偶愛於此一曝耳。彼司玄冬者，顓頊。凜冽之氣，附著逼人。今負暄西閣，覺羲和之德澤一流，顓頊之倚薄有愧。蓋太陽一照，窮陰無色，其理然也。於時毛髮融和，肌膚沃若。雖閣上傾欹，有煩注眼；然衰氣有托，病腳可收。負暄之可嗜如此。但自顧流離，何異木杪之猿；自顧蹁躚，有類山巔之鶴。而況朋知落落，哀樂無常，雖偶而即事緣情賦詩，乃轉盼之間，便成陳跡。豈獨我也，古來聖賢，大率如此。人壽幾何，憂世豈復我事哉？

小至

天時人事日相催，冬至陽生春又來。二句題面。刺繡五紋添弱線，吹葭六琯動飛灰。承「冬至陽生」。岸容待臘將舒柳，山意衝寒欲放梅。承「春又來」。雲物不殊鄉國異，教兒且覆掌中杯。二句「小至」之感。

天時與人事相因，日相催而未有已。就冬至言之，纔陽生，春又來也。不見綵絲量日，短線為添；玉琯吹溫，死灰亦動？「陽生」如此。岸柳之容，有情待臘；山梅之意，故欲衝寒。「春又來」如此。今日書雲物，志休咎，未嘗有殊。乃舉目山河，鄉國則異，何以遣此？掌中有杯，教兒且覆，度此佳辰云爾。

縛雞行

人於物忍矣。黃魚以長大不容，白小以細微不免，麗供饔飧，雞入庖廚。歷觀公詠物諸作，無非為變人說法。《縛雞》一章，亦是指點。

小奴縛雞向市賣，雞被縛急相喧爭。二句「縛雞」。家中厭雞食蟲蟻，「縛

雞」之故。**不知雞賣還遭烹**。「縛雞」之感。**蟲雞於人何厚薄，我叱奴人解其縛。雞蟲得失無了時，注目寒江倚山閣**。四句說法。

　　蟲雞之類，大小已分。愛蟲棄雞，蟲何厚，雞何薄！況愛蟲而雞還烹，是以愛蟲故烹雞。人情溺小害大，大率類是。叱奴解縛，使蟲雞得失自還蟲雞，於蟲不任怨，於雞不任德。注目寒江，獨倚山閣，天下皆可作蟲雞觀，我心何必存蟲雞見也。○曹操謂呂布曰：「縛虎不得不急。」「縛急」二字本此。

玉腕騮公自注：「江陵節度衛公馬也。」

聞說荊南馬，尚書玉腕騮。點「玉腕騮」。**頓驂飄赤汗，跼蹐顧長楸。胡虜三年入，乾坤一戰收**。四句贊騮。**舉鞭如有問，欲伴習家池**。二句寓感。

　　荊南有名馬，相傳是衛尚書玉腕騮也。我聞此騮，當其休息，飄汗如珠；有時在廏，望途思騁。其勇如此。尚書乘以禦敵，雖安、史之患，頻年未靖；乃乾坤之大，一戰已收。固尚書之雄才，亦此騮之神駿。今日時平，亮無舉鞭問者。倘有問及此騮，久伴習池，亦知其有老驥千里之思否？○詩意似諷朝廷不用伯玉以平蜀亂，結二句可見。

見王監兵馬使說近山有白黑二鷹羅者久取竟未能得王以為毛骨有異他鷹恐臘後春生騫飛避暖勁翮思秋之甚渺不可得請余賦詩二首

雲飛玉立盡清秋，不惜奇毛恣遠遊。題中「勁翮思秋」、「毛骨有異」。**在野只教心力破，於人何事網羅求**。題中「羅者久取，竟未能得」。**一生自獵知無敵，百中爭能恥下韝**。題中「渺不可得」。**鵬礙九天須卻避，兔經三窟莫深憂**。將鵬兔伴結。

　　此鷹起時飛白雲，止時立白玉，真白鷹也。惟「勁翮思秋」，故奇毛不惜，恣意遠遊。似此奇毛，弋人雖慕，但教心力破耳。況高飛遠舉，思網羅求之哉！凡鷹之獵，必待招呼。獨此奇毛，恥因人以立功，一生自獵，信乎無敵，故不獵則已，獵則百中。爭能競勝，不屑下韝，以受制於人。特立有如此者，莫大於鵬。其翅垂天，見此奇毛，亦須退避。至兔，其小者，三窟既避，何屑搏之，更不必深憂也已。○「下韝」者必不能自獵，呂布所以遭急縛。自獵者必不肯下韝，關羽所以辭曹公。

黑鷹不省人間有，度海疑從北極來。正翮搏風超紫塞，玄冬幾夜宿陽臺。四句寫其「黑」。**虞羅自覺虛施巧**，題中「久取竟未能得」。**春雁同歸必見猜**。題中「騫飛避暖」。**萬里寒空祇一日，金眸玉爪不凡材**。結還「毛骨有異」。

黑鷹亦人間所有，此獨有異，疑從北極度海來者。凡鷹之翔，必矯其翅，此獨正翮。惟正翮，毛骨有異皆見矣。當其搏風，遠超紫塞，從北極而來，至於玄冬，夜宿陽臺，非人間所有。豈無虞人百計籠絡？其如巧為虛設。亦有春雁，不勝疑忌，要之猜亦無庸。萬里寒空，只須一日，從此渺不可得，祇令人歎金眸玉爪為不凡材耳。○「奇毛」以力勝，「正翮」以德勝。「見猜」所以施巧。「虛施巧」，焉用見猜？此劉表不能致麗公，李密不能招徐洪客。

奉送蜀州柏二別駕將中丞命赴江陵起居衛尚書太夫人因示從弟行軍司馬位

中丞問俗畫熊頻，愛弟傳書彩鷁新。「別駕將命」。遷轉五州防禦使，起居八座太夫人。遣弟傳書之故。楚宮臘送荊門水，「赴江陵」。白帝雲偷碧海春。去夔州。與報惠連詩不惜，知我斑鬢總如銀。「因示從弟」。

中丞鎮夔，畫熊頻出。幸有愛弟，飛鷁傳書。中丞治夔，與江陵為隔屬。不知五州防禦使，則隸江陵節度。中丞遷轉是職，江陵之役不可已也。然則愛弟將命，亦起居尚書太夫人故耳。當此楚宮臘盡，凍解冰澌，白帝雲生，氣暖春近，中丞遣弟，我亦念弟。乘別駕江陵之便，寄語惠連，不惜將詩，慰我遠念，豈不知我老矣，斑鬢非昔耶？○公於位以前必書杜位，書「從弟位」僅此章耳，以別於中丞弟柏二別駕也。

閣夜

歲暮陰陽催短景，天涯霜雪霽寒宵。五更鼓角聲悲壯，三峽星河影動搖。「閣夜」霽景。野哭千家聞戰伐，夷歌幾處起漁樵。臥龍躍馬終黃土，人事音書漫寂寥。「閣夜」感歎。

歲云暮矣，陰陽交迫，人壽幾何？幸寒宵獨霽，夜景空明耳。寒宵霽，故鼓角之聲，分外悲壯；星河之影，更覺動搖。《記》曰：「角亂則憂，其民怨。」〔註10〕鼓角聲悲，民怨可知。《傳》曰：「皇搖則民勞。」星河動搖，民勞可知。宜乎野哭者有千家，夷歌者有幾處。野哭者多因戰伐不歸，歎我猶逢戰伐也。夷歌者自覺漁樵堪老，歎我不如漁樵也。因念時無臥龍，故至此。乃臥龍者，昔曾有之，今已黃土。因慨時多躍馬，故至此。乃躍馬者，昔曾為患，今亦黃土。微獨往者似我，人事蕭條，音書斷絕，漫漫長夜，亦何以為情哉！

〔註10〕《史記》卷二十四《樂書第二》。

瀼西寒望

夔有潤水橫通山谷間，謂之瀼。即市暨處，居人分左右，謂瀼東瀼西。本是寒望瀼西，題卻「瀼西寒望」，蓋意中先有瀼西，因寒望也。

水色含群動，朝光切太虛。二句「瀼西」。**年侵頻悵望，興遠一蕭疎。**二句「望」。**猿掛時相學，鷗行迥自如。**二句「望」中所見。**瞿唐春欲至，定卜瀼西居。**二句「望」之意。

當此西閣曉寒，遙見瀼西山谷，水色澄明，若含群動；瀼西人家，如在水中。又見朝光起伏，直切太虛。瀼西人家，即在天上。我所願從者，只因年日侵衰，常恐留滯，未能即移。然興所遠寄，到處萍蹤，更無他事。望中所見者，猿掛林木，相學為戲。猿相學，猿自樂其群，可以人而終索處也？鷗行水上，迥然自如。鷗自如，鷗不昧所往，可以人而無定居也？瞿唐春暖，定卜瀼西，悵望云乎哉！

夜宿西閣曉呈元二十一曹長

城暗更籌急，樓高雨雪微。稍通綃幕霽，遠帶玉繩稀。門鵲晨光起，檣烏宿處非。六句「夜宿西閣」將曉之景。**寒江流甚細，有意待人歸。**二句「曉」感。

更漏殘，時將曉矣。雨雪微，曉將霽矣。閣懸綃幕，霽色早通；城橫玉繩，星光漸少。近焉門端刻鵲，已逗晨輝；遠焉檣上神烏，亦離舊處。於時俯看大江，其流甚細，若為出峽者示以安流，使早歸也。寒江多情矣。

西閣口號呈元二十一

山木抱雲稠，寒空繞上頭。雪崖纔變石，風幔不依樓。四句「西閣」。**社稷堪流涕，安危在運籌。看君話王室，感動幾銷憂。**四句「呈元」之意。

殘冬木落，安得稠也？雲抱之稠耳。因而寒空之色，繞閣不去矣。而況積雪滿岸，疑化為石；寒風飄幔，若欲辭樓。西閣蕭索如此。乃時事更有難言者。當此吐蕃侵犯，頻年為患，內外將相，全無遠謀。元曹長邊疆外吏，能憂王室，時時話及，足以愧當時之為將相者。夫王室可憂，我憂之而更無人，憂則愈憂；王室可憂，我憂之而有人焉，其憂則足以分其憂。安得當國者盡曹長其人也？

奉送十七舅下邵桂

絕域三冬暮，浮生一病身。二句自傷。**感深辭舅氏，別後見何人。縹緲蒼梧帝，推遷孟母鄰。昏昏阻雲水，側望若傷神。**六句送舅。

絕域不堪，況當歲暮，浮生無著，兼復病身。幸舅氏來相慰藉耳。如將別何！今日之別，為感甚深。非辭他人，辭舅氏也。今日之別，難必其後。豈無他人？不如舅氏也。舅氏此行，直下桂邵，行蹤縹緲，何處他鄉。我於弱歲，母氏早亡。言念三遷，母教不遠。追維我母如孟母，益念舅氏非他人。乃云水他鄉，昏昏阻絕，側身一望，黯然神傷耳。

送王十六判官

客下荊南盡，君今復入舟。買薪猶白帝，鳴櫓已沙頭。二句承「入舟」。衡霍生春草，瀟湘共海浮。荒林便信宅，為仗主人留。四句應「荊南」。

自至德間，中原多故，南京衣冠，盡投荊南。即避蜀亂而下者，亮亦盡矣。君今何為復有此行？夫朝辭白帝，暮抵江陵，我嘗目擊。所以子今日買薪，此刻猶在白帝城邊；鳴櫓片時，已到江陵沙市也。因想子到荊南時，衡霍春生，得氣最早；瀟湘勢闊，與海俱浮。此去江陵，又當卜宅。以子佳客，主人傾心。此時卜宅，必在庾信荒林哉！

不離西閣　二首

欲離西閣，先作《不離西閣》。曰「不離」者，深欲離也。

江柳非時發，江花冷色頻。地偏應有瘴，臘近已含春。四句欲離之故。失學從愚子，無家任老身。不知西閣意，肯別定留人。四句反詰。

首章西閣可離。　今非江柳時也，乃非時已發；非江花時也，乃當冷而開。由南方有瘴，臘日如春耳。我自春留寓，臘盡春生。歲月如流，歎兒曹之失學；萍蹤靡定，聽此身之無家。我意且棲遲西閣，但不知西閣之意欲別我？抑留我？我從此逝矣。

西閣從人別，人今亦故停。承上。江雲飄素練，石壁斷空青。滄海先迎日，銀河倒列星。四句「西閣」之景。平生耽勝事，籲駭始初經。二句見「不離」之意。

次章不離西閣。　西閣亦何情，原從人別，人自故停耳。停者愛此西閣外多勝事也。遠見江雲，淨飄素練；近觀石壁，翠斷空青。曉則紅日一輪，滄海先湧；夜而明星萬點，銀河倒懸。籲可駭也！一似平生未曾目擊，此日初經者然。西閣可離，未可離，我不為西閣留，豈為西閣去耶？

謁真諦禪師

蘭若山高處，煙霞嶂幾重。凍泉依細石，晴雪落長松。四句真諦寺。問

法看詩妄，觀身向酒慵。未能割妻子，卜宅近前峰。四句謁師。

　　此蘭若在煙嵐中，我行其處，但見細石間凍泉時結，長松上晴雪常飄。於焉謁師，進而問法。法有正法，戒律是也；法原無法，無上教是也。我於詩律已細，一經問法，覺詩律皆妄。退而觀身，身有真身，心地初是也；身原無身，四大無住著是也。我向藏身於酒，一旦反觀，覺酒味非真，詩酒之業空矣。其如妻子何！我視妻子如敝屣，無奈天涯骨肉，未能即拋。割妻子便可卜前峰，今既未能，將終老塵緣也已。

折檻行

嗚呼房魏不復見，秦王學士時難羨。二句首尾對照。青衿胄子困泥塗，白馬將軍若雷電。二句「學士時難羨」。千載少似朱雲人，至今折檻空嶙峋。婁公不語宋公語，尚憶先皇容直臣。四句「房、魏不復見」。

　　今日無房、魏兩公矣。所以太宗時十八學士，此盛亦不可復得。彼青衿胄子，不但瀛洲絕望，直困泥塗。誰為開館以延之者，但有白馬將軍，威若雷雷。青衿受其困辱，冀得朱雲廷諍力救。惜乎少似，徒歎折檻嶙峋而已。太宗時房、魏固不復見矣，玄宗時婁公、宋公亦皆直臣，婁公不語，宋公便語。嗚呼！皆不復見矣。○大曆元年冬，國子監釋奠，魚朝恩帥六軍諸將往聽講，子弟服朱紫為諸生。遂以朝恩判國子監事。「青衿胄子」僕僕朝恩前，故曰「困泥塗」。朝恩以觀軍容使判監事，是白馬將軍也。當時惟常袞言成均之任，不宜以宦官領之，上不聽，故曰「折檻空嶙峋」。

赤甲

卜居赤甲遷居新，兩見巫山楚水春。遷居「赤甲」。炙背可以獻天子，美芹由來知野人。荊州鄭薛寄書近，蜀客郤岑非我鄰。笑接郎中評事飲，病從深酌道吾真。六句寫遷居「赤甲」之情事。

　　卜居赤甲，遷居又新矣。去年暮春到夔，巫山楚水之春，已經兩見。赤甲無他樂，惟有炙背。炙背之樂，堪獻天子，惜不能達。赤甲無他味，但有美芹。美芹之味，野人知之所從來者。假使我而出，炙背之樂，天子似可獻。我而處美芹之味，野人原自知之。我其出乎？處乎？鄭、薛、郤、岑，郎中評事，皆野人之友，可與共炙背樂、同美芹味者。所幸居荊州如鄭審、薛據，自赤甲而往，寄書漸近；所惜蜀客如郤昂、岑參，距赤甲已遙，漸非我鄰。庶幾郎中評事朝夕晤對，我雖病中，可與痛飲。我有炙背真樂，非深酌不見；有美芹真味，非深酌不悉。我為郎中評事道之。倘有意於炙背樂，出獻天子；或有意於美芹味，處共野人。庶郎中評事不失為真相知。即今日遷居赤甲，亦不至歎離群也已。

入宅 三首

奔峭背赤甲，斷崖當白鹽。二句「宅」勢。客居愧遷次，春色漸多添。
花臣欲移竹，鳥窺新捲簾。衰年不敢恨，勝概欲相兼。六句「宅」。

此宅後背赤甲，前對白鹽，形勝何險絕哉！已客居，頻遷反。頻遷次，終客居。
豈不有愧？所幸春色漸添，不似西閣時，窮冬蕭索耳。花可愛，竹礙之，須移竹以出
花；鳥欲窺，簾蔽之，當捲簾以通鳥。惟是年衰頻移，未免有恨。今不敢恨者，背赤
甲，當白鹽，兼此勝概，是亦客居之差強人意者。

亂後居難定，遷居之故。春歸客未還。遷居之感。水生魚復浦，雲暖麝香
山。頂「春歸」。半頂梳頭白，過眉拄杖斑。相看多使者，一一問函關。
承「客未還」意。

客居誠愧遷次，亦亂後不得已耳。惟是去歲之春，今歲已歸；今歲之人，依然作
客。為可歎也。春歸則水生浦上，魚復非昨；春歸則云暖山間，麝香如聞。其如客未
還何！自顧白髮蕭疏，僅餘半頂，人愈老，頭愈童矣；且杖頭斑剝，不覺過肩，身彌
僂，杖彌長也。猶幸赤甲山下，驛使往來，函關消息，得而詳問，聊以當歸云爾。○
時周智光反華州，故「問函關」。

宋玉歸州宅，雲通白帝城。二句思江陵。吾人淹老病，旅食豈才名。峽
口風常急，江流氣不平。四句遷赤甲。只應與兒子，飄轉任浮生。結還不
能即去意。

歸州有宋玉宅，雲氣往來，直通白帝城邊，於赤甲亦咫尺耳。我欲卜居於彼，徒
以老病，故淹留到今。況自顧旅〔註11〕食，豈有宋玉才名，輒思比鄰而處？惟是赤
甲此居，適當峽口，兩崖之風常急，又對江流；洶湧之氣不平。是兩山勝概，雖曰可
喜；一江風浪，亦所難堪。自傷浮生，茫無定著，祇攜兒輩，任所漂流而已。

雨不絕

鳴雨既過漸細微，映空搖颺如絲飛。階前短草泥不亂，院里長條風乍
稀。舞石旋行將乳子，行雲莫自濕羅衣。六句「雨不絕」。眼邊江舸何匆
促，未得安流逆浪歸。二句感諷。

雨甚則有聲，是為鳴雨。鳴雨既過，微雨繼之，搖颺空中者，如絲不絕也。堦前
短草，泥亦不亂。夫短草易沾泥，而且不亂，長者可知。院里長條，風亦乍稀。夫長
條易引風，而且乍稀，短者可知。石燕舞而雨作，此時零陵，石燕還自舞否？想亦將

〔註11〕按：大通書局本下闕四頁。

乳子而無暇。朝雲行而雨來，此時楚臺，朝雲尚爾行否？只恐濕仙衣而不必。彼江舸宜待雨止，安流而歸，顧乃逆浪邅征哉？○結二句隱見世亂未夷，不如閉戶，與李白《橫江詞》〔註12〕同意。

崔評事弟許相迎不到應慮老夫見泥雨怯出必愆佳期走筆戲簡

江閣邀賓許馬迎，午時起坐自天明。二句已逗許迎不到意。浮雲不負青春色，細雨何孤白帝城。身過花間霑濕好，醉於馬上往來輕。四句俱寫起坐時望迎之情。虛疑皓首衝泥怯，實少銀鞍傍險行。二句結還題面。

評事從江閣邀賓，許我以馬，起坐至午，遲遲未到耶？起坐時見浮雲之合，幾負青春色。思及許馬迎，雖有浮雲，終然必往，青春色何負？起坐時見細雨之來，幾孤白帝城。思及許馬迎，雖有細雨，不礙其往，白帝城何孤？君果來迎，我向白帝城往，身過花間，霑濕亦好。我果赴飲，還從白帝城歸，醉於馬上，往來亦輕。我則躊躕已定，君則迎馬不來。揣君之意，疑我皓首，怯於衝泥。似此之疑，真虛疑也。豈知我老而矍鑠，傍險能行。銀鞍之少，則實少哉！佳期之愆，評事自愆之耳。

晝夢

二月饒睡昏昏然，不獨夜短晝分眠。桃花氣暖眼自醉，春渚日落夢相牽。四句「晝夢」。故鄉門巷荊棘底，中原君臣豺虎邊。安得務農息戰鬥，普天無吏橫索錢。四句「夢」後所感。

睡亦有節，二月多睡者，不獨夜短，故而晝分思眠也。只因二月桃花氣暖，不覺困人，日未落而春夢即牽耳。我久不歸故鄉，此時夢中，恍見故鄉門巷，在荊棘底。我久不還中原，此時夢中，恍見中原君臣，在豺虎邊。嗚呼！何以至此？都因用兵久，農務荒，橫吏索錢，普天皆是。當此二月，安得使耕夫緣畝，戰鬥盡息，牧民者皆良吏，久客者得還鄉？嗚呼！除非夢矣。○時周智光作亂華州，詔加僕射。智光慢罵，自云「挾天子，令諸侯，惟智光能之」，是「中原君臣豺虎邊」也。

〔註12〕《李太白詩集注》卷七《橫江詞六首》。

卷二十六

夔州詩 大曆二年

熟食日示宗文宗武

消渴遊江漢，羈棲尚甲兵。幾年逢熟食，萬里逼清明。松栢邙山路，風花白帝城。六句「熟食日」。汝曹催我老，回首淚縱橫。二句「示宗文宗武」。

　　我抱病來遊江漢，羈棲既久。熟食頻逢，萬里他鄉，清明又逼。無奈茫茫松栢，遠在邙山；漠漠風花，自飛白帝。夫我之父母，不能享我祭掃，乃汝曹長大，又復催我。暮年回首丘墟，涕泗縱橫矣。〇邙山是北邙山，在河南，公先墓在焉。公《祭外祖祖母文》亦曰「何當奮飛。洛城之北，邙山之曲」〔註1〕。

又示兩兒

令節成吾老，他時見汝心。浮生看物變，為恨與年深。四句承前結意。長葛書難得，江州涕不禁。團圓思弟妹，行坐白頭吟。四句因示兒及弟妹。

　　令節他鄉，徒成我老。他年寒食，汝心思我，當亦如我今日思先人也。況浮生倏忽，與物俱遷。今日此白帝風花，他年即邙山松栢。且為恨深長，與年俱積。死者固九原堪痛，生者亦各天可悲。蓋弟在長葛，音問既遙；妹在江州，瞻望勿及。生死聚散，百端交集。惟有行坐不寧，白頭吟歎耳。因示兩兒，使知我情。

〔註1〕《杜詩詳注》卷二十五。

晴　二首

久雨巫山暗，新晴錦繡文。二句「晴」。碧知湖外草，紅見海東雲。竟日鶯相和，摩霄鶴數群。四句新「晴」景物。野花乾更落，風處急紛紛。結有遙慨。

　　前此久雨，巫山都暗。今巫山猶是，若開錦繡焉。當其暗時，紅碧莫辨。新晴而後，錦繡之文有碧者，初亦不知為草也，循碧溯之，知為湖外草；有紅者，初若不見為雲也，循紅望之，見為海東雲。碧草紅雲，本是尋常。久雨新晴，若出意外。向者未晴，鶯有並坐交愁耳。今枝頭之聲，竟日相和。向者未晴，鶴亦獨立在陰耳。今出林之翌，摩霄數群。獨野花異是。開既遭雨，乾又被風，而紛紛急落。是碧草、紅雲、林鶯、野鶴皆得新晴之樂，獨此野花向隅，為可歎耳。

啼烏爭引子，鳴鶴不歸林。下食遭泥去，高飛恨久陰。雨聲衝塞盡，日氣射江深。六句「晴」景。回首周南客，驅馳魏闕心。二句感懷。

　　不獨鶯求友，聲相和也，啼烏亦喜晴，爭引子而出啼。烏雖引子，鳴鶴又不然，若別有戀久而不歸者。啼烏引子為何？貪下食也，遭泥忽去。鳴鶴不歸為何？恨久陰也，高飛自得。想前此雨聲，衝塞已盡；喜此時日氣，射江何深。獨周南客滯，魏闕心懸，晴雖可喜，有耿然不禁者。

雨

始賀天休雨，還嗟地出雷。驟看浮峽過，密作渡江來。四句雨。牛馬行無色，承「密」字。蛟龍鬥不開。承「驟」字。干戈盛陰氣，未必自陽臺。二句感時。

　　皇天休雨，誠為可賀。賀之未幾，地復出雷。是可喜者天，可憂者地。晴難恃，雨當防如此。未幾，雨勢之驟，忽然浮峽，使人不及防；雨勢之密，黯然渡江，使人無可防。其密也，直使牛馬之行無色；其驟也，一若蛟龍之鬥正酣。揆厥所由，干戈久，陰氣盛耳。豈因此地有陽臺朝雲暮雨之故哉？○舊註曰：「此語猶含天寶之悲」，是也。「牛馬」句言瘡痍未起，「蛟龍」句言戰鬥未休。

卜居

歸羨遼東鶴，吟同楚執珪。未成遊碧海，著處覓丹梯。四句「卜居」之故。雲嶂寬江北，春耕破瀼西。桃紅客若至，定似昔人迷。四句「卜居」後事。

我翹首故鄉，亦羨歸飛之遼東鶴耳；乃終成留滯，竟同越吟之楚莊舄焉。既不能歸，則碧海之遊，雖然未遂；丹梯之覓，亦不可遲。瀼西是矣。此地勢連江北，雲嶂盡寬；地屬腴田，春耕可破。我行當在暮春，此時桃花爛慢。遷客到此，有迷於問津者。瀼西為桃花源，是真丹梯，聊以慰我碧海之思云。○「遼東鶴」、「碧海」、「丹梯」、桃花源，皆屬仙境，公連類及之。莊舄，官楚執珪。

暮春題瀼西新賃草屋　五首

久嗟三峽客，再與暮春期。二句總起。百舌欲無語，繁花能幾時。谷虛雲氣薄，波亂日華遲。四句都寫「暮春」。戰伐何由定，哀傷不在茲。二句感懷，暗伏下意。

　　首拈暮春。　我客三峽，久嗟遷次。今日暮春，再與相期者，亦為移居之故。彼百舌過時，漸欲無語；繁華開盡，更有幾時？況谷虛則雲氣無根，其出必薄。何暮春之雲，若有若無也？波亂則日華無定，其去亦遲。何暮春之日，有意無意也？凡此似可哀傷者。但我哀傷，只在戰伐。春暮雲乎哉？

北郊千樹橘，不見比封君。養拙干戈際，全生麋鹿群。畏人江北草，旅食瀼西雲。六句遷居瀼西。萬里巴渝曲，三年實飽聞。結出久客意。

　　次拈瀼西。　蜀漢江陵千樹橘，其人與千戶侯等。此地不然。北郊雖有千樹，安在其比封君也？然我來此者，原非侈心千樹，比跡封君，亦不過晦跡干戈，同群鳥獸耳。所以出而畏人，潛蹤江草；退而旅食，借庇瀼雲。至若巴渝曲，所云竹枝歌，我何樂聞？不意飽聞者，三年於此。然則封君真虛語，巴渝曲乃真飽聞哉！

綵雲陰復白，錦樹曉來青。二句雨候。身世雙蓬鬢，乾坤一草亭。哀歌時自短，醉舞為誰醒。細雨荷鋤立，江猿吟翠屏。六句自述賃屋意。

　　三拈新賃草屋。　綵雲不白，其奈朝陰；錦樹非青，其如將雨！固念身世間，文章何在？功名何在？所餘者，雙蓬髮耳。乾坤內，故國何在？故園何在？所庇者，一草亭耳。歲月未嘗短，哀歌則時自短。似此身世乾坤，誰為百年計者？平生本獨醒，醉舞將為誰醒？似此身世乾坤，甘為千日醉矣。當此細雨，荷鋤獨立，惟猿吟翠屏，與細雨荷鋤者結世外伴而已。

壯年學書劍，他日委泥沙。事主非無祿，浮生即有涯。四句追感。高齋依藥餌，絕域改春華。二句移居事。喪亂丹心破，王臣未一家。二句傷時事。

　　末二章是題意。　我壯年抱稷、契之志，亦學書劍，思有為。所恨者，學書本欲

致君，今學書既無成；學劍本欲戡亂，今學劍又無成。泥沙之委，誠足痛者。然亦嘗受拾遺矣，事主未嘗無祿；乃隨遭貶斥矣，浮生不能踰涯。所以病滯高齋，常依藥餌；身羈絕域，易改春華。浮生如此，況逢喪亂，自顧方寸，丹心尚存；奈彼凶藩，鷹眼表化，豈不思茫茫？率土莫非王臣，今日域中，誰家天下？乃甘心逆節，坐此不臣之誅。興言及此，事主之懷有勃勃欲動者。夫豈丹心徒破，泥沙終老也！

欲陳濟世策，已老尚書郎。不息豺虎鬥，空慚鴛鷺行。四句正見「丹心破」、「未一家」意。**時危人事急，**承「豺虎」。**風逆羽毛傷。**承「鴛鷺」。**落日悲江漢，中宵淚滿床。**結到「濟世」句。

　　承上章。　喪亂未平，濟世難緩，豈不欲歸朝陳策？奈前途有限，受省郎而事業遂終也。彼率土莫非王臣，有自外者，即為豺虎。豺虎之鬥未息，故濟世之策思陳耳。天下尚多豺虎，凡置身鴛鷺者，所當僇力。鴛鷺之列空慚，因我省郎之職未赴耳。顧此豺虎，既時危而人事急；念此鴛鷺，又風逆而羽毛傷。不見落日西去，江漢東流，撫景傷懷，惟有中宵拊枕，涕淚滿床耳？○公身處干戈戰伐之餘，乾坤搶攘，君父暌違，朝廷無救時之人，邊鎮多逆節之將。自傷年紀逝邁，蹤跡飄流，羽毛既傷，丹心徒破。正老臣萬里，何以為家之日。瀼西草亭，聊寄跡耳，故有後二首。

江雨有懷鄭典設

　　時公居瀼西，鄭居瀼東。

春雨闇闇巫峽中，早晚來自楚王宮。亂波分披已打岸，弱雲狼籍不禁風。四句「江雨」。**寵光蕙葉與多碧，點注桃花舒小紅。**二句「雨」景。**谷口子真正憶汝，岸高瀼滑限西東。**二句「有懷」。

　　瀼在山谷間，雨來則闇。我聞陽臺神女，朝行雲，暮行雨，是雨必自楚宮來耳。當雨驟時，江因風擁，亂波分披，至於打岸，且雲隨風走，弱雲狼籍，不能禁風。少焉，風定雨稀，雨之寵光，潤於蕙葉，覺其多碧偏與；雨之點注，受於桃花，見其小紅乍舒。寵光者潤於外，點注者受於內。對此紅碧，因憶子真，無奈瀼岸勢高，石頭路滑，爾我東西，亦奈之何！

承聞河北諸道節度入朝歡喜口號絕句　　十二首

祿山作逆降天誅，更有思明亦已無。二句時當入朝。**洶洶人寰猶未定，時時戰鬥欲何須。**二句不入朝為非計。

　　猶憶天寶末年，祿山倡亂，其後思明繼之。自二凶授首，人寰洶洶，猶戰鬥時聞者，欲何為耶？或者尚未悔悟也。

社稷蒼生計必安，蠻夷雜種錯相干。有不得不入朝之勢。周宣漢武今王是，孝子忠臣後代看。有不可不入朝之理。

諸節度未入朝者，以今王非周宣、漢武故，仍為亂賊，自外忠孝。豈知社稷蒼生，計在必安。即如蠻夷雜種，吐蕃、党項，歲歲相干，無損於國，亦錯愼自失計耳。今王是中興周宣、戡亂漢武，有君如此，諸節度一入朝為忠臣孝子，視亂賊何如也？○自古亂臣賊子，但貪一時富貴，不顧身後斧鉞。孝子忠臣，所重萬世名節，遂輕一日刀鋸。為臣子者，誠思奸骨既塞，猶蒙筆伐；幽光已隕，尚有口褒。何苦不為忠孝？「後代看」三字，是《春秋》之指。

喧喧道路多歌謠，河北將軍盡入朝。點「承聞」。始是乾坤王室正，卻令江漢客魂消。點「歡喜」。

今果入朝矣，道路喧傳者，胥曰河北將軍盡入本朝。前此乾坤未是，今臣節修，王室正，乾坤始是耳。能不令江漢上客魂暗銷，形之口號耶？

不道諸臣無表來，茫然庶事遣人猜。追言未入朝時。擁兵相學干戈銳，使者徒勞萬里廻。公自注：「吐蕃之亂，諸道節度無一人救援者。朝廷遣使敦諭，竟不至。」

「客魂消」者有故。猶憶吐蕃入寇，乘輿播遷，諸道不聞有一人通表者。我不料其然，謂必有他故耳。或者兵力寡弱，入援無益。不道擁兵相學，干戈自銳也。或者遣使敦諭，朝廷未遑。不道萬里往來，徒勞使臣也。然則如之何不赴？此日猜疑，今盡釋矣。○先是，程元振用事，吐蕃入寇，邊將告急，皆不以聞。故邊將離心四十日，無隻輪入關。公極力為諸節度洗脫前非，曰「不道」，曰「茫然」，曰「遣人猜」，見得主憂臣辱，人人共憤。當時援兵不入，我亦不信，今果見其無他。二十八字足令諸藩心死。

鳴玉鏘金盡正臣，修文偃武不無人。寫「入朝」。興王會盡妖氛掃，聖壽宜過一萬春。寫「歡喜」。

猶是河北節度，跋扈則為亂賊，入朝則為正臣。遙知拜舞入朝，鳴金鏘玉。即朝廷從此偃武不用，豈謂無人？蓋由興王一出，妖氛盡掃，會見四方來賀天子萬壽也。

英雄見事若通神，聖哲為心小一身。二句承上「興王」說。燕趙休矜出佳麗，宮闈不擬選才人。二句正見英雄聖哲。

追維天寶亂源，多由明皇寵幸貴妃，使祿山出入宮禁。禍階已兆，明皇見之不早。胡雛叵測，河北之患直至於今。惟英雄見事，有若通神；聖哲為心，不敢縱恣；為能杜患未然耳。河北古燕趙地，多出佳人。諸節度入朝，莫矜地出佳人，希冀進幸。

今日天子，英雄聖哲，親賢人，遠女謁。才人之選，我知免矣。

抱病江天白首郎，空山樓閣暮春光。自傷留滯。**衣冠是日朝天子，草奏何人入帝鄉。**自傷不能人朝。

　　諸節度入朝矣，我白首為郎，豈有朝天之日？徒然抱病江天耳。江天所見者，空山樓閣，春光已暮。遙想鳴金鏘玉之侶，是日得觀天顏，自傷留滯，不得躬逢其盛。又歎帝鄉遼遠，今日草奏條陳者，更有何人也？○「草奏」，公必因諸藩入朝，條陳久安之策。如羊祜所云「平吳之後，正煩聖慮」意。

澶漫山東一百州，削成如案抱青丘。河北始於遼東。**包茅重入歸關內，王祭還供盡海頭。**期望之辭。

　　河北自遼東始，澶漫山東者，舊有一百州，削成環繞，以為朝廷屏翰者。向時滄海諸州，未歸禹貢。入朝后，尚其輸包茅，供王祭。盡東海頭悉歸關內，諸節度勉乎哉！

東逾遼水北滹沱，滹沱亦河北。**星象風雲氣色和。紫氣關臨天地闊，黃金臺貯俊賢多。**歆動之辭。

　　河北不獨遼東，直至燕之滹沱河矣。入朝後，干戈息，文德修，星象風雲，皆有喜色。河北盡處，即長安之函谷關。諸公不見函谷關前紫氣遙臨，天地雄闊？則今日燕地黃金臺，其所貯俊賢，無非朝廷之譽髦。諸節度尚修貢士之職可也。

漁陽突騎邯鄲兒，漁陽、邯鄲亦河北。**酒酣並轡金鞭垂。意氣即歸雙闕舞，雄豪復遣五陵知。**諷辭。

　　河北不獨漁陽，直抵趙之邯鄲郡。漁陽突騎，邯鄲遊俠，自昔稱之。今日入朝，酒酣並轡，無復向時飛揚跋扈矣。此輩意氣何如？即「歸雙闕舞」而已。此輩雄豪何似？原「遣五陵知」而已。投誠應悔不早也。

李相將軍擁薊門，薊門亦河北。**白頭惟有赤心存。竟能盡說諸侯入，知有從來天子尊。**歸功李光弼。

　　昔者李相司徒光弼曾兼范陽節度，後以中官之譖，詔徵不入。不知其為國赤心，白首猶存也。當其輕騎入徐州時，使來瑱、殷仲卿、尚衡等相繼入朝。惟其心知有天子之尊，故人皆憚其威名如此。

十二年來作戰場，此句挽到首章。**天威已息陣堂堂。神靈漢代中興主，功業汾陽異姓王。**歸功郭子儀。

　　不獨司徒，汾陽之功為尤盛。自天寶十五載至大曆二年，此十二年中，河北無非戰場。今諸節度入朝，不煩征討，是天威已息。堂堂之陣，可以無事。雖中興聖主，

不異漢代，亦汾陽精忠，獨冠一時，誠中興一人也。

得舍弟觀書自中都已達江陵今茲暮春月末合行李到夔州悲喜相兼團圓可待賦詩即事情見乎詞

題中自「中都」至「到夔州」十九字，是公述其書中之意。「悲喜」十六字，是公得書而作詩之指。

爾到江陵府，「已達江陵」。**何時到峽州？**「合到夔州」。**亂離生有別，聚集病應瘳。颯颯開啼眼，朝朝上水樓。老身須付托，白骨更何憂。**六句總寫「悲喜」二字。

信如書言，從中都已達江陵矣。但汝又言，今茲暮春月末，行李合到夔州，則必由峽州而進，未卜何時可到峽州耳。前此生逢亂離，安能無別？悲矣！今茲聚集有日，我病應瘳。喜矣！已到江陵，我之啼眼，颯颯忽間，似可喜。未到夔州，我於水樓，朝朝凝望，尚可悲。汝果來矣，團圓可待。將來老身，得汝付託；將來白骨，賴汝而收。不已全乎喜，更何悲哉？○公《題終明府水樓》詩曰「楚江巫峽半雲雨」〔註2〕，想水樓係望楚處，故「朝朝上」。

喜觀即到復題短篇　二首

巫峽千山暗，終南萬里春。伏「歸秦」意。**病中吾見弟，書到汝為人。**「喜觀即到」。**意答兒童問，來經戰伐新。**承「書到」。**泊船悲喜後，欵欵話歸秦。**應「見弟」。

巫峽與終南遠矣。此處「千山暗」，彼處「萬里春」，何日歸秦耶？當此病中，庶幾見弟。但汝書未到，存亡不可知。書到，始知汝尚在而為人無恙耳。於時兒童喜來問訊，我即以書中之意答之。因念汝行李往來，新經戰伐，道路艱矣。指日泊船巫峽，一話終南春色。此時悲喜交集，欵商歸計，誠可屈指待也。○「意答」本漢史，趙充國「卒以其意對」〔註3〕。是年，郭子儀討周智光，命大將渾瑊、李懷光軍渭上。智光為牙將所殺，故曰「來經戰伐新」。

待爾嗔烏鵲，拋書示鶺鴒。枝間喜不去，原上急曾經。怪其未到。**江閣嫌津柳，風帆數驛亭。應論十年事，愁絕始星星。**望其到。

烏鵲噪，行人至。待爾既久，烏鵲之噪反足嗔矣。夫烏鵲不足據，豈爾之書亦不

〔註2〕　《杜詩闡》卷二十二《七月一日題終明府水樓》二首之二。
〔註3〕　《漢書》卷六十九《趙充國傳》。

足憑？鶺鴒有知，拋書示之，亦當訝爾來何暮也。乃枝間烏鵲，偏不肯去。是爾且晚即至，其信然耶？況原上鶺鴒，亦曾共經患難。豈今喪亂既平，而遂忘之？是汝行李旦晚到夔，無可疑也。於是我登江閣而望，嫌津柳之遮人。遙知爾掛風帆而來，數驛亭之迢遞。我與爾一別十年，亂離多故，他日相見，話到其間，應各愁絕。意始星星欲動，喜極而悲，情有如是者。

寄薛三郎中璩

人生無賢愚，飄飄若埃塵。自非得神仙，誰免危其身。四句總。與子俱白頭，役役常苦辛。雖為尚書郎，不及村野人。憶昔村野人，其樂難具陳。靄靄桑麻交，公侯為等倫。天未厭戎馬，我輩本常貧。子尚客荊州，我亦滯江濱。以上敘己與薛俱失志。峽中一臥病，瘰癘終冬春。春復加肺氣，此病蓋有因。早歲與蘇鄭，痛飲情相親。二公化為土，嗜酒不失真。予今委脩短，豈得恨命屯。以上言己危，其身不免埃塵也。聞子心甚壯，所過信席珍。上馬不用扶，每扶必怒嗔。賦詩賓客間，揮灑動八垠。乃知蓋代手，才力老益神。以上言薛得免於危，神仙可致也。青草洞庭湖，東浮滄海漘。君山可避暑，況足採白蘋。子豈無扁舟，往復江漢津。六句應「子尚客荊州」。我未下瞿唐，空念禹功勤。聽說松門峽，吐藥攬衣巾。高秋卻束帶，鼓枻視清旻。六句應「我亦滯江濱」。鳳池日澄碧，濟濟多士新。余病不能起，健者勿逡巡。上有明德君，下有行化臣。六句勉其出而致君，是寄詩意。

賢愚胥埃塵，同歸於危其身耳。惟神仙免此。我與爾非神仙也，衰年碌碌，雖曾同為省郎，自顧何如村野哉？憶昔同為野人，相與行樂，狎桑麻而為友，視公侯如等倫。無奈禍亂迭生，貧困日甚，飄流異路，爾我各天。一荊州，一江濱，從此契闊。我尤病甚，自入巫峽，伏枕纏綿。揆厥所由，都由嗜酒。昔年蘇、鄭，化為異物。我今脩短，命也如何。我非神仙，恐不免於危其身也。子則健甚，年雖老，心甚壯。所過之地，奉為席珍，且據鞍顧盼，賦詩揮灑，蓋代才氣，老而益神。子殆神仙中人，可免於危其身矣。今客荊州，跨洞庭，泛滄浪，登君山而度夏，采白蘋以長往，渺渺扁舟，應在江漢煙波間。我滯江濱，自笑瞿唐未下，空念禹功。聽說松門，吐藥神往。何日卻束帶，扶短楫，少待高秋，我事遂矣。然則我與子亦同期蟬脫塵埃耳。乃我所期於子者，又不止此。方今鳳池澄碧，多士充庭，子稱健者，尤望亟圖進取，騰躍天衢，行見上有宣、光，下有周、召，勛業爛焉。即神仙有不足道者，豈與臥病老夫同沒沒耶？

即事

暮春三月巫峽長，畾畾行雲浮日光。雷聲忽送千峰雨，花氣渾如百和香。黃鶯過水翻廻去，燕子銜泥濕不妨。六句春雨景物。**飛閣捲簾圖畫裏，虛無只少對瀟湘。**二句對雨有懷。

暮春三月，遙望巫峽一帶，首尾六百里，日光雲罨，有似乎浮。巫峽長則有千峰雨，千峰花氣，一經春雨，直如百和之香。雷聲是雨前聞之，花氣從雨後得之。當雷聲送雨，黃鶯欲過水而不能；及花氣如香，燕子急銜泥而不返。飛閣雨景如此。此時捲簾一望，彷彿圖畫。然而巴東巫峽，何如荊楚瀟湘。蓋巫峽有擁塞之悲，瀟湘饒虛無之景，能不急圖出峽矣？

懷灞上游

悵望東陵道，平生灞上游。春濃停野騎，夜宿敞雲樓。寫「灞上游」。**離別人誰在，經過老自休。眼前今古意，江漢一歸舟。**所懷之情。

東陵為邵平種瓜地，今一望悵然者，只因昔年灞上游極不忘耳。春則野騎淹留，四時可知；夜則云樓信宿，一日可知。離別以來，故交零落，今誰在者？即此經過之地，歲月幾何，亦老自休耳。大抵今古變遷，不須隔世，眼前閱歷，便已判然。今日亦早辦一葉，送老故鄉，庶幾杜曲舊村，尚有首丘遺叟云。

月

萬里瞿唐月，春來六上弦。時時開暗室，故故滿青天。四句「月」。**爽合風襟度，當空淚臉懸。南飛有烏鵲，夜久落江邊。**以上對「月」。

瞿唐片月，萬里相看，入春以來，合上下弦為六上弦矣。每於弦夜，開暗室而使之明，一若故意滿青天，而令人怨。挹其爽氣，近在風襟；翫其金波，若懸淚臉。此時烏鵲無枝，南飛不定，至於夜久，流落江邊。情同烏鵲者，何以堪此？○「上弦」，「上」字作尚，即加字意。

晚登瀼上堂

故蹟瀼岸高，頗免崖石擁。開襟野堂豁，繫馬林花動。雉堞粉如雲，山田麥無隴。春氣晚更生，江流靜猶湧。八句「登瀼上堂」。四序嬰我懷，群盜久相踵。黎民困逆節，天子渴垂拱。所思注東北，深峽轉修聳。衰老自成病，郎官未為冗。淒其望呂葛，不復夢周孔。濟世數向時，斯人各枯冢。以上「登瀼」之感。楚星南天黑，蜀月西霧重。安得隨鳥翎，

迫此懼將恐。結歎不能去瀼。

　　瀼岸難躋，躋之何為？得免崖石之擁，故躋耳。既躋瀼，隨登堂，披襟當風，爽氣豁如。繫馬林下，花為搖動。遠窺雉堞，一望如雲；近見山田，到處皆麥。春氣盡矣，向晚更生；江流逝矣，已靜還湧。瀼上之景如此。所可歎者，天道不能常春，有四序以牽懷；世道不能常治，有盜賊以相踵。今日黎民，困逆節之誅求，天子渴垂拱之至治。我身在瀼，地屬西南。思之所注，則在長安東北，庶幾遄歸，拯黎民，佐天子。無奈棲羈深峽，轉加修葺，恐出峽之思，終無時遂；瀼上之登，又豈得已？我之多病，非由鞅掌。若論郎官，有何煩劇？亦我衰已久，悼功名之不立，以致此耳。所以呂、葛空懷，周、孔徒夢。向時濟世之人，如房琯、嚴武輩，今皆化為異物。我之衰病，不猶愈於枯冢中人哉？晚矣！楚星茫茫，南天已黑；蜀月沉沉，西霧又重。登瀼懼矣，時惟鳥翎，往來昏暗。安得隨之奮飛，脫此登瀼之危耶？

李潮八分小篆歌

蒼頡鳥跡既茫昧，字體變化如浮雲。陳倉石鼓又已訛，大小二篆生八分。秦有李斯漢蔡邕，中間作者寂不聞。嶧山之碑野火焚，棗木傳刻肥失真。苦縣光和尚骨立，書貴瘦硬方通神。以上敘李、蔡。惜哉李蔡不復得，我甥李潮下筆親。尚書韓擇木，騎曹蔡有鄰。開元以來數八分，潮也奄有二子成三人。況潮小篆逼秦相，快劍長戟森相向。八分一字直百金，蛟龍盤拏肉倔強。吳郡張顛誇草書，草書非古空雄壯。豈知我甥不流宕，丞相中郎丈人行。以上贊李潮。巴東逢李潮，逾月求我歌。我今衰老才力薄，潮乎潮乎奈爾何！四句微諷。

　　倉頡鳥跡，不可稽矣。其後作字者，率意變化，總無定體。惟陳倉石鼓為近古，而已失真。至今傳者，李斯小篆、蔡邕八分耳。乃嶧山之碑既焚，棗木之刻亦偽，李斯小篆已非舊本。若八分，如光和年之北嶽碑、苦縣祠之老子碑，為蔡邕遺跡，骨立可貴。凡以書之通神，在於瘦硬，不在於肥，故李、蔡兩人為獨步也。李潮繼起，下筆相似。於開元間，韓尚書、蔡騎曹不奄有而兼之與？不獨此耳。小篆快劍長戟，若見嶧山未火之碑文；八分蛟龍倔強，無異苦縣光和之刻石。凡以小篆、八分，瘦硬則傳；至若張顛草書，雄壯非古。潮之不流宕，正潮之能瘦硬，庶與李斯、蔡邕均為書中尊宿，稱丈人行哉！徇潮之請，聊為此歌。但我才力既薄，不能極口。歌言止是，奈李潮何！○《金石錄》云：「李潮筆法不甚工，非韓、蔡比。」公曰「逾月求我歌」，亦徇其請耳，實非定評。

醉為馬墜諸公攜酒相看

甫也諸侯老賓客，罷酒酣歌拓金戟。先原醉之故，以下敘騎馬。騎馬忽憶少年時，散蹄迸落瞿唐石。白帝城門水雲外，低身直下八千尺。粉堞電轉紫遊韁，東得平崗出天壁。江村野堂爭入眼，垂鞭嚲鞚凌紫陌。以上醉中騎馬。向來皓首驚萬人，自倚紅顏能騎射。安知決臆追風足，朱汗驂驔猶噴玉。不虞一蹶終損傷，人生快意多所辱。以上「醉為馬墜」。職當憂戚伏衾枕，況乃遲暮加煩促。朋知來問腆我顏，杖藜強起依僮僕。語盡還成開口笑，提攜別掃清溪曲。酒肉如山又一時，初筵哀絲動豪竹。共指西山不相待，喧呼且盡杯中淥。以上敘「諸公攜酒相看」。何必走馬來相問，君不見嵇康養生被殺戮。結意推開。

我是甫也，非嵇康也。久客侯門，酣歌拓戟。今日醉為馬墜，蓋由騎馬時，忽憶少年，忘其老大，散蹄一往，迸落瞿唐之石不顧耳。此時醉眼迷離，仰見白帝城門在水雲外者，有八千尺之高。騎馬低身，縱鞚直下，但覺粉堞參差，若電光之轉。遊韁所至，忽出平崗。江村在眼，直凌紫陌。醉中騎馬如此。夫少年意氣，誠甚壯矣。向來皓首，猶驚萬人。自倚紅顏，還能騎射。安知決臆追風之駿，飄珠噴玉之才，非復老翁所能控馭，遂至一蹶，終為損傷。大抵壯不可恃，老貴知足。快意之處，恥辱隨焉。我今墜馬，正當憂戚，況衰年煩促，尤為不堪。蒙諸公攜酒相看，顏之厚矣。杖藜依僮，強開笑口，自悔斷酒已晚，何敢豪飲復作。而乃清溪更掃，酒肉還攜，吹竹彈絲，傾杯竟日。在諸公來問，不過為我墜馬細故，示以行止垂堂之戒，當慎於養生耳。古之善養生者，莫如嵇康，自謂與羨門比壽，胡為不保，竟被殺戮？彼殺戮之禍，甚於墜馬。養生之道，在於守身。但知養生，昧於守身，雖不墜馬，而喪身亦不免。諸公以為然否？

豎子至

楂梨纏綴碧，梅杏半傳黃。二句借客。小子幽園至，輕籠熟柰香。二句「豎子至」。山風猶滿把，野露及新嘗。二句詠柰。欹枕江湖客，提攜日月長。二句感懷。

園果不獨柰，有楂、梨，有梅、杏矣。計楂、梨，此時纏綴碧耳，猶未黃；即梅、杏，此時亦半傳黃耳，未盡熟。必也柰乎！我身不到幽園，想見此應綴碧，此應半黃。乃小子從幽園來，輕籠攜至者，聞其香，果然非楂非梨、非梅非杏，而為熟柰。此柰山風幾拂，今握之，風猶滿把。此柰香野露初浥，今取之，露及新嘗。當此夏日，江湖旅客，欹枕無聊，似此輕籠提攜正長耳。

槐葉冷淘

　　槐葉冷淘，以槐葉為麵，冬取其溫，夏取其涼。又有槐芽溫淘，水花冷淘。
**青青高槐葉，采掇付中廚。新麵來近市，汁滓宛相俱。八鼎資過熟，
加餐愁欲無。碧鮮俱照筯，香飯兼苞蘆。經齒冷於雪，勸人投比珠。**
以上贊冷淘之美。**願隨金騕褭，走置錦屠蘇。路遠思恐泥，興深終不渝。
獻芹則小小，薦藻明區區。萬里露寒殿，開冰清玉壺。君王納晚涼，
此味亦時須。** 以上欲致之君。

　　製冷淘者，以槐葉為主。和之則以新麵，汁與滓化，宛然相俱，如一色然。良山
八鼎，烹飪得宜，所以加餐，愁懷都釋。其碧堪照筯，真覺汁滓俱無；且香比苞蘆，
更佐新麵未足。經齒如雪，信為冷淘；飫人比珠，何但槐葉。其美如此，敢自私哉？
庶得金騕褭，將此冷淘，走置錦屠蘇之處。惜乎路遠莫致，然興深難已也。以擬獻芹，
雖曰小忠；以比薦藻，亦明微悃。當此盛暑，遙想君王，以錦屠蘇障日，御露寒殿，
玉壺之側，清冰貯焉。不識晚涼時，亦曾進冷淘之味否？亮亦在所宜須者。○冷淘非
君王需，但野人之味，在所宜嘗。且萬方玉食，何所不有？不幸或至匱乏，進胡餅䬼
麥，飯而甘之，如明皇至咸陽宮時。然則冷淘之味，君王未可忽也。「此味亦時須」，
語非無謂。「露寒殿」，如魏清涼殿、清暑殿，唐貞觀飛霜殿，皆避暑者。蘆荻屬甲而
未拆曰苞。出峽詩曰「泥筍苞初荻」〔註4〕，此詩中「苞蘆」是也。形容冷淘之美，
非飯器之謂。

園

仲夏流多水，清晨向小園。碧溪搖艇闊，朱果爛枝繁。 四句「園」。始為
江山靜，終防市井喧。畦蔬繞茅屋，自足媚盤餐。 四句有「園」之故。

　　時當仲夏，水漲溪添。我清晨來此，以小園故耳。水多故搖艇而渡，覺碧溪增
闊；園小見爛枝而垂，惟朱果獨繁。夫我需此園者，為愛僻靜，固屬素心，得謝喧囂，
竟遂夙願。而況果實而外，又有嘉蔬繞舍而生，足供小摘，盤餐不乏，亦何須向市井
他求也。

上後園山腳

**朱夏熱所嬰，清旦步北林。小園背高崗，挽葛上崎崟。曠望延駐日，
飄颻散疏襟。潛鱗恨水壯，去翼依雲深。勿謂地無疆，劣於山有陰。**

〔註4〕《杜詩闡》卷三十《適江陵漂泊有詩凡四十韻》。

石楗遍天下，水陸兼浮沉。以上敘題面。自我登隴首，十年經碧岑。劍門來巫峽，倚薄浩至今。故園暗戎馬，骨肉失追尋。時危無消息，老去多苦心。志士惜白日，久客藉黃金。敢為蘇門嘯，庶作梁父吟。以上感懷。

　　夏熱嬰肌，人須自為地耳。北林向陰，清旦氣涼，此時散步，適當崗背。挽葛而上，不顧嶔崎。曠望久而駐日延，飄颻極而疏襟散。人固畏暑，物亦宜然。俯察潛鱗，亦恨壯水；仰窺去翼，亦入深雲。地雖無疆，熱靡可逃；山則有陰，暑猶可避。是地不如山而不知其非也。不見石楗之生，遍於天下，可充糧而療饑；水陸之路，兼乎浮沉，可將車而理楫？地德如此，山云乎哉？雖然，我之登山，不自今始。自棄官入秦，一登隴首。至發秦入蜀，再陟劍門。迄今依棲巫峽，倚薄多矣。乃回首故園，戎馬猶暗；言念骨肉，何處追尋。消息以時危既無，歸心因老去彌切。彼白日有用，荏苒置之，志士所惜也；黃金無用，窮途賴之，久客所需也。今白日虛度，黃金久空，意者高崗上，有孫登其人，與發蘇門嘯以自遣。然不敢作，亦庶為諸葛《梁父吟》可已。

諸葛廟

久遊巴子國，屢入武侯祠。竹日斜虛寢，溪風滿薄帷。四句「廟」。君臣當其濟，賢聖亦同時。翼戴歸先主，併吞更出師。四句「諸葛」。蟲蛇穿畫壁，巫覡醉蛛絲。應起四句。欻憶吟梁父，躬耕起未遲。應次四句。

　　夔有武侯特廟，久遊其地，則屢入其祠。但見竹梢晚照，斜入寢宮；溪上微風，飄滿神幕。當年君臣其濟，無忝一心；賢聖昌期，居然五百。故翼戴勛業，欲使中原盡歸先主；且併吞心力，不使漢賊並立乾坤。今畫壁之上，蟲蛇往來；蛛絲之間，巫覡醉飽。荒落至此。猶憶躬耕南陽，待時而出，一朝三顧，遂許馳驅。信乎豪傑建功，在於遇主，時之早晚，又何論焉。今日豈無武侯，乃使空憶《梁父吟》耶？

舍弟觀歸藍田迎新婦送示　二首

汝去迎妻子，高秋念卻回。即今螢已亂，承首句。好與雁同來。承次句。東望西江永，南遊北戶開。卜居期靜處，會有故人杯。四句總寫「高秋念卻」回意。

　　汝到夔未幾，為新婦在藍田，往迎復去。計汝此往，歸期當在高秋也。即今去日，螢亂為夏；則汝來日，雁賓已秋。今日汝挈馬首，從東而指，我望汝之情，若與西江而俱永。他日汝攜妻子，向南而遊，我思汝之處，應倚北戶而常開。此去卜居江陵，當圖靜處。蓋卜居之後，會有故人銜盃話舊，惟靜處為相宜耳。○他日寄觀詩有

「卜築同蔣詡,為園似邵平」〔註5〕句,正是卜鄰靜處意。

楚塞難為路,藍田莫滯留。衣裳挎白露,鞍馬信清秋。四句望其早歸。
滿峽重江水,開帆八月舟。此時同一醉,應在仲宣樓。四句自言出峽。

　　汝由巫峽至藍田,道途多梗,楚塞之路誠難也。汝由藍田下江陵,水陸並濟,
嶢關之險休滯也。且汝自藍田而還,節屆白露,何惜霑衣;汝乘鞍馬而來,時值高
秋,必當如約。汝速返江陵,我亦早圖出峽。計重江水發,正當滿峽之時;至八月
涼生,恰是張帆之候。汝策馬下,我駕舟迎,此際一尊,兄酬弟勸,當在仲宣樓頭
也。

行官張望補稻畦水歸

　　時公種稻東屯,遣僕補水。行官是行田者。〔註6〕僕之綱歸,補水歸也。

東屯大江北,百頃平若案。六月青稻多,千畦碧泉亂。插秧適云已,
引溜加溉灌。更僕往方塘,決渠當斷岸。公私各地著,浸潤無天旱。
以上「補水」。主守問家臣,分明見溪畔。芊芊炯翠羽,剡剡生銀漢。鷗
鳥鏡裏來,關山雪邊看。以上「補水歸」后,寫「畦水」之景。秋菰成黑米,
精鑿傳白粲。玉粒足晨炊,紅鮮任霞散。終然添旅食,作苦期壯觀。
遺穗及眾多,我倉戒滋蔓。以上預言秋成事。

　　昔公孫述留屯之所為東屯,在大江以北,有田百頃,其平若案,皆稻田水畦也。
當此六月,青稻既多。千畦之間,碧泉與青稻交亂矣。插秧已畢,灌溉當勤。行官為
諸僕綱,諸僕惟行官使。此行更僕,務在決渠,使公私兩田各不相混,亦無不浸潤,
而天旱不足患,乃為得耳。凡此皆行官主守之職。畦水既補,行官亦歸。因將稻畦間,
或引溜,或決渠,歷歷問之不爽。我身雖不往溪畔,已分明如見溪畔。其青稻之色,
芊芊然炯翠羽也;其碧溪之水,剡剡然生銀漢也。其鷗鳥飛飛,百頃者若來鏡中也;
其關山隱隱,千畦者如在雪裏也。就此畦水分明,可卜秋成有慶。彷彿見秋菰熟,彷
彿見精鑿登,彷彿見玉粒脫、紅鮮布。夫遠客之人,艱於旅食,似此秋成,終然得飽,
真壯觀哉!若夫滯穗遺秉,本寡婦之利。我倉既盈,徒然滋蔓,以自封殖,尤所當戒
者。○「分明」,或作「分朋」,謂耘者分朋而進。題是「補畦水」,非耘。「傳」,合
也,以菰米合白粲而炊。

〔註5〕《杜詩闡》卷二十九《舍弟觀赴藍田取妻子到江陵喜寄三首》之三:「卜築應
　　　同蔣詡徑,為園須似邵平瓜。」
〔註6〕朱《注》:「行官,是行田者。」

返照

楚王宮北正黃昏，白帝城西過雨痕。二句「返照」之山。返照入江翻石壁，歸雲擁樹失山村。二句「返照」之景。衰年病肺惟高枕，絕塞愁時早閉門。不敢久留豺虎亂，南方實有未招魂。四句「返照」所感。

楚王宮北，黃昏已臨；白帝城西，雨痕尚在。雨過則返照出，返照所入，石壁在江上者忽翻江底矣。雨過則云亦歸，此處有返照，則彼處有歸雲，返照之處明則歸雲之處暗，因而山村之在樹裏者忽然若失矣。此時難為情者，衰年病肺之人耳。愁看返照，惟有高枕。最傷神者，絕塞愁時之客耳。何待黃昏，早已閉門。蓋山南方為豺虎地，病客愁人，何堪久處。不知何日賦《招魂》哉？〇招魂者，禮之所謂復也。人死則行之，宋玉哀其師無罪放逐，恐其魂魄離散，故作《招魂》。公頻用自況，亦放逐之悲也。

灩澦

灩澦既沒孤根深，西來水多愁太陰。「愁」字貫下。江天漠漠鳥雙去，風雨時時龍一吟。舟人漁子歌回首，估客胡商淚滿襟。四句總寫「愁」字。寄語舟航惡年少，休翻鹽井橫黃金。二句諷其不愁。

灩澦之石，高則如象，卑亦如馬。今既沒，「孤根深」矣。蓋由西來水多，陰氣所聚耳。此時江天漠漠，見其來者，固絕少矣，見其去者，惟鳥，鳥雙去，若有怯於江天之漠漠者；風雨時時，見其形者，固絕少矣，聞其吟者，惟龍，龍一吟，若有懼於風雨之時時者。江天風雨中，鳥雙去，龍一吟，誰肯冒險過此？彼舟人漁子習於險者，亦歌回首；估客胡商習於險以謀利者，亦淚滿襟；無非愁故。如何惡少，冒險下漲，傾翻鹽井，橫取黃金，若為得計。只恐少焉與灩澦俱沒，隨孤根皆深，鹽井、黃金果安在哉？〇惡少年不愁，公代為愁。曰「寄語」，曰「休翻」，彼處危亂、據要津者，曷不猛省？

季夏送鄉弟韶黃門從叔朝謁

今弟尚為蒼水使，公自注：「韶比兼開江使，通成都外江下峽舟船。」名家莫出杜陵人。比來相國兼安蜀，歸赴朝廷已入秦。捨舟策馬論兵地，拖玉腰金報主身。莫度清秋吟蟋蟀，早聞黃閣畫麒麟。通首「鄉弟」、「從叔」對發。

鄉弟今日尚為開江使，官職雖卑，若論名家，總不出杜陵人。如從叔亦杜陵人，

官居相國。邇來,朝廷以蜀亂難平,特命相國出鎮,以相國兼安蜀,將相兼屬之一人。今蜀亂平,相國覆命朝廷,喜鄉弟偕之入秦也。行見從荊州至長安,水陸並濟。鄉弟雖為開江使,此時亦應捨舟登陸,策馬論兵。蓋由相國初平蜀亂,事後尚煩商榷耳。相國既平蜀亂,入朝之日,拖玉腰金,將以致此報主之身,勿負天子寵譽。鄉弟此行,得毋以尚為開江使,如潘岳仕宦不達,作《蟋蟀吟》以自遣?今已季夏,早辦入朝,莫度清秋,淹留道路。至若相國,麒麟閣上,定標姓名。今日入朝,我早聞其必然也。○鴻漸鎮蜀,姑息崔旰,未嘗用兵。「策馬論兵」,諷辭也。鴻漸來自成都,廣受貢獻,反薦崔旰,安在其能報主?曰「報主身」,亦諷辭也。

夔州歌十絕句

中巴之東巴東山,江水開闢流其間。白帝高為三峽鎮,承「巴東山」。夔州險過百牢關。承「江水」句。

　　蜀有三巴,中巴以東為巴東,其山高矣。江水發源於岷山,自開闢以來,即流其間,其水險矣。何以見其高?巴東之山,白帝為尊,實為三峽之鎮。何以見其險?夔峽之關,防隅一水,即百牢關,有不足比者。夔峽形勢如此。

白帝夔州各異城,蜀江楚峽混殊名。二句承上。英雄割據非天意,霸王併吞在物情。二句起下。

　　有白帝城,又有夔州城,二城在一處而實分。瞿唐舊名西陵峽,荊州亦名西陵峽,楚、蜀分兩峽而名混。夫亦英雄割據使然,狀實非天意。霸王者出,并吞為一,原在物情自歸耳,形勢何與焉?

群雄競起向前朝,王者無外見今朝。二句承上。比訝漁陽結怨恨,元聽舜樂奏簫韶。

　　割據則群雄競起,此何時哉?前朝則然耳。併吞則王者無外,此何時哉?我見今朝耳。即如祿山,本屬佞倖之餘,其後反結怨恨之釁,似屬可訝。究之大凶殲滅,仍歸一統;朝廷端拱,元聽簫韶。王者無外如此,群雄割據亦何為者?○聽簫韶,分明舞干格苗意。

赤甲白鹽俱刺天,閭閻繚繞接山巔。二句山居之民。楓林橘樹丹青合,複道重樓錦繡香。二句閭閻所有。

　　赤甲、白鹽二山,其高刺天。山巔之上,民居輻輳。有楓林,有橘樹,望若丹青;有複道,有重樓,爛如錦繡。美哉夔州,既庶且富!○公於赤甲曰「相看多

使者」〔註7〕，於白鹽曰「清秋萬斛船」〔註8〕，可知兩山為都會處。

瀼東瀼西一萬家，此言水居之民。**江北江南冬春花。背飛鶴子遺瓊蘂，相趁鳧雛入蔣芽。**二句承「春冬花」說。

　　不獨山居，其水居者，瀼東、瀼西，夾流溯澗，有萬家之盛。況江北、江南，地氣更暖。冬春之花，爛熳不絕。花中有瓊蘂，鶴子背飛而不貪；花邊有蔣芽，鳧雛相趁而爭入。鶴子過鳧雛遠矣。

東屯稻畦一百頃，北有澗水通青苗。承上「江北」說。**晴浴狎鷗分處處，**承「澗水」句。**雨隨神女下朝朝。**承「稻畦」句。

　　不獨瀼東、瀼西，由江南而江北，則為東屯。東屯稻田水畦，延袤百頃，又枕崇岡，帶清溪。其北澗水周流，直通青苗之處。且此澗水，晴則狎鷗爭浴，處處皆然。即此稻畦，雨則神女相隨，朝朝不間。東屯百頃如此，宜乎米冠蜀中耳。

蜀麻吳鹽自古通，萬斛之舟行若風。二句通商。**長年三老長歌裏，白晝攤錢高浪中。**二句承萬斛舟。

　　夔州為商賈交集處，麻自蜀來，鹽由吳至。載此者，必是萬斛舟。萬斛舟其行若風者，以夔州長年，最善操舟，長在歌笑中行耳。尤可異者，白晝高浪時，揮錢為意錢之戲。一何履險如夷耶！

憶昔咸陽都市合，山水之圖張賣時。巫峽曾經寶屏見，此句圖畫所見。**楚宮猶對碧峰疑。**此句今日所見。

　　我昔在咸陽都市，曾見夔州山水圖。其寶屏上，若巫峽，若楚宮，一一識之。今客夔所見巫峽，果如寶屏，無可疑者。惟楚宮泯滅，不可復問。合之寶屏，猶未免於疑耳。

閬風玄圃與蓬壺，中有高堂天下無。承上畫。**借問夔州壓何處，峽門江腹擁城隅。**結還夔州。

　　咸陽山水圖，不獨巫峽、楚宮，若閬風，若玄圃，若蓬壺，其中高堂為天下所無者，亦於寶屏見之。借問夔州壓於何處，只在峽門江腹間。然則天下大矣，夔州不過一隅耳。

武侯祠堂不可忘，以夔州古蹟終。**中有松柏參天長。干戈滿地客愁破，雲日如火炎天涼。**頂「松柏參天」說。

　　我於夔州極不忘者，武侯祠堂也。祠堂何有？只有參天松柏。每一到此，客愁為

〔註7〕《杜詩闡》卷二十五《入宅三首》之二。
〔註8〕《杜詩闡》卷二十三《白鹽山》。

釋，誠愛此參天松栢可避暑耳。○自「割據」二句說到此處，正見以武侯事業止於三分，割據何為？無外終歸王者。

上卿翁請修武侯廟遺像缺落時崔卿權夔州

上者，卿為公舅，尊之也。

大賢為政即多聞，刺史真符不必分。二句「權夔州」。尚有西郊諸葛廟，臥龍無首對江濆。二句「請修遺像」。

　　卿翁大賢也。大賢為政，便有嘉績，何論權攝與真符。顧政之大者，莫如修舉廢墜。諸葛一代人傑，今日廟貌頹落，遺像缺然。卿翁為政，我即以此事相屬。將來治蜀，必有與諸葛齊名者，故為此上請云。

又上後園山腳

昔我遊山東，憶戲東岳陽。窮秋立日觀，矯首望八荒。朱崖著毫髮，碧海吹衣裳。蓐收困用事，玄冥蔚強梁。逝水日朝宗，鎮石各其方。平原獨憔悴，農力廢耕桑。非關風露凋，曾是戍役傷。於時國用富，足以守邊疆。朝廷任猛將，遠奪戎虜場。到今事反覆，故老淚萬行。以上登岳，敘往事。龜蒙不可見，況乃懷故鄉。肺萎屬久戰，骨出熱中腸。憂來杖匣劍，更上林北崗。瘴毒猿鳥落，峽乾南日黃。秋風亦已起，江漢始如湯。登高欲有往，蕩析川無梁。哀彼遠征人，去家死路旁。不及祖父塋，壘壘冢相當。以上「上山腳」，敘今事。

　　猶憶天寶初載，客遊東魯，嬉戲東嶽之陽。直至窮秋，躡日觀峰，矯首一望，八荒在目。但見朱崖渺渺，毫髮靡遺；碧海茫茫，衣帶宛在。惟是天地將已閉塞，西帝衰而北風勁，雖百川尚有朝宗之象，而鎮石各據一方之雄。俯視平原，憔悴無色，以至農桑都廢，不獨風露稠傷，亦由戍役勿息耳。時明皇好兵，屢開邊釁，雖曰國用富足，軍需不匱，乃青海、南詔，所傷實多。當年明皇本意欲窮沙漠，豈知跳樑封豕，反在蕭墻。事之反覆，有難料者。此故老興思，潸焉出涕也。然則今日飄零，豈無故哉？雖欲復為龜蒙之遊，已不可得。況長安杜曲，期為故鄉之歸耶？既已病肺經年，復值南方炎暑，聊仗劍陟崗，望遠當歸耳。瘴氣正深，峽水亦涸，轉盼秋風颯颯，漢水湯湯，可圖出峽，而欲往無梁，亦奈之何！當年戍卒，血流邊庭，骨飛海水，去桑梓，離墳墓，誠為可傷。豈知旅人流落，亦不異是！

阻雨不得歸瀼西甘林

三伏適已過，驕陽化為霖。欲歸瀼西宅，阻此江浦深。壞舟百板坼，峻岸復萬尋。篙工初一棄，恐泥勞寸心。以上「阻雨」。佇立城東隅，悵望高飛禽。草堂亂玄圃，不隔崑崙岑。昏渾衣裳外，曠絕同層陰。以上「不得歸瀼西」。園甘成長時，三寸如黃金。諸侯舊上計，厥貢傾千林。邦人不足重，所迫豪吏侵。客居暫封殖，日夜偶瑤琴。虛徐五株態，側塞煩胸襟。以上「甘林」。焉得輟兩足，杖藜出崎嶔。條流數翠實，偃息歸碧潯。拂拭烏皮几，喜聞樵牧音。令兒快搔背，脫我頭上簪。以上預擬歸時事。

　　三伏過，驕陽去，正瀼西甘林可偃息時。乃雨阻東城，問渡難得；既苦壞舟，又逢峻岸。舟壞則篙工已棄，岸峻則泥阻空勞。佇立之久，徒歎飛禽不若耳。惟時極目瀼西，路非玄圃，遠異崑崙，其如水氣濺衣、層陰絕跡何！所以欲歸瀼西者，以甘林極不忘耳。蜀甘如卵，以寸為度，其形三寸，色比黃金。夔人每歲計吏，入貢天子，惟是錫貢有限，侵奪無窮。此邦人以種甘為非幸，雖佳果，反不足重也。我客居偶植，聊配瑤琴，豈與厥貢之常，有當豪吏之欲。無奈五株在眼，阻雨礙行，安得輟足而往，遄歸林下？數翠實，枕碧潯，拭烏皮，聽樵唱。此時此情，亦何知有諸侯上計、豪吏誅求？惟有令兒搔背，脫簪高臥，其如阻雨未得歸也！

柴門

泛舟登瀼西，回首望兩崖。二句立一篇之局。東城乾旱天，其氣如焚柴。長影沒窈窕，餘光散谽谺。大江蟠嵌根，歸海成一家。下衝割坤軸，竦壁攢鏌鋣。蕭瑟灑秋色，氣昏霾日車。峽門自此始，最窄容浮查。禹功翼造化，疏鑿就欹斜。巴渠決太古，眾水為長蛇。風煙渺吳越，舟楫通鹽麻。以上望兩崖之景。我今遠遊子，飄轉混泥沙。萬物附本性，約身不願奢。茅棟蓋一床，清池有餘花。濁醪有脫粟，在眼無諸嗟。山荒人民少，地僻日夕佳。貧病固其常，富貴任生涯。老於干戈際，宅幸蓬蒿遮。石亂上雲氣，杉青延日華。賞妍又分外，理愜夫何誇。足了垂白年，敢言高士差。書此豁平昔，回首猶暮霞。以上登瀼之情。

　　我泛舟，將登瀼西，先回首而望兩崖之處，但見東城一帶，旱氣正熾。其氣布於兩崖者，長影直沒窈窕之山勢，餘光遠散谽谺之虛谷。兩崖之中，貫以長江。長江之流，蟠以巖坎，至歸海，乃成一家焉。當夫大江下衝，欲割坤軸；崖壁直聳，險若攢

鋒。雖江水之色，瀟灑如秋；乃崖壁之氣，昏霾蔽日。然三峽之門，從此而始；兩崖窄處，浮杳僅容。亦誰使其然哉？粵自禹功，能翊造化，因勢疏鑿，就水欹斜。因而巴渠一決，眾水如長蛇之赴壑；舟楫交通，吳蜀有麻鹽之往來。我望兩崖，益歎禹明德之遠。今得從此，泛舟登瀼西也。我登瀼西，自傷遠遊至此，飄轉無依，久混泥沙，不能振拔。當思萬物何常，各依本性；奉身宜約，無用奢求。豈不願華楹？茅棟蓋床亦足矣。豈不願上林？清池有花亦足矣。豈不願鼎鐘？斟濁醪、飽脫粟亦足矣。山荒喜人丁之少，地僻欣夕照之佳。貧病固旅人之常，富貴非可求之物。干戈送老，蓬蓽遮身，所謂「萬物附本性，約身不願奢」者，如斯而已。況亂石之上，雲氣頻來；青杉之間，日華常駐。此天地之生趣，亦分外之賞妍，取之無心，得之無意。苟愜於理，夫何足誇。垂白之年，庶足自了；高人之跡，敢曰比肩？聊書數行，以豁平昔。乃回首兩崖處，尚有暮霞繚繞焉，殆將柴門老矣。

卷二十七

夔州詩_{大曆二年}

甘林

捨舟越西崗，入林解我衣。青芻適馬性，好鳥知人歸。晨光映遠岫，
夕露見日晞。以上入「甘林」。遲暮少寢食，清曠喜荊扉。經過倦俗態，
在野無所違。試問甘藜藿，未肯羨輕肥。喧靜不同科，出處各天機。
勿矜朱門是，陋此白屋非。以上入「甘林」之懷。明朝步鄰里，長老可以
依。時危賦歛數，脫粟為爾揮。相攜行豆田，秋花靄菲菲。子實不得
喫，貨市送王畿。盡添軍旅用，迫此公家威。主人長跪辭，戎馬何時
稀。我衰易悲傷，屈指數賊圍。勸其死王命，慎勿遠奮飛。以上出「甘
林」，慰鄰里。

　　我甘林在西崗西，捨舟越此，解衣秣馬，人歸而鳥亦喜矣。於時晨光熹微，初映
遠岫；夕露涓滴，覺其乍晞。我何為入此甘林？自維年屆遲暮，精力少而寢食減；境
喜清曠，去城市而即荊扉。況俗態嬾親，野趣足樂。有問我以甘藜藿之故，亦不過厭
輕肥之俗態耳。凡以靜喧之趣，既不同科；出處之機，各有天分。豈曰朱門之輕肥是，
白屋之藜藿非耶？明朝出甘林，步鄰里，鄰里長老有天機，無俗態，藜藿之伍，非輕
肥之儔，而可依也。但處此時危，賦歛孔亟。我之脫粟，且為爾揮，非要譽也，誠憫
軍需竭而鮮飽耳。因攜長老，同行豆田。顧此豆花，菲菲將實，庶足療秋荒，瞻八口。
無奈軍需告急，朝廷籌繒，賣豆易金，齏折供戰。戶口之需，誠莫緩也；公家之威，

-551-

亦可畏也。主人方苦此，而問休兵定幾時。我今已衰年，而曰解圍幸不日，主人勉乎哉！軍需之迫，本朝廷不得已。王命所在，亦爾等宜勉循。若使王命不死，奮飛以輕去其鄉，其若普天之義何！○題曰「甘林」，詩中一字不及。甘林者，已見於《阻雨》一篇〔註1〕也。但前篇以豪吏侵奪為辭，此卻以迫於科斂為辭，夔人不聊生矣。《書懷》篇所謂「萬里煩供給，孤城最怨思」〔註2〕。

秋行官張望督促東渚耗稻向畢清晨遣女奴阿稽豎子阿段往問

東渚雨今足，佇聞粳稻香。二句總提。上天無偏頗，蒲稗各自長。人情見非類，田家戒其荒。工夫競楒楒，除草置岸傍。六句泛言「耗稻」之事。穀者命之本，客居安可忘。青春具所務，勤墾免亂常。吳牛力容易，並驅動莫當。豐草亦已概，雲水照方塘。有生固蔓延，靜一資隄防。督領不無人，提攜頗在綱。以上「行官張望督促耗稻向畢」。荊揚風土暖，蕭蕭候微霜。尚恐主守疎，用心有未臧。清朝遣婢僕，寄語踰崇崗。四句遣奴子往問。西成聚必散，不獨陵我倉。豈要仁里譽，感此亂世忙。北風吹蒹葭，蟋蟀近中堂。荏苒百工休，鬱紆遲暮傷。八句秋成之感。

雨以澤苗，亦以滋草，因而蒲稗妨禾矣。雖天心兼愛，良莠無殊，然人事力勤，須嚴非種。蓋草不鋤而先自荒，田家所戒也。故工夫則競力不休，除草則務使勿混。況我客居，穀尤命本。勤墾有法，勿得亂常。必吳牛之力，人功並驅；庶蒲稗之生，終朝盡去。草去，豐苗茂矣，雲水清矣。即此推之，凡屬有生蔓延之類，總賴隄防靜一之功。此非眾人務，而行官職也。行官勉哉！今日督促向畢，用心亮無不臧矣。當念荊揚土暖，稻禾早熟，轉昕高秋，蕭霜將降。在上天無不報之勤，乃人事有怠終之失。我尚恐爾主守疎，用心有未至，乃遣婢僕，侵晨越崗，寄語行官，勿替厥職。能如是，西成有望矣。且爾亦知西成所收，聚必有散。我倉如陵，豈私己有？將以散所有，給所無，豈博仁里之虛聲？誠感亂世迫促，緩急時有耳。未幾，風吹蘆荻，物搖落矣；蟲鳴床下，人室處矣。場功畢，百務休，秋成固足樂，遲暮轉堪傷。豈曰客居之人，以穀為本，一穀而外，無他慮哉？○「耗」，即耗也。《漢高本紀》：「中縣人以故不滅耗。」《註》曰：「耗，損也。」〔註3〕今曰耗稻，謂損去其草而俾稻長，猶耘苗也。又《食貨志》：「官職耗廢。」師古《註》：「耗，亂也。」〔註4〕督促耗稻，即除去亂稻意。

〔註1〕《杜詩闡》卷二十六《阻雨不得歸瀼西甘林》。
〔註2〕《杜詩闡》卷二十四《夔府書懷四十韻》。
〔註3〕《漢書》卷一下。
〔註4〕《漢書》卷二十四下。

暇日小園散病將種秋菜督勒耕牛兼書觸目

不愛入州府，畏人嫌我真。及乎歸茅宇，傍舍未曾嗔。老病忌拘束，應接喪精神。江村意自放，林木心所欣。以上「暇日小園散病」。秋耕屬地濕，山雨近甚勻。冬菁飯之半，牛力晚來新。深耕種數畝，未甚後四鄰。嘉蔬既不一，名數頗具陳。荊巫非苦寒，採擷及青春。以上「將種秋菜督勒耕牛」。飛來兩白鶴，暮啄泥中芹。雄者左翮垂，損傷已露筋。一步再流血，尚經矰繳勤。三步六號叫，志屈悲哀頻。鸞鳳不相待，側頸訴高旻。杖藜俯沙渚，為汝鼻酸辛。以上「兼書觸目」。

　　我非龐公也，亦不入州府，非惡彼而逃之，彼先嫌我真耳。為州府所嫌，必為野人所許。所以一歸茅宇，無見嗔者。況老病之人，最忌拘束；應接之煩，更損精神。今江村林木間，意既放，心亦適，何快如之！我暇日小園散病如此。既居小園，則有小園之事。當此秋耕，喜及山雨。年來饑饉，穀菜兩艱。冬菁雖微，可佐半飯。趁此牛力方新，數畝易辦，深耕不後，四鄰同時。嘉蔬之名具陳，無非秋菜；春日之需可接，何但禦冬。山雨勻，氣候得矣。牛力新，物力裕矣。與四鄰而無後先，人事齊矣。接冬春而不匱乏，天時周矣。我督勒耕牛，種菜如此。散病之餘，忽見兩鶴橫空飛至，一似同病相憐者。彼泥中之芹，至微且陋，兩鶴啄之，何苦饑也！我散痛而方種菜，鶴苦饑而亦啄芹耶？其雄者尤可傷，見其翮則垂也，察其筋則露也，迆而視之，血再流矣。乃矰矢之加，尚未已也。志屈矣，情哀矣，豈無鸞鳳，誰肯相待？亦有蒼天呼而不聞。夫我方散病，不能自遣，顧此老鶴，亦復如斯。能勿俯茲沙渚，為爾辛酸？我「兼書觸目」如此。

峽隘

聞說江陵府，雲沙靜眇然。白魚如切玉，朱橘不論錢。水有遠湖樹，人今何處船。六句皆言江陵。青山各在眼，卻望峽中天。二句點「峽隘」。

　　我雖未至江陵府，聞說此方雲沙縹緲。即如魚誇水族，有玉不如；橘號木奴，無錢亦得。所為極不忘耳。今江陵之水，其樹恍在遠湖；江陵之人，其船不知何處。若論青山，江陵峽中，亦各在眼。乃江陵之天，空曠絕人；峽中之天，舉日擁塞。如之何江陵則聞，峽中卻望，未能舍之去也！○時公弟觀將卜居江陵，必極道江陵風土之佳，故曰「聞說」。於江陵曰「聞說」，欲往未得往；於峽中曰「卻望」，欲去未得去。「人今何處船」，亦必指弟觀時歸藍田迎婦至江陵云。

夜雨

小雨夜復密，回風吹早秋。野涼侵閉戶，江滿帶維舟。四句「夜雨」。通
籍恨多病，為郎忝薄遊。二句「夜雨」所感。天寒出巫峽，醉別仲宣樓。
二句預道出峽之後。

本小雨耳，至夜復密，遂有回風，已覺早秋。秋早則野涼，戶雖閉而涼氣亦入；
雨密則江滿，舟雖維而江色遙侵。大抵遲暮之感，多在於秋；功名之心，難忘於老。
我向通籍朝廷，既以多病謝去；嗣又為郎幕府，復以薄遊不終。今秋氣初爽，出峽有
期。此去倘到江陵，亦一醉，即別仲宣樓矣。豈復蹉跎時日，為汗漫遊哉？

更題

此足前章未盡意，故曰「更題」。

只應踏初雪，騎馬發荊州。二句承上。直怕巫山雨，真傷白帝秋。二句
發明「踏初雪」句。群公蒼玉佩，天子翠雲裘。同舍晨趨侍，胡為淹此留。
四句申明「發荊州」句。

「天寒出巫峽」，則踏初雪矣；「醉別仲宣樓」，則發荊州矣。夫我出巫峽，不憚
踏雪者，怕巫山之雨，傷白帝之秋也。至於荊州即發，不復淹留者，以我曾通籍為郎，
有趨侍至尊之職。計此時群公曳珮，天子服裘，未明視朝，同舍趨侍，我雖不以嘗從
大夫之列，若使出峽又留荊，則有羈朝謁。皇皇出峽，亦無謂矣。

見螢火

巫山秋夜螢火飛，簾疏巧入坐人衣。忽驚屋裏琴書冷，復亂簷前星宿
稀。卻繞井欄添箇箇，偶經花蘂弄輝輝。六句「見螢火」。滄江白髮愁看
汝，來歲如今歸未歸。二句見之之情。

地屬巫山，時當秋夜，螢火何堪到眼，乃偏於簾疏處巧入而坐人衣哉！一坐人
衣，屋裏琴書忽驚其冷；隨飛簾外，簷前星宿頓覺其稀。簷下有井，螢添箇箇；井邊
有花，螢過輝輝。於屋裏見之，又於簷前見之；於井欄見之，又於花蘂見之。螢火則
追隨於屋裏、簷前、井欄、花蘂，滄江白髮之人看汝如此，何以為情！今歲看汝巫山，
來歲看汝何處？但恐故園螢火，終無見期；巫山螢火，永伴羈客。我其如此螢火何！
○公呼螢火曰汝，呼麋鹿曰爾，愁人無伴，其情如此。

月

斷續巫山雨，天河此夜新。先言雨霽。若無青嶂月，愁殺白頭人。魍魎移

深樹，蝦蟆動半輪。四句「月」。故園當北斗，直想照西秦。二句思故鄉。

　　巫山之雨，斷續不常。今霽矣，故天河耿耿，若新出然。因河望月，若非青嶂之月，照出關山，幾令白頭之人愁殺無地。幸天河新而月出青嶂也。想其皎潔，魁魖應潛；雖曰未盈，蝦蟆已動。因月望斗，北斗之下，故園在焉。北斗下直西秦，故園適當其處。此時月光所及，應照見我杜曲故廬。惜乎！巫山之月，直照西秦。西秦之人，反在巫山之外。然則雖有青嶂月，此白頭人亦祗增愁殺哉！

寄劉峽州伯華使君四十韻

峽內多雲雨，秋來尚鬱蒸。遠山朝白帝，深水謁夷陵。遲暮嗟為客，西南喜得朋。哀猿更起坐，落雁失飛勝。伏枕思瓊樹，臨軒對玉繩。青松寒不落，碧海闊逾澄。以上敘相思願見意。昔歲文為理，群公價盡增。家聲同令問，時論以儒稱。太后當朝肅，多才接迹昇。翠虛捎魍魎，丹極上鯤鵬。宴引春壺滿，恩分夏簟冰。雕章五色筆，紫殿九華燈。學並盧玉敏，書偕褚薛能。老兄真不墜，小子獨無承。以上敘家聲。「老兄」二句為一篇間架。近有風流作，聊從月峽徵。放蹄知赤驥，振翅服蒼鷹。卷軸來何晚，襟懷庶可憑。會期吟諷數，益破旅愁凝。雕刻初誰料，纖毫欲自矜。神融躍飛動，戰勝洗侵凌。妙取筌蹄棄，高宜百萬層。白頭遺恨在，青竹幾人登。回首追談笑，勞歌跼寢興。年華紛已失，世故莽相仍。以上敘詩學，以見劉能「不墜」、我「獨無承」之意。刺史諸侯貴，郎官列宿應。潘生驂閣遠，黃霸璽書增。乳竇號攀石，饑鼯訴落藤。藥囊親道士，灰劫問胡僧。憑久烏皮綻，簪稀白帽稜。林居看蟻穴，野食待魚罾。筋力交凋喪，飄零免戰兢。皆為百里宰，正似六安丞。以上敘宦跡，以見劉能「不墜」、我「獨無承」之意。姹女縈新裹，丹砂冷舊秤。但求椿壽永，莫慮杞天崩。鍊骨調情性，張兵撓棘矜。養生終自惜，伐數必全懲。以上論養生之道。政術甘疏闊，詞場愧服膺。展懷詩頌魯，割愛酒如澠。咄咄寧書字，冥冥欲避矰。江湖多白鳥，天地有青蠅。八句總結。

　　雲雨鬱蒸，猶幸山水。爾我不隔，朝白帝者朝白帝，謁夷陵者謁夷陵。雖嗟為客，差喜得朋耳。「嗟為客」者，以我流落他鄉，身如哀猿落雁。「喜得朋」者，以子玉繩瓊樹，又如碧海青松。然不自今日始。憶昔文運方隆，群公待價時，劉、杜家聲並膺令問，朝野輿論皆以儒稱。我祖與爾祖正值天后稱制，多士彙征，雖有魍魎之蹤，得兩

公而絕跡。至若鯤鵬之族，得兩公而並升。春壺侍宴，夏簟承恩。彩筆時簪，華燈嘗照。蓋由天后愛才，兩公多藝，擅盧、王之絕學，兼褚、薛之能書也。家聲如此，今日猶幸老兄不墜。惜哉！小子無承耳。兄能不墜何如？以言詩學，風流近作，月峽徵來，其神駿如赤驥放蹄，其矯健若蒼鷹捩翅。卷軸雖晚，襟懷可憑，而況吟諷正多，旅愁應破；良由雕刻入神，纖毫靡憾也。我知其才情飛動，神融而能躍之；意氣侵凌，戰勝而能洗之。直搜其妙，棄一切之筌蹄；孰比其高，空百層之等級。詩學如此，能不墜矣。若我顛毛徒自，汗竹空青。少壯幾時，草木同腐。昔年談笑，回首難追；此日寢興，勞歌彌跼。年華莫挽，世故愈多。欲如老兄，何可得哉？況兄職膺刺史，本是諸侯；出自郎官，亦應列宿。道生高閣，奕奕連雲；黃霸賜書，頻頻增秩。化行強暴，使乳虎爭攀石而號；澤及窮民，俾饑饉附落藤而訴。宦蹟如此，能不墜矣。若我病至而檢藥囊，嘗親道士；數盡而逢灰劫，但問胡僧。身世無憑，已見鳥皮之綻；簪纓有忝，生憐白帽之稜。蟻穴嘗看，何心鬥蟻；魚罾雖待，休想得魚。筋力之凋喪可知，飄泊之憂虞不免。自分曾遊郎署，百里之職可為；無奈出貶司功，六安之丞竟似。宦蹟何如老兄哉！夫親藥囊，疾病且難卻，何況長生；問灰劫，世數且有盡，何況人壽！然而修煉之法，亦可延齡；養性之方，無過絕欲。彼真汞為姹女，隱在丹砂。「縈新裹」，是真汞已得也；「冷舊枰」，得姹女而丹砂無用矣。從此椿壽自永，不藉藥囊；天墜無憂，何有灰劫？然而鍊骨之法，先調情性。兵衛國，養衛生，一也。伐國之棘矜，伐性之斧斤，一也。衛生者屏絕斧斤，勿令伐性，如張兵者撓去棘矜，不使侵疆。所以然者，壽有定數，伐數即伐壽。養生者固貴自惜，伐數者尤必全懲。凡屬傷生之事，必盡絕而乃已。此在我之多病，與兄之高年者，所當其勉也。平生拙宦，疏闊自甘，詩學荒蕪，服膺徒愧。史克之詩頌魯，為君展懷；齊侯之酒如澠，因病割愛。已灰心於拙宦，何怪事而書空。況世路嶮巇，弋人當避乎！江湖鷗鳥，庶幾忘機；天地青蠅，不勝罔極。我與老兄俱慎旃哉！〇公為膳部孫，嘗以不能繩武為恨。天寶年間，《進鵰賦表》中云：「明主執先祖之故事，拔泥塗之久辱。」〔註5〕繼而投簡咸華詩中遂有「朝廷故舊禮數絕」〔註6〕等句。於承沈八丈詩中曰「膳部嘿悽傷」〔註7〕，於贈蜀僧詩中曰「歲久空深根」〔註8〕，而於此詩中曰「小子獨無承」，不一而足。養生而曰「張兵」，猶論詩而曰「戰勝」。作詩贈使君，猶史克之頌魯侯。齊侯投壺曰：「有酒如澠。」〔註9〕

〔註5〕《杜詩詳注》卷二十四。
〔註6〕《杜詩闡》卷二《投簡咸華兩縣諸子》。
〔註7〕《杜詩闡》卷三《承沈八東美除膳部員外郎阻雨未遂馳賀奉寄此詩》。
〔註8〕《杜詩闡》卷十一《贈蜀僧閭丘師兄》。
〔註9〕《左傳‧昭十二年》。

草閣

草閣臨無地，柴扉永不關。二句「草閣」。魚龍廻夜水，星月動秋山。久露晴初濕，高雲薄未還。四句「草閣」夜景。泛舟慚小婦，飄泊損紅顏。結二句偶見寓感。

　　閣下即江，疑無地也；柴扉不閉，門空設矣。閣臨夜水，魚龍自廻；閣在秋山，星月交動。而況秋露初霑，薄雲未返。適見有泛舟之婦，飄泊無依，紅顏難保。夫風塵飄泊，易損紅顏，小婦且然，老夫可知矣。

月

併照巫山出，新窺楚水清。二句「月」。羈棲愁裏見，二十四回明。二句對「月」之情。必驗升沉體，如知進退情。不違銀溪落，亦伴玉繩橫。四句承「二十四回」句說。

　　巫山一帶，重巖疊嶂，蔽虧日月，非亭午夜分不見。今照出巫山，月正中也。巫山在上，楚水在下，先照巫山，後窺楚水。「併照」，無不照矣。「新窺」，此夜初窺也。我自永泰元年八月，自雲安來夔，至今秋為兩週。於羈棲愁裏，見此「照巫山」、「窺楚水」者，二十四回矣。此二十四回中，時升時沉，無不驗；宜進宜退，似有知也。夫月之升沉必驗，進退有知，如人之行藏出處，不容冒昧。彼銀漢至曉方沒，月與偕沉；玉繩竟夜常明，月與俱朗。就一夜言，日之升沉進退，有常如此，二十四回可知矣。○「羈棲愁」對「二十四」，猶《守歲》詩「飛騰」對「四十」〔註10〕，《上韋左丞》詩「四十春」對「軒轅代」〔註11〕，曲江詩「七十」對「尋常」〔註12〕也。註家謂「羈棲」二句是十字句法，未合。

十七夜對月

秋月仍圓夜，「十七夜」。江村獨老身。「對月」者。捲簾還照客，倚杖更隨人。二句承「獨老身」。光射潛虬動，明翻宿鳥頻。茅齋依橘柚，清切露華新。四句承「仍圓夜」。

　　秋月已圓，今夕何夕，乃「仍圓夜」也，其如所照者乃江村獨老之身何！仍圓則還照客，捲簾還照，似憐獨老者然。仍圓則更隨人，倚杖更隨，似惜獨老者然。而況

〔註10〕《杜詩闡》卷二《杜位宅守歲》：「四十明朝過，飛騰暮景斜。」
〔註11〕《杜詩闡》卷三《上韋左相二十韻》：「鳳歷軒轅代，龍飛四十春。」
〔註12〕《杜詩闡》卷六《曲江二首》之二：「酒債尋常行處有，人生七十古來稀。」

月光所及，直射潛虯。射焉欲動，虯不安於潛矣。月明所至，直翻宿鳥。翻焉而頻，鳥不安於宿矣。獨老身猶潛虯、宿鳥耳。寂寂茅齋，空依橘柚；露華得月，清切更明。然則秋月之圓，誠然不減；獨老之身，何以為情哉！

白露

白露團甘子，清晨散馬蹄。圃開連石樹，船渡入江溪。四句出甘林。憑几看魚樂，廻鞭急鳥棲。漸知秋實美，幽徑恐多蹊。四句歸甘林。

　　林中甘子，露團將熟。我因清晨有江溪之興，遂散馬蹄而開圃。圃開之處，石樹交連，江溪在前，船渡而入，將以看魚樂也。憑几而看，不覺移日；舍舟復馬，遂已回鞭。蓋鳥已棲，人可歸耳。況清晨出林，甘團白露，秋實將美，時不可失。而林間又多幽徑，山蹊易迷，尚早旋哉！

孟氏

孟氏好兄弟，養親惟小園。二句總。承顏胝手足，坐客強盤餐。宿米夕葵外，讀書秋樹根。四句寫「養親小園」意。卜鄰慚近舍，訓子覺先門。二句歸美母氏。

　　孟氏兄弟，一為倉曹，一為主簿，皆食貧苦節而能養親者。以胼手胝足者供其親，決不以不義之物為親甘旨，如嗇夫孫性，私賦民錢衣布，以進其父也。以養親之餘，奉客盤餐，如茅容殺雞奉母，自以草蔬與客同飯，客亦有戚然不安者，不亦強與！而況百里之外，如季路負米而歸，又往往至夕曛在葵也。夫揚名顯親，為人子事。不讀書而養親，農賈之養親耳。孟氏兄弟讀書小園，所難只在秋樹根邊，仍不廢左右就養，正不必千里負笈，遊學遠親，亦由母氏。先是卜鄰，慚居近舍，不憚屢遷，故訓子成名，早達先賢之門耳。非是母不生是子也。○陸機《園葵詩》：「葵生鬱萋萋，夕穎西南晞。」〔註13〕韋應物《種藥》詩：「陰穎夕房斂。」〔註14〕夕葵是，力葵誤。孟氏，故用卜鄰事。

驅豎子摘蒼耳

江上秋已分，林中瘴猶劇。畦丁告勞苦，無以供日夕。蓬蒿猶不焦，野蔬暗泉石。六句洗發「摘蒼耳」之故。蒼耳況療風，童兒且時摘。侵星驅之去，爛熳任遠適。放筐亭午際，洗剝相蒙冪。登牀半生熟，下節

〔註13〕《文選》卷二十九。
〔註14〕（唐）韋應物《韋刺史詩集》卷八。

－558－

還小益。加點瓜薤間，依稀橘奴跡。以上「驅摘」。亂世誅求急，黎民糠粃窄。飽食復何心，荒哉膏粱客。富家廚肉臭，戰地骸骨白。寄語惡少年，黃金且休擲。以上感時。

　　秋已分，暑氣退矣。瘴猶劇，地氣殊也。宜畦丁告苦，嘉蔬無色。計此時，惟有蒼耳。況可療風，童兒尚及時往摘哉！侵星去，不後時也。任遠適，廣為求也。洗剡而復蒙冪，致潔也。登牀，敬其事也。登牀而後下箸，食之有序也。以之療風，豈無小益？雜諸瓜薤，彷彿橘奴。蒼耳療風，橘奴治病，異名同功也。夫我有蒼耳以療風，民無糠粃以療饑。誅求迫，我之飽食復何心；黎民饑，彼之膏粱更何意？況豈盈臭肉，路滿遺骸。此惡少年者漫擲黃金，亦獨何哉！○公明岐理，於《阮隱居致薤》則曰「衰年關鬲冷，味暖並無憂」〔註15〕；於《催宗文樹雞欄》則曰「愈風傳烏雞，秋卵方漫喫」〔註16〕，於《寄韋有夏》則曰「書信有柴胡，飲子纔通汗」〔註17〕，茲於《摘蒼耳》則曰「卷耳況療風」，宜自命為藥物楚老也。

同元使君舂陵行

覽道州元使君結《舂陵行》〔註18〕兼《賊退後示官吏作》〔註19〕二首，

〔註15〕《杜詩闡》卷九《秋日阮隱居致薤三十束》。
〔註16〕《杜詩闡》卷二十二《催宗文樹雞柵》。
〔註17〕《杜詩闡》卷二十《寄韋有夏郎中》。
〔註18〕（唐）元結《元次山集》卷四《舂陵行有序》：
　　癸卯歲，漫叟授道州刺史。道州舊四萬餘戶，經賊已來，不滿四千，大半不勝賦稅。到官未五十日，承諸使徵求，符牒二百餘封，皆曰失其限者，罪至貶削。於戲！若悉應其命，則州縣破亂，刺史欲焉逃罪。若不應命，又即獲罪戾，必不免也。吾將守官，靜以安人，待罪而已。此州是舂陵故地，故作《舂陵行》，以達下情。
　　軍國多所須，切責在有司。有司臨郡縣，刑法竟欲施。供給豈不憂，徵斂又可悲。州小經亂亡，遺人實困疲。大鄉無十家，大族命單羸。朝餐是草根，暮食是木皮。出言氣欲絕，言速行步遲。追呼尚不忍，況乃鞭樸之。郵亭傳急符，來往迹相追。更無寬大恩，但有迫促期。欲令鬻兒女，言發恐亂隨。悉使索其家，而又無生資。聽彼道路言，怨傷誰復知。去冬山賊來，殺奪幾無遺。所願見王官，撫養以惠慈。奈何重驅逐，不使存活為。安人天子命，符節我所持。州縣忽亂亡，得罪復是誰。逋緩違詔令，蒙責固所宜。前賢重守分，惡以禍福移。亦云貴守官，不愛能適時。顧惟孱弱者，正直當不虧。何人採國風，吾欲獻此辭。
〔註19〕《元次山集》卷四《賊退示官吏有序》：
　　癸卯歲，西原賊入道州，焚燒殺掠，幾盡而去。明年，賊又攻永州破邵，不犯此州邊鄙而退，豈力能制敵歟？蓋蒙其傷憐而已。諸使何為忍苦徵斂，故

志之曰：當天子分憂之地，效漢官良吏之日。今盜賊未息，知民疾苦，得結輩十數公，落落然參錯天下為邦伯。萬物吐氣，天下少安可待矣。不意復見比興體制，微婉頓挫之詞。感而有詩，增諸卷軸。簡知我者，不必寄元。

遭亂髮盡白，轉衰病相嬰。沉綿盜賊際，狼狽江漢行。歎時藥力薄，為客羸瘵成。六句自歎。我人詩家秀，博採世上名。粲粲元道州，前賢畏後生。觀乎舂陵作，欻見俊哲情。復覽賊退篇，結也實國楨。賈誼宜流慟，匡衡常引經。道州憂黎庶，詞氣浩縱橫。兩章對秋月，一字偕華星。致君唐虞際，純樸憶大庭。何時降璽書，用爾為丹青。獄訟久衰息，豈惟偃甲兵。悽惻念誅求，薄斂近休明。乃知正人意，不苟飛長纓。涼飆振南嶽，之子寵若驚。色沮金印大，興含滄溟情。以上「覽道州《舂陵》、《賊退》二作」，並發序中意。我多長卿病，日夕思朝廷。肺枯渴太甚，漂泊公孫城。噓兒具紙筆，隱几臨軒楹。作詩呻吟內，澹墨字欹傾。感彼危苦詞，庶幾知者聽。以上「感而有詩。簡知我者，不必寄元」意。

我生遭亂，衰病侵尋，展轉避寇，有此江漢之役。非無藥力，難挽羸形，殆不能有為矣。博採其人，粲粲獨秀，惟元道州為後生可畏耳。一誦《舂陵》作，見俊哲之情；再諷《賊退篇》，信邦家之幹。天下邦伯，誰似道州者？古有賈誼，曾流涕上書；又有匡衡，嘗引經切諫。道州《舂陵》、《賊退》二作，其心悱惻，其詞縱橫，是即匡、賈，而秋月同明，華星並朗，為粲粲元道州耳。為此二作者，其心實欲致君堯舜。禹治大庭，猶望璽書時降。置爾於神化丹青之地，庶幾刑措，豈但兵銷。即萬物吐氣，天下少安可待。乃徒托諷詠，憫誅求，思薄斂，良由正人之意不苟仕進也。今日秋風已生，南嶽伊邇，我知之子，受寵若驚。懸金若浼，其興嘗在煙波滄溟間。夫豈眈戀宦情者？若我雖無璽書丹青之想，亦切致君堯舜之思，其如多病淹留！欲續《舂陵》、《賊退》二作，自愧不能。聊作此詩，使天下邦伯皆知勸勉，不必寄元。○「色沮金印大，興含滄海情」，即元《賊退》篇中「引竿刺船」、「將家魚麥」等句意。

作詩一篇以示官吏。

昔歲逢太平，山林二十年。泉源在庭戶，洞壑當門前。井稅有常期，日晏猶得眠。忽然遭世變，數歲親戎旃。今來典斯郡，山夷又紛然。城小賊不屠，人貧傷可憐。是以陷鄰境，此州獨見全。使臣將王命，豈不如賊焉。今彼徵斂者，迫之如火煎。誰能絕人命，以作時世賢。思欲委符節，引竿自刺船。將家就魚麥，歸老江海邊。

寄狄明府博濟

梁公曾孫我姨弟，不見十年官濟濟。大賢之後竟陵遲，浩蕩古今同一體。比看伯叔四十人，有才無命百僚底。今者兄弟一百人，幾人卓絕秉周禮。在汝更用文章為，長兄白眉復天啟。以上敘「明府」。汝門請從曾翁說，太后當朝多巧計。狄公執政在末年，濁河中不污清濟。國嗣初將付諸武，公獨廷諍守丹陛。禁中決冊詔房陵，前朝長老多流涕。太宗社稷一朝正，漢官威儀重昭洗。時危始識不世才，誰謂荼苦甘如薺。以上追敘梁公。汝曹又宜裂土封，身使門戶多旌棨。胡為飄泊岷漢間，干謁王侯頗歷詆。況乃山高水有波，秋風蕭蕭露泥泥。虎之饑，下巉巖。蛟之橫，出清泚。早歸來，黃土污人眼易眯。以上諷其干謁。

　　明府非他人，梁公曾孫也。梁公曾孫非他人，我姨弟也。一別十年，薄宦如故。多因喪亂以來，故家舊族，強半零落。雖大賢之後，不能自振。古今以來，如一轍耳。梁公子孫為明府伯叔行者四十人，兄弟行者一百人，皆有才無命，偃蹇末僚。以明府秉周禮，文章卓絕，與其長兄稱為白眉者，或者天將啟之，竟何如哉！汝家門第，起自曾翁。猶憶武后臨朝，計欲以武易李，梁公執政又晚，滿朝宵小如在濁河。梁公清濟，澄然獨別。當武后以承嗣為太子，梁公已廷諍矣。至若禁中決冊，如中宗自房陵還宮，武后匿之帳中，召梁公以廬陵為言，梁公慷慨敷奏，武后嘔出中宗，謂梁公曰：「還卿儲君。」梁公降堦拜賀，既而奏曰：「太子還宮，無人知之，物議安審是非？」武后乃復置中宗於龍門，具禮迎歸，人情乃定。即此禁中決冊一事，使儲位定，社稷安，厥功偉矣！蓋不遇時危，大賢不見，良由人背甘薺，公獨茹荼耳。假使當日朝廷皆北門學士之流，無梁公其人挺然不撓，矢納約之忠，則牝雞之鳴，何人敢折；虞淵之日，何人能捧？將房州之駕不復，廬陵之號空存，今日天下，竟為武氏天下。言念及此，梁公之助，何日忘之？今國家內無女主篡竊之奸，外無帝在房州之禍，梁公之績，忽焉泯滅。子孫之流離者，不特製上無望，棨戟無光；甚而干謁侯門，遭人歷詆。流俗之人，何知門第大賢之後，亦當自愛。處此山高水波、秋風露泥時，不為豺虎所傷，則為蛟螭所得。誰曰此梁公子孫乃大賢後也，明府慎勿以清白子孫自濁黃土中哉！

寄韓諫議注

今我不樂思岳陽，身欲奮飛病在牀。二句寄詩之由。美人娟娟隔秋水，濯足洞庭望八荒。鴻飛冥冥日月白，青楓葉赤天雨霜。玉京群帝集北

斗，或騎麒麟翳鳳凰。芙蓉旌旗煙霧樂，影動倒景搖瀟湘。星宮之君醉瓊漿，羽人稀少不在傍。以上敘諫議遊於神仙。似聞昨者赤松子，恐是漢代韓張良。昔隨劉氏定長安，幃幄未改神慘傷。國家成敗我豈敢，色難腥腐餐楓香。以上敘其託於神仙之故。周南留滯古莫惜，南極老人應壽昌。美人胡為隔秋水，焉得置之貢玉堂。四句勉其出。

今我愀然不樂，忽思岳陽，無奈病不能赴。何思岳陽者？思岳陽間有美人也。美人娟娟，尚非投老之日。今在水一方，遙想美人，胡為不濯纓而濯足耶？濯足洞庭矣，猶然望八荒。美人豈忘情天下者？如何鴻飛冥冥，投老青楓赤葉間哉！此時美人不在玉堂上，應與玉京群帝遊。玉京群帝集於北斗者，或乘麟，或跨鳳，曳芙蓉旗，奏煙霧樂。群帝如此。美人亦為星宮之君醉瓊漿，卻羽人，得毋有退心天子者？然我想此星宮之君非他人，是赤松子，為漢張良也。昔隨劉氏，曾定關中，幃幄未移，慘傷遂及。在美人之意，雖曰國家成敗，我豈敢與，惟是色難腥腐，愛餐楓香，故飄然為衡岳遊。然周南留滯，自分終老；南極老人，定應昌期。胡為娟娟然隔秋水而不見？亮玉堂上，不可無此美人，誰為置之？尚貢諸玉堂，為天子參機務，贊密勿，使朝廷得聞讜言，則言路開，僉壬沮，即我心亦樂矣。美人豈有意否？○韓官居諫議，必直言忤時，退老衡岳。公傷諫臣不用，勸其出而致君，不欲其老於江湖，徒託神仙以自全也。首尾美人，中間星宮之君、赤松子、漢張良、南極老人，只一諫議。至云「恐是漢代韓張良，昔隨劉氏定長安」，必代宗為太子時，定儲有功也。

魏將軍歌

將運昔著從事衫，鐵馬馳突重兩銜。披堅執銳略西極，崑崙月出東嶄巖。四句立功塞外。君門羽林萬猛士，惡若哮虎子所監。二句徵為羽林。五年起家列霜戟，一日過海揚風帆。二句兼督水師。以上敘其官。平生流輩徒蠢蠢，長安少年氣欲盡。魏侯骨聳精爽緊，華嶽峰尖見秋隼。星纏寶校金盤陀，夜騎天駟超天河。欃槍熒惑不敢動，翠蕤雲梢相盪摩。以上敘其才。我為子起歌都護，酒酣拔劍肝膽露。鉤陳蒼蒼玄武暮，萬歲千秋奉明主，臨江節士安足數。五句期其晉秩。

將軍今日，已非從事。往年起家，曾著從事衫，親馳鐵騎，直略吐蕃之西極。崑崙月窟在西而「東嶄巖」者，將軍略地至西方之極，回首崑崙月窟，卻在東也。將軍昔為從事時，立功塞外有如此。未幾，徵為羽林，監茲虎士。五年之間，遂列霜戟，兼督水師。而海鳥諸寇，一日遂收。將軍今日以戰功屢遷有如此。宜乎辟易流輩，使

人氣盡也。而況骨法聳立，若華嶽峰尖；精神爽緊，若秋隼搏擊。騎此金鞍寶校之天駟，夜越天河，若欃槍，若熒惑，不敢擾亂天河內，但見翠葆雲梢，相為摩盪。將軍「昔著從事衫」，「五年起家列霜戟」，今也「我為子起歌都護」，而酒酣拔劍，肝膽盡露矣。彼鉤陳星在紫宮外，玄武為羽林垣壘，今仰見鉤陳、玄武處，天子在焉。將軍肝膽，千秋萬歲，長奉天子。古樂府有《臨江王節士歌》，云：「彎弓掛若木，長劍竦雲端。」〔註20〕既為將軍「歌都護」，彼臨江王節士又何足為將軍歌哉！○羽林、天駟、欃槍、熒惑、鉤陳、玄武，皆星名。偶因「星纏寶校」，遂連類及之。

秋峽

江濤萬古峽，一句「秋峽」。肺氣久衰翁。不寐防巴虎，全生狎楚童。衣裳垂素髮，門巷落丹楓。常怪商山老，兼存翼贊功。七句「秋峽」所感。

　　巫峽江濤，已流萬古。老翁肺氣，亦屬久衰。久衰則不寐，亦兼防巴虎也。久衰何以全生？亦聊狎楚童耳。蓋巴虎之侵，常出意外，防之足矣。巴虎之有無，何須問也？楚童之性，純任天機，狎之可也。楚童之喜怒，何庸心焉？衣裳之間，任垂素髮；門巷之外，只落丹楓。如此足矣。勛業何為？彼商山四老，紫芝一曲，可以終身。紛紛然出而羽翼，何其多事！況人非園、綺，事異安劉，乃欲跡比商山，自詡羽翼，豈獨老翁齒冷，亦為楚童竊笑矣！○當年靈武即位，諸臣推戴，原非商山四皓比。紛紛論功，自居羽翼，以逆節貪天功，公所不取。若公扈從還京，反遭放逐，秋江老病，回首傷心。詩曰「常怪商山老，兼存翊贊功」，有以也，不但如張志和《漁父》詩「翻嫌四皓曾多事，出為儲皇定是非」〔註21〕。

日暮

牛羊下來久，各已閉柴門。二句「暮」景。風月自清夜，江山非故園。二句「暮」感。石泉流暗壁，草露滴秋根。二句「暮」景。頭白燈明裏，何須花燼繁。二句「暮」感。

　　「日之夕矣，牛羊下來。」〔註22〕顧此柴門，村村已閉。況客居如我！此時豈無風月，亦自清夜耳。此處亦有江山，其如非故園何！但見脈脈暗泉，微流石壁；涓涓秋露，直滴草根。蓋自柴門閉，而白頭之人惟有明燈作伴矣。以旅人當衰暮，明燈有煙，祗益傷心。彼花燼無情，偏對白頭而吐焰，豈我故園之歸有期？不可解也。

〔註20〕（宋）郭茂倩《樂府詩集》卷八十四陸厥《臨江王節士歌》。
〔註21〕（明）高棅《唐詩品彙》卷八十六。
〔註22〕《詩經‧王風‧君子于役》。

月

四更山吐月，殘夜水明樓。塵匣元開鏡，風簾自上鉤。四句「月」。兔應疑鶴髮，蟾亦戀貂裘。斟酌姮娥寡，天寒奈九秋。四句對「月」之情。

　　四更為殘夜，此時月吐山邊，光來樓內，疑水明而非月也。蓋下旬之月，如半鏡然，塵匣疑不開矣。至是吐於山，何異半輪之出匣。夫塵匣也元開鏡，人自不能待耳。亦一鉤也，風簾疑永下矣。至是明於樓，依然鉤影之上簾。夫風簾也自上鉤，一似無須人力者。乃樓中之人，已垂鶴髮。鶴髮而猶對月，兔應疑之，疑其色與俱白也。且著貂裘，貂裘而還坐月，蟾亦戀之，戀其夜與俱寒也。此鶴髮貂裘之人，形影寡矣。兔疑蟾戀，為愁其寡耳。況姮娥獨處，我為姮娥斟酌，當此天寒夜永，何以遣此九秋耶？○「季女斯饑」〔註23〕，婉孌自守；姮娥寡處，不恨九秋。杜公幽貞，可想見云。

曉望

白帝更聲盡，陽臺曉色分。二句「曉」。高峰寒上日，疊嶺宿霾雲。地坼江帆隱，天清木葉聞。四句「曉望」之景。荊扉對麋鹿，應其爾為群。二句「曉望」之情。

　　白帝城頭，更聲已盡；楚王臺上，曉色遂分。遙見高峰，寒日早上；其餘疊嶺，宿雲尚霾。此曉望之可見者。至若地坼兩崖，帆行若隱，此為意中之形；天清萬里，葉飛偶聞，此為意中之聲。曉望之不見者又如此。於時麋鹿警夜，先曉而遊；旅人苦夜，當曉而起。茫茫身世，鳥獸同群耶！

別李秘書始興寺所居

不見秘書心若失，及見秘書失心疾。安為動主理信然，我獨覺子神充實。四句見「李秘書」。重聞西方止觀經，老身古寺風泠泠。妻兒待米且歸去，他日杖藜來細聽。四句「別秘書」。

　　我不見秘書，此心若失，是心疾矣。今一見秘書，心疾頓失。夫「心若失」，心不安可知；「失心疾」，即心得安可知。《尚書》曰：「安汝止。」〔註24〕安為動主，其理信然。大抵物動則耗，去動專靜，則又枯槁而寂寞。深山不言而寶藏興，大澤無為而龍蛇生，安故也。戶樞久用而未嘗朽，流水嘗行而未嘗腐，動故也。安以主動，

〔註23〕《詩經・曹風・候人》。
〔註24〕《尚書・益稷第五》。

則外不搖，內常固。且所貴乎充實者，惟其神，不惟其形。膚革榮華，扁鵲、倉公望之卻走者，形尸走肉，神已喪也。土木形骸，以為珠藏澤媚、玉韞山輝者，神自腴也。安以主動，則神能充實。獨覺秘書能然。彼西方有《止觀經》，止觀者，即安為動主之義。我幸重聞《止觀經》，而乃亟歸者，古寺秋深，泠泠早寒；妻孥在家，秋飢不免。會須他日杖藜，再來細聽《止觀經》之理可也。○「安為動主」，指心言，故起二句即揭「心」字。

九月一日過孟十二倉曹十四主簿兄弟

藜杖侵寒露，蓬門啟曙煙。力稀經樹歇，老困撥書眠。四句過孟氏。秋覺追隨盡，來因孝友偏。清談見滋味，爾輩可忘年。四句過孟氏之故。

　　九月一日，秋露已寒。我侵晨杖藜，早見孟氏蓬門，已啟煙裏。我在道時，因力稀而經樹常歇。我既到時，為老困而撥書遂眠。想孟氏誦讀小園，擁書萬卷，故今日為我撥書而眠耳。回首追隨以來，不覺九月一日已是寒露，秋特盡矣。所不惜杖藜來此者，祇緣孟氏兄弟孝友過人，況兼食貧，可與清談。兩兄弟讀書秋樹，亮必有得，清談滋味，較勝盤餐，宜與爾為忘年交哉！

過客相尋

窮老真無事，江山可定居。二句「相尋」之由。地幽忘盥櫛，客至罷琴書。二句「相尋」。掛壁移筐果，呼兒問煮魚。二句待客。時聞繫舟楫，及此問吾廬。結挽定居意。

　　窮老何事哉！江山非故園，一似可定居者。定居則我為地主，雖地幽而盥櫛都忘，乃客至而琴書亦輟也。何以待客？幸也定居於山，喜有山果，惟筐在壁，為客而移；定居於江，亦有江魚，誰能烹魚，呼兒而問。此後頻有來訪者，窮老真可無事，江山信可定居已。

孟倉曹步趾領酒醬二物滿器見遺老夫

楚岸通秋屐，胡牀面夕畦。藉糟分汁滓，甕醬落提攜。四句「見遺」。飯糯添香味，朋來有醉泥。理生那免俗，方法報山妻。四句自述。

　　倉曹步趾，自楚岸來，我坐胡床，於夕畦上適見之。倉曹來此，蓋見遺酒醬之故。凡酒已沛者為清，未沛者為糟，以清與糟配者為醴。汁則清，滓則糟，藉糟而分汁滓。滄曹所遺者，去滓存汁也。《周禮》：「醬用一百二十甕。」計醬必以甕，倉曹見遺亦然。步趾而來，提攜方落，二物滿器，醬甕酒稱是矣。醬以佐飯，酒以衍賓，

二物從俗，理生不免。倉曹孝友，其家人酒醬是議，必有合於古法者。亟報山妻，治此二物，敢煩亟餽哉？○「藉」即《易》「藉用白茅」〔註25〕之「藉」。

課小豎鉏斫舍北果林枝蔓荒穢淨訖移牀　三首

病枕依茅棟，荒鉏淨果林。二句敘題已畢。背堂資僻遠，在野興清深。山雉防求敵，承「資僻遠」句。江猿應獨吟。承「興清深」句。洩雲高不去，隱几亦無心。結挽「病枕」。

　　我病枕，須依茅棟，安得不亟為移牀計？其奈舍北果林既枝蔓、又荒穢何！計非鉏斫淨訖不可。舍北則背堂，移牀其處，可資僻遠。舍北則在野，移牀其處，興益清深。所以「資僻遠」者，我無競心，畏其求敵，並防山雉。所以「興清深」者，與誰倡和，應我獨吟，但有江猿。此時洩雲不去，窅然若迷，洩雲無心也。隱几何為？嗒然若喪。洩雲無心，隱几者亦無心，病枕其得所依矣。

眾壑生寒早，長林卷霧齊。二句「舍北」。青蟲懸就日，朱果落封泥。二句由「淨訖」之故。薄俗防人面，全身學馬蹄。二句即前章「山雉」、「江猿」意。吟詩坐回首，隨意葛巾低。二句即前章「隱几無心」意。

　　眾壑當秋，生寒最早；長林方曉，卷霧能齊。霧卷則日出。前此枝蔓未去，不見青蟲；枝蔓去，青蟲之懸者方始就日。日出則泥乾。前此荒穢未除，不見朱果；荒穢除，朱果之落者宛在封泥。舍北朝景如此。至於防俗薄者，直防人面，蓋人心不同，如其面也。學全身者，須學馬蹄。莊生《馬蹄篇》所謂「馬之真性，在於齕草飲水耳。」於是吟詩。吟詩而回首者，防患之至也；回首葛巾，任其低者，隨意自適也。病枕真得所依矣。

籬弱門何向，沙虛岸只摧。二句「舍北」。日斜魚更食，客散鳥還來。寒水光難定，秋山響易哀。四句晚景。天涯稍曛黑，倚杖更徘回。結意同前。

　　籬以支門，籬弱則門誰向？沙以支岸，沙虛則岸只摧。日斜而見魚食者，魚晚饑也；客散而後鳥來者，鳥避人耳。寒水原定，其光若搖；秋山何哀，其聲偏苦。未幾，天涯曛黑，倚杖徘回，意何為者？始而隱几看雲，繼而吟詩回首，終而倚杖徘回。我「資僻遠」、「興清深」如此。病枕終得所依矣。

溪上

峽內淹留客，溪邊四五家。二句「溪上」。古苔生迮地，秋竹隱疏花。二

〔註25〕《周易·大過》：「初六：藉用白茅，无咎。」

句「溪上」景。**塞俗人無井，山田飯有沙。**二句「溪上」事。**西江使船至，時復問京華。**二句「溪上」情。

　　此客何客？乃淹留客也。今住溪邊，亦只四五家耳。四五家非盡淹留客，乃淹留客依此四五家，則此淹留客竟為四五家中一人矣。溪上地逼，古苔獨生；溪上花稀，秋竹偏隱。惟是塞俗無井，幸而家在溪邊，沽水得免；山飯有沙，幸而人住溪邊，淅米無憂。況溪連大江，使船時泊，京華消息，訪問可知。誰謂峽內淹留客，耳目止於峽內、溪邊四五家，所見聞不出四五家哉？

中夜

中夜江山靜，危樓望北辰。二句總。**長為萬里客，有愧百年身。**二句「望北辰」之情。**故國風雲氣，高堂戰伐塵。**二句「望北辰」之處。**胡雛負恩澤，嗟爾太平人。**二句「望北辰」之故。

　　當此中夜，江山寂歷。危樓中人，惟有北辰可依。彼北辰為君象，若之何「長為萬里客」，終遠北辰耶？我身遠北辰，是此身不為君父用，踵頂皆虛。百年之身，誠為有忝。遙想故國風雲，其氣未靖；高堂戰伐，其塵未清。顧此故國高堂，正我所望北辰之處。昔年全盛，彼都人士生長太平，何至於今，風雲戰伐，擾攘未已。揆厥禍源，痛心切齒於祿山之負恩澤也。流離客子，瞻望北辰，為此故耳。

復愁　十二首

　　公未嘗有釋愁之日，云「復愁」者，愁反覆未有已也，非曾釋愁復愁之謂。乃前已愁，復愁之謂。

人煙生僻處，地險。**虎跡過新蹄。**境險。**野鶻翻窺草，**物機險。**村船逆上溪。**人事險。

　　煙生僻處，人稀矣。虎過新蹄，虎未遠也。翻身窺草，物有殺機。逆水上船，人有危機。故可愁。

釣艇收緡盡，愁在「盡」字。**昏鴉接翅稀。**愁在「稀」字。**月生初畫扇，**愁在「初」字。**雲細不成衣。**愁在「細」字。

　　「收緡盡」，不復有為矣。「接翅稀」，無枝可棲矣。月初生，光明不能普被。雲猶細，覆庇豈能及物。故可愁。

萬國尚防寇，故園今若何。二句開。**昔歸相識少，早已戰場多。**二句合。

　　今日萬國，寇亂未平。我故園亦在萬國內，未知今日若何耳。我自華州歸東都時，故園之人，相識已少；故園之地，戰伐已多。數年來必有甚於疇昔者，焉得不愁？

身覺省郎在，家須農事歸。 二句思歸。**年深荒草徑，老恐失柴扉。** 二句思歸之故。

省郎尚在，似可趨朝。然今日思歸者，非為趨朝，為農事也。今不歸農，年益深，草徑終荒；人愈老，柴扉竟失。愁彌甚耳。

金絲鏤箭鏃，皂尾掣旗竿。 二句武備。**一自風塵起，猶嗟行路難。** 二句武備不足恃。

金絲箭、皂尾旗，皆武備也。金絲、皂尾，器非不精。乃風塵一起，行路為難，武備不足恃矣。此往事之可愁者。

貞 〔註26〕**觀銅牙弩，開元錦獸張。** 二句舊物。**花門小箭好，此物棄沙場。** 二句得新棄舊之感。

祖宗設弧矢，以威天下。以言貞觀，自有銅牙勁弩；即言開元，亦有錦獸蹳張。焉用花門小箭為？自肅宗用回紇兵以討賊遂，以花門小箭為好使，先朝法物盡置不用，亦可傷也。○當年朝廷棄老成，任新進。舊臣宿將，盡置廢斥；少年後生，得時用事。公特寓感於花門箭。按史，收東京時，郭子儀戰不利，回紇於黃埃中發十餘矢，賊驚顧曰：「回紇至矣」，遂潰。「花門小箭」，此一證也。弩以足踏者曰「蹳張」。

胡虜何曾盛，干戈不肯休。 愁在「不肯休」。**閭閻聽小子，談笑覓封侯。** 二句「不肯休」之故。

花門小箭雖好，亦何嘗盛？朝廷用兵自不休耳。因而人心競武，閭閻小子皆翹翹然，有封侯之想，以為談笑可覓。奈何不銷兵哉！○此詩見人心喜亂，即如僕固懷恩恐賊平寵衰，奏留薛嵩等分帥河北，自為黨援，正是「干戈不肯休」意。公於明皇時武備廢弛，則曰「將軍不好武，稚子總能文」〔註27〕；於代宗時人心喜亂，則曰「閭閻聽小子，談笑覓封侯」。

今日翔麟馬，先宜駕鼓車。無勞問河北，諸將覺榮華。 四句諷辭。

今日朝廷何如？意者馬駕鼓車，示不復用。而況河北諸將，入朝后各享茅土，已覺榮華，亮無勞遣師問罪哉！○唐子孫不能以天下取河北，識者傷之。此曰「無勞問河北」，何也？亦屬諷辭。即《有感》章「大君先息戰」〔註28〕、《夔府》二章「人憶止戈鋋」〔註29〕、「講殿辟書帷」〔註30〕等句意。

〔註26〕「貞」，底本、二十一年本作「正」。
〔註27〕《杜詩闡》卷二《陪鄭廣文遊何將軍山林十首》之九。
〔註28〕《杜詩闡》卷十七《有感五首》之二。
〔註29〕《杜詩闡》卷二十三《秋日夔府詠懷奉寄鄭監李賓客一百韻》。
〔註30〕《杜詩闡》卷二十四《夔府書懷四十韻》。

任轉江淮粟，休添漢苑兵。二句裁禁軍。**由來貔虎士，不滿鳳凰城。**二句當裁之故。

裁兵自禁軍始，蓋兵多則餉匱。今日朝廷，粟米取給江淮，以瞻鎮兵且不足。我意江淮之粟，任爾轉輸；禁苑之兵，休得添設。所以然者，天子有道，守在四夷。由來鳳城，不煩虎旅，不獨清宿衛，亦以省支給也。○當時漕運，取給江淮，故史有「唐德江淮，財濟中興」之語。〔註31〕劉晏均節賦役，每歲運江淮米數十萬石以給關中。若使宿衛冗軍不裁，立見其匱也。此獨孤及有「傾天下之財，給不用之兵」〔註32〕等語。至唐制府兵，有為兵之利，無養兵之害，田不井而兵藏於民，最為近古。自張說建議請召募壯士充宿衛，更番上下，兵農遂分，乃神策軍尤為非古。時魚朝恩以神策軍屯禁中，分為左右廂，居北軍右。公曰「由來貔虎士，不滿鳳凰城」，隱述祖制，以諷時事。其後中官典兵，卒以亡唐。

江上亦秋色，火雲終不移。巫山猶錦樹，承「秋色」句。**南國且黃鸝。**承「火雲」句。

江上秋色，未嘗不同。江上火雲，終不肯去，亦秋色。所以巫山錦樹，原多赤葉，終不移；所以南國黃鸝，其啼聲尚似初夏也。

每恨陶彭澤，無錢對菊花。二句有酒無錢。**如今九日至，自覺酒須賒。**二句無錢有酒。

陶彭澤東籬把菊，千古快心。至今思之，猶恨其無錢買酒，空對菊花耳。如今九日已至，有酒可賒，亦似彭澤無錢，異於東籬無酒，何恨之有！

病減詩仍拙，吟多意有餘。二句以詩釋愁。**莫看江總老，猶被賞時魚。**二句以趨朝釋愁。

病減則詩宜工，其如仍拙何！吟多則意宜竭，豈知意有餘也？我雖老病，趨朝之興，尚未能忘，世人莫道江總歸老，已成白頭。須知賞時銀魚，至今猶在，何愁之有？○《復愁》十二章，結穴於此。是以望治意，迫為趨朝想也。

〔註31〕《補注杜詩》卷三十《復愁十二首》：
　　鶴曰：「唐自天寶之後，輿地半為盜區。所賴江湖之地不失，猶得藉以為國，故史有『唐德江淮，財用濟中興』之語。」
　　《錢注杜詩》卷十五《復愁十二首》「江淮」：
　　鶴曰：「唐自天寶之後，輿地半為盜區。所賴江淮之地不失，猶得藉以為國，故史有『唐德江淮，財濟中興』之語。」
〔註32〕《文苑英華》卷六百二十二獨孤及《直諫表》：「傾天下之貨，竭天下之穀，以給不用之兵，而為無端之費。」

搖落

搖落巫山暮，寒江東北流。煙塵多戰鼓，風浪少行舟。四句「搖落」之
境。**鵝費羲之墨，貂餘季子裘。長懷報明主，臥病復高秋。**四句「搖落」
之感。

　　草木搖落，巫山秋暮矣。況江水初寒，亦向東北長流乎！當此煙塵未靖，戰鼓連
天，風浪方興，行舟絕跡，何以遣此？或者文章可經國，乃雖有筆墨，不過換鵝之資。
或者旅況不甚貧，乃黃金已盡，祇有敝貂之剩。若論此心，長懷報主。豈料年年臥病，
忽忽高秋。雖有長懷，空縈方寸，亦付之搖落一歎而已。○公善書，《壯遊》詩云：
「九齡成大字。」〔註33〕此詩「鵝費羲之墨」，亦學書無用意。

九日　五首

　　五章為一時之作，隨興所至，體各不同。首思弟妹，次思君，三思故友，四思故
國，末總結。

重陽獨酌杯中酒，抱病起登江上臺。二句總起。**竹葉於人既無分，菊花
從此不須開。**二句承「獨酌」。**殊方落日玄猿哭，舊國霜前白雁來。弟妹
蕭條各何在，干戈衰謝兩相催。**四句承「登臺」。

　　首章著眼「弟妹蕭條各何在」一句。　　重陽之酒堪酌也，今舉目何人，不過獨
酌。況抱病，亦不得已，強登江上臺耳。夫酒難獨酌，重陽而獨酌，竹葉雖清，即謂
無分可也。酌酒看花，竹葉既無分，紛紛菊花又為誰而開哉？此時登臺，西日已落，
玄猿之哭，不知何處；清霜早飛，白雁之來，又是幾行。玄猿哭，我安得不哭？白雁
來，弟妹何以不來？遙想弟在一方，妹在一方，不能來者，多為干戈之故；不能往者，
又因衰謝之年。干戈衰謝，兩兩相催。登臺所感，始於弟妹有如此。○思弟妹，思君，
思故友，思故國，皆在登臺一望中，故首章以此句起，曰「抱病起登江上臺」；末章
以此句應，曰「百年多病獨登臺。」

舊日重陽日，傳杯不放杯。即今蓬鬢改，但媿菊花開。四句承前竹葉、
菊花說。**北闕心長戀，西江首獨回。茱萸賜朝士，難得一枝來。**四句發
明前截意。

　　次章著眼「北闕心長戀」一句。　　今日酒無分矣，猶憶疇昔重陽，何嘗獨酌，亦
曾傳杯飲矣。此日看花，不傷蓬鬢。今傳杯無分，雙鬢飛蓬，我云「菊花從此不須開」，
誠愧之至耳。所以然者，身在西江，心依北闕。雖蓬萊日遠，尚有丹心，奈巫峽終羈，

〔註33〕《杜詩闡》卷二十三《壯遊》：「九齡書大字。」

空回白首。當此九秋令節,正至尊頒賜茱萸之日,我昔叨侍從,繼授郎官,若論朝臣,亦應沾賜。但自分放廢,禮數久絕,又安得茱萸一枝向日邊來哉?登臺所感,次及君父有如此。

舊與蘇司業,兼隨鄭廣文。采花香泛泛,坐客醉紛紛。又承上章「傳杯」四句說。**野樹欹還倚,秋砧醒更聞。**以上憶昔。**歡娛兩冥寞,西北有孤雲。**二句感今。

　　三章著眼「舊與蘇司業」二句。　我舊與傳杯共飲者何人?蘇司業外,又有鄭廣文矣。我與為登高之會,采花則香泛泛,此日菊花何必不開;坐客則醉紛紛,此時竹葉何嘗無分。既醉矣,挛挛野樹,欹而還倚。既倚矣,何處秋砧,醒而更聞。舊與故人歡娛如此。今兩人長逝,俱成冥寞,西北一望,但有孤雲。登臺所感,次及故交有如此。

故里樊川菊,登高素滻源。他時一笑後,今日幾人存。四句承蘇、鄭同游說。**巫峽蟠江路,終南對國門。繫舟身萬里,伏枕淚雙痕。為客裁烏帽,從兒具綠尊。佳辰對群盜,愁絕更堪論。**八句他鄉之感。

　　四章著眼「終南對國門」一句。　我與蘇、鄭,舊日采花故里,杜陵之樊川菊是也。登高亦即在素滻源耳。此時一笑,不知難得。此時幾人,自謂百年。誰料一笑,竟成隔世,幾人遂零落殆盡乎!故人已矣,故國還在。雖竄身坐峽,江路空蟠;乃遙想國門,終南在眼。無奈孤舟一繫,臥病經年何!今日客中裁帽,不似參軍;兒輩呼尊,已無酒伴。可憐九日,封此群盜。夫群盜可恨,心事堪論。夫豈投老巫峽,終置故國勿問耶?登臺所感,終及故國有如此。

風急天高猿嘯哀,渚清沙白鳥飛廻。無邊落木蕭蕭下,不盡長江滾滾來。四句總收「九日」景象。**萬里悲秋長作客,百年多病獨登臺。艱難苦恨繁霜鬢,潦倒新停濁酒杯。**四句總收「九日」感懷。

　　末章總收。　猿啼斷腸矣,嘯則更哀;鳥飛遠去矣,回復何意?風急天高際,不獨猿嘯哀耳,落木無邊,亦蕭蕭交下。渚清沙白間,不獨鳥飛回也,長江不盡,亦滾滾爭來。當此萬里他鄉,一身老病,江上之臺,何忍獨登哉?坐使雙鬢蕭條,繁霜頓滿,平生躭酒,至是潦倒新停也。「竹葉於人既無分」,則一停。「傳杯不放杯」,不可復得,則又停。蘇、鄭逝而酒徒寂寞,則又停。「從兒具綠尊」,而「佳辰對群盜」,則終於停。然則「重陽獨酌杯中酒」,亦「潦倒新停濁酒杯」耳。萬感交集,何能已已!○相傳《九日五首》缺一首,趙、蔡以此章足之。予詳五首語意,原自聯貫,故漫為總闡。

季秋江村

喬木村墟古，疎籬野蔓懸。二句「江村」。**素琴將暇日，白首望霜天。**二句「季秋」。**登俎黃柑重，支牀錦石圓。遠遊雖寂寞，難見此山川。**四句客況。

　　江上村墟，喬木何古；村墟籬落，野蔓為懸。當此季秋，日云暇矣，素琴將之，庶不虛度；天降霜矣，白首望之，亦覺有情。惟是俎無他物，登甘獨重；牀已折腳，支石偏圓。寂寞甚矣！然我遠遊之意，原在山川。若非遠遊，此巫山巫峽亦焉得而寓目也？○公方圖出峽，反曰「難見此山川」，則知出峽之故，非為山川不可居。公《峽中覽物》詩言之矣，「形勝有餘風土惡」〔註34〕。

〔註34〕《杜詩闡》卷二十二。